▲ 《岩间圣母》，[意] 列奥纳多·达·芬奇，现藏于法国卢浮宫

▲ 《好牧羊人》，现藏于意大利加拉·普拉西提阿陵墓

▲ 《十字军进入君士坦丁堡》，［法］欧仁·德拉克洛瓦，现藏于法国卢浮宫

▲ 《滑铁卢之战》，［荷］杨·威廉·皮内曼，现藏于荷兰国立博物馆

▲ 《圣礼的争辩》，[意] 拉斐尔·圣齐奥，现藏于梵蒂冈宫签字大厅

▲ 《人权和公民权宣言》

▲《自由引导人民》，[法] 欧仁·德拉克洛瓦，现藏于法国卢浮宫

▲ 《回航的荷兰东印度商船》，[荷兰]卢多尔夫·巴克赫伊森，现藏于法国卢浮宫

▲ 《煤与铁》，［英］威廉·贝尔·斯科特，现藏于诺森伯兰郡的威灵顿市政厅

▲ 《最后的审判》，[意] 米开朗琪罗，现藏于梵蒂冈西斯汀教堂

欧洲文明的进程

陈乐民 周弘 —— 著

天津出版传媒集团

天津人民出版社

图书在版编目（CIP）数据

欧洲文明的进程 / 陈乐民，周弘著 . —— 天津 : 天津人民出版社，2024.5

ISBN 978-7-201-20436-9

Ⅰ . ①欧… Ⅱ . ①陈… ②周… Ⅲ . ①文化史 – 欧洲 Ⅳ . ① K500.3

中国国家版本馆 CIP 数据核字 (2024) 第 085461 号

欧洲文明的进程

OUZHOU WENMING DE JINCHENG

出　　版	天津人民出版社
出 版 人	刘锦泉
地　　址	天津市和平区西康路 35 号康岳大厦
邮政编码	300051
邮购电话	（022）23332469
电子信箱	reader@tjrmcbs.com

责任编辑	张　璐
策划编辑	孟清原
封面设计	棱角视觉 ANGULAR VISION

印　　刷	河北朗祥印刷有限公司
经　　销	新华书店
开　　本	880 毫米 ×1230 毫米　1/32
印　　张	15.5
插　　页	4
字　　数	330 千字
审 图 号	GS（2023）2887 号
版次印次	2024 年 5 月第 1 版　2024 年 5 月第 1 次印刷
定　　价	138.00 元

▲ 1871 年的欧洲

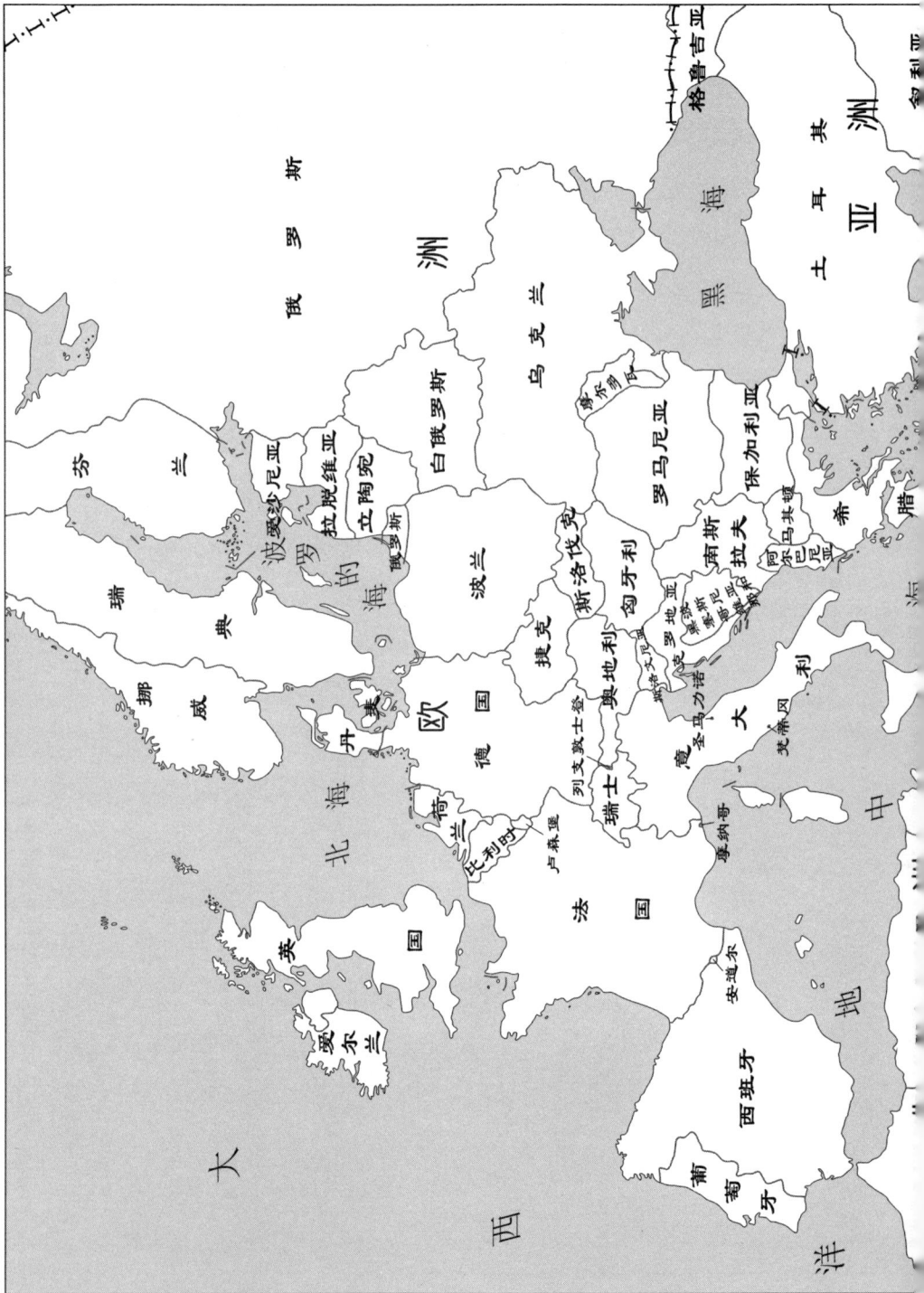

▲ 1995 年的欧洲

伊拉克

叙利亚

苏

联

亚　洲

黑

海

土　耳　其

芬　兰

瑞　典

罗马尼亚

保加利亚

希腊

挪　威

波罗的海

波兰

捷克斯洛伐克

匈牙利

奥地利

南斯拉夫

阿尔巴尼亚

丹麦

民主德国

欧

联邦德国

列支敦士登

瑞士

意大利

突尼斯

北　海

荷兰

比利时

卢森堡

法　国

摩纳哥

中

爱尔兰

英　国

地

西班牙

安道尔

大

葡萄牙

直布罗陀

阿尔及利亚

洋

非

海

摩洛哥

西属摩洛哥

西

大

洋

▲ 第二次世界大战后的欧洲（1945）

亚 洲

里 海

亚 洲

俄 罗 斯

洲

黑 海

北美洲

芬兰

瑞典

挪威

爱沙尼亚

拉脱维亚

立陶宛

波罗的海

白俄罗斯

乌克兰

摩尔多瓦

罗马尼亚

保加利亚

希腊

波兰

捷克

斯洛伐克

匈牙利

奥地利

斯洛文尼亚

克罗地亚

塞尔维亚

波黑

黑山

阿尔巴尼亚

马其顿

大

丹麦

德 国

荷兰

比利时

卢森堡

列支敦士登

瑞士

法 国

摩纳哥

圣马力诺

意 大 利

梵蒂冈

地 中 海

非 洲

冰岛

大

北 海

英

国

爱尔兰

马恩岛

西 班 牙

葡萄牙

安道尔

大 西 洋

▲ 欧洲政区

目　录
Contents

序言 ｜ 我们眼中的欧洲文明

关于文明

写这本书的意图是想说明欧洲文明是在怎样的历史人文条件下成长、发展和向外扩张的，从而探讨欧洲文明的特殊成因和内涵，以作为加深了解我们自己的参照。今天的世界是越来越连成一片了，了解别人几乎是剖析自身的必要条件。

文明的分类

我们所说的"文明"不是那种宽泛无边、包罗万象的"文明"，我们也不想重述中外古今的各种学理定义和界说；而只着眼于与"社会进步"相联系的"文明"。衡量文明的程度、衡量的标准，归根到底是看社会发展到什么程度。一个文明的社会，应该是摆脱了野蛮和愚昧状态的社会，文明越进步，离野蛮和愚昧应当越远。同时，"文明"的品格应是进步的，向上的，朝向真善美的，代表事物向前迈进的趋向的。文明的尺度，就是人类社会生活质量的尺度。

鉴于此，我们把"文明"这一总概念区划为"物质文明""精神文明"和"功能性的文明"。"物质文明"顾名思义已可了然；

"精神文明"则有历史文化生成的深层精神特征，例如哲学、宗教、文学艺术、思想等，相当于德国意义的"文化"这一概念。[①]"功能性的文明"介乎两者之间，指的是属于上层建筑层面中的运行体制、机制等带有"工具"性质、"手段"性质的文明，如现在我们习说的"企业管理"之类。

文明在历史中的优胜劣汰

每一特殊文明都是一定"群体"创造的，反映他们是怎样对待人与自然的关系和人与人之间的关系的。于是就有了不同形态的文明。照汤因比的说法，自有人类历史以来有二十多种文明已经消逝了，今天存在于世界上的几种古老文明，都是在长期历史中经过筛选淘汰而传衍下来的。那些已经"消逝"或衰落下去的文明，现在都不能独立存在，有的已经成为"化石"了。然而对于人类文明的繁衍和发展，都曾是有功之臣，如底格里斯和幼发拉底于希腊文化的意义。文明，总是不停地运动着的。各个民族文明之间自有了接触以来，从来没有停止过不同形式、不同程度的相互交流和融合。文明在接触中，有的渐渐隐遁了，留下了生命力比较强壮的文明；文明在融合中，有些东西被淘汰了，有些东西被吸收进其他文明中去，原来的文明可能会因而增加了新的因素，甚至悄悄地起了变

---

① 例如，康德认为"文明"是外在的、偏于物质的；而"文化"则是内在的、精神的。康德认为"外貌"属于"文明"范畴，见于"外表仪式"，而不见得反映精神已"道德化"了。20世纪德国社会学家埃利亚斯也有同样的解释。康德的意见参见康德：《历史理性批判论文集》，何兆武译，北京：商务印书馆，1991年。

化。文明不是死物件，是人为了生活得更好而创造的，有人的能动性寓在其中。文明在推动社会进步，反过来社会的进步也推动文明，因此文明就必定有优胜劣汰。

文明的传播

文明既是人创造的，则必是可以传导的、可以传播的。不过，不同的文明，传导的能力有大有小。一般说来，处于优势或强势地位的文明的影响便比较大，反之，影响力就比较小。比较能够反映自然规律因而能促进社会进步的，其流动性能便较强，产生的影响也比较深远。这与一个民族的实力也应该是成正比的，因为实力强的民族易于使自己的文明传播出去。但是文明自身的生命力归根到底是看它是否对社会的进步起推动作用。因此，一个单凭实力强大而不具进步的文明的"民族"或"群体"，它的落后的文明终归会被先进的文化所"吞噬"、所"同化"。如希腊衰亡了，它的文明并没有跟着衰亡，反而影响了征服者罗马人。日耳曼虽然统治了罗马，但却吸收了被征服者的文化，并从而形成了日耳曼–罗马文化。

在中国历史上也有类似情况。如元继宋统、清承明绪，都采取了汉族的道统和学统。汉族的以儒道释三合一为主的文化传统本已束缚了历史的脚步，但较之蒙古族、满族等文明仍是比较先进的；所以，这些民族入主中原，很快便吸收了汉文化；甚至还在据地自立时便已大体仿效汉制，如宋时的辽、金，入关立朝以前的后金，等等。这就是说，一种文明的传播力量的强弱，最终取决于它在多大程度上能适应和推动社会的发展。

以上是从文明发展史的大视角来看文明的，着重人类文明史的总方向。

我们所说的"欧洲文明"

对于这本书所讲的"欧洲文明"，我还想做如下三点说明：

第一，所谓"欧洲文明"侧重在"西欧"文明。欧洲虽有希腊、罗马、基督教的共同文化源泉，但是最早进入现代的，是西欧。东欧的发展自古不同于西欧，它的文明处于西欧文明的"东缘"，兼有斯拉夫和小亚细亚的影响，虽在拜占庭时强盛一时，但越接近近代，与西欧的差距越明显拉大。

希腊文化的影响泽及全欧，但它在西欧扎根以后反比在东欧根深叶茂。基督教也有类似情况，虽然都是基督教，但西欧的新旧两派与东方的东正教不同。西欧的民主法律制度是在罗马的影响下演变下来的，东罗马帝国却没有把东欧引上相同的道路。而且东欧屡为奥斯曼、俄罗斯所侵，民族国家没有像西欧那样普遍地成熟建立起来。19世纪末起更为大国争掠之地，以致在社会发展上明显异于也落后于西欧。

第二，"欧洲文明"有它的共性，同时又同源异流。像上面说的，东西欧有差异，而即使在西欧之内或在东欧之内，文明也有民族的差异。法兰西文明、不列颠文明、日耳曼文明、意大利文明等，各有特色。俄罗斯文明、罗马尼亚文明、南斯拉夫文明等，各有分殊。匈牙利、波兰、捷克等国家，地处东西交汇点，兼有各方的影响。而民族文明之中又可见许多"子"文明。总之，"欧洲文明"就其整合性可见宏观上的同（identity），由此而产生"欧洲主义"。就其支脉的分殊性又可见微观的异（diversity），由此产生"民族主义"。

所以，"欧洲文明"不是单一的，它是内含"认同中有多样"（diversity in identity）和"多样中有认同"（identity in diversity）的综合概念。因此，它对"外"是"欧洲主义"，而对内是"民族主义"。比如现在的"欧洲联盟"，就是"欧洲主义"和"民族主义"的结合。

第三，"欧洲文明"从发展趋势看，是通向"现代化"，并与"全球化"进程相联系的。

"全球化"的历史进程是从西欧肇始并以"地理大发现"作为起点的。"欧洲文明"最早进入近代，从16世纪至19世纪的几百年里走在最前面，并向四面八方扩张；它的生产方式、生活方式、思维方式，以及具体的制度方面的经验，它的多姿多彩的文化，不同程度地在欧洲和欧洲以外的地区扩散，尤其是由于经济、科学和技术发明跨地区、跨民族的发展，各方面的相互往来和相互依赖从欧洲开始，迅即扩及欧美，影响及于世界各地，从而把越来越多的民族和地区卷进了"全球化"的历史进程里。马克思和恩格斯在《共产党宣言》中所概述的打破民族界限的"各民族在各方面的相互往来和相互依赖"正在全世界蔓延。从远古的"两希（希腊、希伯来）文明"到"欧洲文明"，到"欧美西方文明"，再到"全球文明"，其中势必含有各种文明的交流与融合、矛盾与斗争；然而，世界各地都在"全球化"的历史进程中做出了自己的贡献，从而使一种全球意识与民族意识交错并行，"现代化"必然地越来越迅速地不断改变人的时空观念。

从文明史的观点看欧洲

上面所说的，总括一句话，就是：文明首先应是人类为了求生存和生存得越来越好而创造的，所以文明的本质应是表现人类美好的东西。

一个文明的社会与一个尚未摆脱野蛮和愚昧的社会的不同，是一个根本性的大区别。因此，先要看清文明是社会进步的尺度这个本质，这是前提。然后才看这"文明"在发展中"异化"了的东西。把"异化"的东西看作那事物的本身，概念就产生了混乱。

要认识西方文明或欧洲文明，先不要忙着预做"价值判断"，应该是先了解它"是什么"；做"价值判断"应在了解和认识它"是什么"之后。我们常说"取其精华，去其糟粕"，这在实践上无疑是完全正确的。问题是精华还是糟粕，不能以其是否适用于此民此土为根据。适用于我们的，固可说是"精华"，其于我不适者，也未必就不是"精华"。所以先要解决"是什么"的问题。

大抵"文明"的含义，本质上总是好的，因为它是"野蛮""黑暗""愚昧"的对立面。那么促进了欧洲社会发展和进步的文明究何所指呢？用一些话来概括，就是：

——以求真善美的希腊思想为源头的哲学、伦理学和美学；

——重视社会效能的政治学、经济学、法学；

——凝合人生、人性、人格至善本性的基督教精神；

——探索宇宙，改造自然，造福人类的科学实践。

打开欧洲文明的历史，上面这些占了主要内容。如果把天下学问提为两端，依中国古训就是"尊德性"和"道问学"。上面举出的这四条，除了第三条属于"尊德性"，其余都属"道问学"。"道问学"就要重知、求知，理性主义也是重知、求知，是重"理"而不是重"情"。欧洲文明是理胜于情。讲道德，那道德也必定是由知而来的。这一点，中国便不同，中国是"情"重于"理"。中国缺少法治传统，与此不无关系。

于是欧洲文明便有一种刻意去发现问题、解决问题的"开创"性格。胡适说西方文化是"不知足"的文化，总要改变现状；去找问题，而不是回避问题。它的哲学，是彻底的"格物穷理"，这是从苏格拉底、柏拉图、亚里士多德一脉传下来的传统。基督教是讲信仰的，但它把神当作了理性的化身，像费尔巴哈说的，基督教的对象和内容也是人的对象和内容，上帝即客观化了的人的本质。而理性是不能不探求真理的，所以许多虔诚的基督教徒同时可以是大科学家、大哲学家；因为，在他们看来，神本体与物本体不应该是矛盾的。

在欧洲的历史上，哲学家也好，神学家也好，都要讲逻辑、讲数学、讲物理；都要探究天体宇宙的奥秘——希腊从幼发拉底和底格里斯汲取的智慧加上城邦文化，使希腊孕育了具有开放性格的科学内涵。这种传统，在中世纪早期受到了压制，但后来又渐渐恢复了；神学院里也要讲逻辑、数理、哲学和文艺。

希腊文化蕴含着科学与民主的种子，这在今天似乎是不争的史实。希腊的城邦很早就实行由众人选举首领的办法，由此发展为雅典式的"直接民主"。那种"民主"当然十分原始而且野蛮，甚至表现得很残酷，苏格拉底的性命就断送在这种"民主"的手里。但是城邦的管理方式却给后世的民主制度留下了"自己管理自己"的遗风。一块一块的城邦"自治"或许为早期的民主提供了天然的土壤。中世纪的佛罗伦萨也是实行城邦民主的例子。

当然，欧洲史上很是出了些专制的暴君、暴政，但那科学和民主的种子却没有因此而干瘪掉。法国大革命以前，在旧体制下的"三级会议"已经不只是"橡皮图章"了。雅典的经验总在昭示着欧洲人，特别是思想家们。马克思在评论巴黎公社的"直接民主"时，就显然借鉴了雅典的古例。当然雅典的经验不可能原样重复，它给欧洲人提供的是一种精神传统。

过去有些历史书常认为，中世纪扼杀了希腊思想，没有一点进步意义。"中世纪"每每被看作"黑暗时代"的同义语。这样绝对化的看法早已修改了，因为中世纪并不是千年的"历史断裂"，也不是通体"黑暗"的。说它"黑暗"，大抵是指公元500年到1000年这段混乱时期，也指的是教会的统治。然而，须特加说明的是，应该把基督教作为一种欧洲人的思想意识，同教廷那一套神权等级结构、扼杀理性的教廷"纪律"、宗教裁判所等加以区别。基督教义中有宗教迷信，但是基督教追求"至善"的努力，又含有理性化的成分。上帝既是世人膜拜的对象，同时又是理性的化身。正因此，基督教的理念不仅不妨碍而且鼓励科学家们以"上帝"的名义去探索自然。基督教与佛教不同，不是只专注于内省。因此在基督教的统治下，可以产生哥白尼、布鲁诺、伽利略。牛顿、笛卡儿、斯宾诺莎等在科学上的成就，也并没有妨碍他们是虔诚的基督徒。

问题是教会成了一种高压的"教权组织"，借上帝之名对教徒实行专制，迫害异己，时而与政权勾结，时而与政权对立。在中世纪，妨碍社会进步和科学发展的，正是教会这种具有镇压之权的教权机构。宗教革命反对的正是这些东西，而不是推翻信仰。宗教革命对于资本主义的形成所起的作用，现在已很少人能否认了。这就是说，必须把教权组织与基督教义做一区分。二者是既分不开，又分得开。宗教革命的一大功绩，就是把二者分别对待了。

同时也要看到，在新教出现以前，旧教在欧洲历史上还有两个重大影响不可忽视。一是经过公元9世纪的拉丁化的完成和其后的十字军东征，从公元12世纪起，基督教的传播确实起了在精神上把欧洲"统一"起来的作用，也就是说"欧洲观念"的形成在相当大的程度上曾有赖于基督教的"欧洲化"。第二是由于基督教的普及和推动，欧洲的许多城市建立起了最早的大学，高等教育通过寺院教育得到发展，哲学（神学）、数学、化学、医学等，成为各大学的共同必修课程；各地图书馆收藏着类似的基础图书。欧洲文化教育实际上是在中世纪奠定了基础的。

总之，在教权与政权有分有合的复杂关系中，在民族国家成长的过程中，连年兵戎相见，同时又要对付来自东方如土耳其、撒拉逊的压力；然而与此同时，欧洲文化的认同过程加速了。欧洲人，特别是欧洲西部的欧洲人，在历史的进程中，越来越把"我"与"非我"划分开来，因而具有了"自我意识"，这种意识便是所谓"欧洲观念"。

可见中世纪对于欧洲是有很大贡献的。圣奥古斯丁等教父派领袖把教义理论化，基督教用几个世纪的时间"战胜"了异教，同时也吸收了世俗文明并把自己"世俗化"。欧洲经过几次"小文艺复兴"，终于迎来了发端于意大利、遍及欧洲的伟大的文艺复兴。

从15世纪起，欧洲的走向自然而然、坚定而又明朗。从此时起，或先后或同时发生的五个方面的大事，使欧洲的西部完成了近代社会的进程。其影响也辐射到东部和大西洋彼岸。这五件大事就是：

一、地理大发现，突破了古代地理分割的观念。

二、文艺复兴，人文主义回归和大发展，取代了中世纪的神本主义。

三、宗教革命，诱发了社会性的思想解放。

四、启蒙运动，确立了理性主义的宇宙观和方法论。

五、实证科学，使西欧社会的进步建立在科学发现和科学思维的基础上。

作为这五个方面的社会表现，一见之于资产阶级的政治革命，再见之于产业革命。政治革命体现了从培根、霍布斯、洛克、孟德斯鸠、卢梭等人的政治哲学，尔后导向资产阶级的民主制度。产业革命则是在物质文明上体现了以科技为前导的前工业化特征，并随后把西欧推向"发明的世纪"和工业化道路。

欧洲进入近代史期以后，脚步非常清楚地、一个世纪一个世纪地向前发展：15、16世纪是"序幕"；17世纪进入精神的深处同神学反复"较量"；18世纪最为关键，启蒙运动和产业革命都发生在这个时期，为19世纪资本主义社会的"全盛期"准备了物质的和精神的条件。这是一个合乎自然规律的过程（natural process）。经过17、18、19这三个世纪到今天，以高科技为动力的现代工业革命、信息革命、全球性的金融体制、无孔不入的市场经济……同样都是水到渠成的进程。这个进程没有局限在欧洲，它影响着、牵动着全世界前进的步伐。

总之，欧洲社会到19世纪中叶以后，作为资本主义社会的政治、经济和精神条件都已齐备了。概括地说，在政治上是以代议制为特征的民主宪政，在经济上是以利益原则为动力的市场经济机制，在精神上是以经验主义、理性主义和唯物主义为基本特征的对自然界——物自体的科学探索。对近、现代欧洲社会具支撑之力的，就是这三根支柱。

自19世纪以来，世界的变化是加速地快；事实上，欧洲到达顶峰的时候便已经预示它不可能长久不变地"专美于前"了。20世纪的世界已经不属于欧洲，与美国相比，今天的欧洲已经显得有些"老化"了。其实这种"老化"的迹象在欧洲处于"全盛期"时就开始被一些感觉敏锐的学者觉察到了。最昭著的、为大家所熟知的，就是托克维尔的预见。他在美国的所见所闻，使他深感后起的美国已经在许多方面青出于蓝了。美国显得更有活力，因为它没有欧洲封建旧制度的历史包袱。他朦胧地预感到，到未来的某个时刻，欧洲将被超过，世界将看到美国和俄罗斯的分庭抗礼。

欧洲到了20世纪，诚然在"实力"上逊色于美国了。然而它对人类文明有两大贡献，一是为各种"主义"提供了执政的实验场所：民主主义、社会主义、法西斯主义等，都在政治舞台上演，并为人类社会提出的历史发展问题做出了19世纪以前做不出的答案。二是"欧洲联盟"是这个世纪的一个创举，千数年来的"欧洲观念"终于成为现实，它是在欧洲这个地区的、"全球化"的一种具体而微的表现，其意义和影响不仅局限于欧洲。

关于本书的一点说明

"从文明史的观点看欧洲"，是这本书想要做的。它不是政治史、经济史，不是对历史事件的周详叙述，而是作者对人文历史的一点理解。简而言之，是反映作者对欧洲文明的理解，即通过我们的认识看欧洲文明是怎样从公元5世纪发展到20世纪的。

为什么不索性从古希腊开始呢？这诚然是治欧洲史的通例。但是我们想要做的是弄清欧洲社会是怎样进入近代的，而欧洲的15—20世纪近代社会更直接地脱胎于中世纪。希腊、罗马当然是欧洲的源泉，但是从社会发展看，欧洲是从西罗马帝国的衰亡起经过漫长的嬗变过来的。因此，古希腊、罗马只简略地在本书中起"楔子"的作用。

就"欧洲文明"自身的发展来讲，到19世纪达到了顶峰；往前走，到20世纪，"欧洲文明"的范围便扩大了。首先美国文明不仅延伸了欧洲文明，而且在欧洲文明的基础上结合北美特点，大有创新。从20世纪起，可以说不再有一个"单纯"的"欧洲文明"了。如果以前讲"西方"是指欧洲，那么到20世纪，甚至在19世纪后半叶，"西方"至少是指"欧美"了。

这本书是我多年来就想做的，即做一本不是翻译外国人写的，而是中国人自己写的书，写写用自己的眼睛看到的欧洲。不过，在退休以前，大半由于忙于诸多行政事务，没法子静下心来做这件事。后来又成了长期病号，"多病所需唯药物"，以致不仅一曝十寒，而且时感精力不支。幸好，周弘教授分担了有关中世纪的部分（第一、二、三章），使我得以勉强草成这部书稿。这本书的"策划"和写法、对一些问题的看法，基本上是我个人的；所以凡有不妥与谬误之处，都应该由我一人负责。这是要说清楚的。

欧洲的历史是非常丰富的，因为它代表的是一个古老而又有创新的、十分成熟的文明。平时脑子里想的，以及打"腹稿"时闪现的一些看法，一旦要落在纸上，就往往不是那么回事了。做了几十年关于欧洲的工作——在青年时期初识欧洲，其后的工作（包括"公务"和研究）又从来不曾离开过欧洲的昨天和今天——有不少感觉、印象和理解，虽然失之浅薄或属老生常谈，但总是自己体悟出来的，应该写下来；所以写这本书时有点"还债"的心情。我深感，我的精力、学力都嫌不足；特别是近几年来，因为身体不好不能跑图书馆去浏览新出版的书刊，身边又没有帮手，更不允许我做长途旅行到我所熟悉的欧洲再去看看,所以免不了有"闭门造车"之弊。我只能拿出这份不成个东西的"东西"。但愿能有人甘坐冷板凳,把这类"经济效益"平平却有学术意义的研究做下去,相信一定比我做的好很多。我拿出的,不过是引玉之砖。

陈乐民

1998年2月于京中芳古园陋室

2002年6月再版时略做修改

第一章

欧洲文明之源

　　一般来说，欧洲文明的源头在两希（希伯来、希腊）和古罗马。如果再往远古追溯，希腊文明的"源中之源"，就要寻到两河流域、尼罗河流域、波斯湾……希罗多德写雅典和波斯的大战，一开头便写到希腊人的足迹遍及波斯、腓尼基、埃及等小亚细亚和地中海沿岸。这些地方的人也过往明珠般的希腊诸岛，而爱琴海则自然成为一种文明的桥梁。远古时期那种神奇的色彩，今天去想象，既是朦胧的，又不能不感叹几多历史沧桑。等到希腊文明的眉目渐渐有些清楚的时候（虽然还不能完全了然），已有许多小亚细亚以及北非的文化渗进希腊的血液里了。希腊人对万物自然的原初认识，启迪了后人的聪明才智；希伯来人一开始就背上了神的包袱，把"道"人格化为"神"；古罗马人是制造法、政和制度的民族。希伯来太过遥远。在第一章只把我们所感到的希腊和罗马作为开篇的"楔子"。

希腊：精神和智慧

　　欧洲人一提到希腊，就立刻产生一种家园之感（黑格尔）。《荷马史诗》中的英雄人格和自由理念，米利都学派的自然观念和辩证思维，柏拉图和亚里士多德著作中的政治学说和道德伦理，以及贯穿于希腊文明的人文主义和理性主义精神，这些精神文明的结晶在当时就影响了整个地中海地区。

作为地理概念的"欧罗巴"是希腊人叫出来的，指的是小亚细亚和希腊对岸的那片蛮荒的陆地。从文化上讲，远古的希腊实为左近不同民族的"移民地"，那时小亚细亚、埃及等地的人可能看准了这块好地方，一批一批地来到了爱琴海区的岛屿，与那里的人共居、结婚、生子，据说最早的移民可能发生在纪元前十四五世纪，与摩西"出埃及记"时的远古移民时期相当。说欧洲文明实为远古时期的东西文化的融合物，其来有自，不无道理；又说两希文明（希腊、希伯来）为欧洲文明之祖，同是此理。

在很古老的年代，商业往来将古巴比伦和古埃及的科学技术和文化艺术带入爱琴海沿岸的广大地区。城邦政治打破了部落和氏族之间的界限，城邦经济则最早地造就了自由民劳动者。年深日久，希腊像一朵花一般绽开了。生产力的发展不仅使造船、冶铁、制陶、酿酒、建筑等百业兴旺，也使宗教庆典、文化活动、艺术创作等活动繁荣起来，出现了体力劳动和脑力劳动之间"自然地产生的分工"，开始有一部分人能够享受"闲暇"，专门从事精神活动了。这种发展在古希腊造就了一种相对独立的工商业，一个相对超脱于政治的祭司阶层，以及一批比较自由的思想家。马克思说，劳动的分工使意识能够"摆脱世界而去构造'纯粹的'理论、神学、哲学、道德等等"。[①] 由于有了这种相对的自由，古希腊的神话，

---

① 《马克思恩格斯选集》（第一卷），中共中央马克思恩格斯列宁斯大林著作编译局编译，北京：人民出版社，1972年。

虽然也像一般神话传说一样，是一种对自然力的拟人化的想象，是"用想象和借助想象以征服自然力，支配自然力，把自然力加以形象化"的尝试，[①]但是在古希腊，神话却没有像在古埃及那样发展成为宗教。直到今天，人们在提起希腊时，首先就会想到那诗一般的神话和象征着智慧的哲学。在神话阶段，希腊人把日、月、水、火等自然物具体为人格化的神，到了哲学阶段以后，希腊人又回到日、月、水、火中去抽象和提炼宇宙的本原和自然的规律了。

古希腊文化的萌芽地和荟萃之所在爱琴海东岸小亚细亚的爱奥尼亚地区，那里在公元前8世纪至公元前6世纪时遍布了12个城邦，米利都和爱菲索曾是哲学家的故乡。常说希腊哲学的"通孔"是"自然哲学"，米利都学派留下的残编断简，说的便是"自然的基质"，是气、数、水、火和原子，认为自然是自在的、远古的、无限的。阿那克西曼德说："万物的本原是无限者……一切生自无限者，一切都灭入无限者。"[②]作为无限的自然是有"道"（或称"逻各斯"）的，其道虽是"万古长久"，但却很难为人类所认识，所理解。因之，人类需要思想，需要智慧，用以认识真理，从而像赫拉克利特所说的那样"按照自然行事，听自然的话"。[③]

希腊早期的这种自然观认定自然和自然的规律是自在的而不是人为的，人通过对于自然规律的理性的认识在社会上行事。这种认

---

① 《马克思恩格斯选集》（第二卷），中共中央马克思恩格斯列宁斯大林著作编译局编译，北京：人民出版社，1972年。
② 北京大学哲学系外国哲学史教研室编译：《西方哲学原著选读》，北京：商务印书馆，1986年。
③ 北京大学哲学系外国哲学史教研室编译：《西方哲学原著选读》，北京：商务印书馆，1986年。

识促进了科学的发展，导致了古代乃至晚近的欧洲社会理论和法律制度的形成。

古希腊的另外一派哲学将自然观主观化和绝对化，结果之一是哲学和基督教神学的契合。爱利亚学派的克塞诺芬尼在阐述他的自然观时将自然称为"全视、全知、全闻的"。①这种对自然之"道"（或称"逻各斯"）的拟人的崇拜与基督教对上帝和耶稣基督之"道"的崇拜何其相伴！《约翰福音》说："道与上帝同在，道是上帝。"说："道在世上，上帝借着他创造世界，而世人竟不认识他。"又说："道成为人，住在我们当中，充满着恩典和真理。我们看见了他的荣耀，这荣耀正是天父独子当之无愧的。"②

古希腊的智慧来自最朴素而原始的理性，理性地认识自然界，认识人自身和人类社会。到了中晚期，柏拉图将世界划分为理性和理念两个部分：理性由知识和理智组成，是关于实在的；理念包括信念和想象，是关于产生世界的。这样一来，柏拉图就把认识世界和改造世界的工作都局限在和现实脱节的理性中，为日后基督教分离精神世界和现实世界埋下了伏笔。对理性的绝对化还伴随着对理性的道德化和神圣化。柏拉图认为，智慧是"正义"的，而愚昧则是"不正义"的，理智是"神圣、不朽、永恒事物的近亲"。③理智既然是智慧的，是为整个心灵的利益而谋划的，就应该由它起领

① 北京大学哲学系外国哲学史教研室编译：《西方哲学原著选读》，北京：商务印书馆，1986年。
② 《约翰福音》卷一。
③ 〔古希腊〕柏拉图：《理想国》，郭斌、张竹明译，北京：商务印书馆，1986年。

▲ 雅典学院内的柏拉图雕像

导作用，让哲学家成为政治家，让政治家成为哲学家。①

希腊哲学是非常之辩证的，许多至理名言连今天看来仍有永恒价值。赫拉克利特说的"人不可能两次踏进同一条河"，几乎人人都知道。苏格拉底有一段把辩证法讲透了的话，可以胜过几千句关于辩证法的理论。他说："我是说一个了不起的论证，它把一切都说成相对的，你不能正确地用任何称呼来称呼任何事物，比方说，大或小，重或轻，因为大的会是小的，重的会是轻的——并没有什么单个的事物或性质，万物都是运动变化和彼此混合所产生的；这个变化，我们把它不正确地称为存在，其实是变化，因为没有什么永远长存的东西，一切事物都在变化中。"这些人人都能读懂的普通话是何等睿智啊！苏格拉底和柏拉图的时代是古希腊政治和社会生活错综复杂的时代，在整个爱琴海地区出现了多种政治制度，有斯巴达和克里特式的政治制度，有寡头政制，有民主政制，还有僭主政制。后来，亚里士多德将神圣化了的自然和同样神圣化了的理性相连接，又将这种理性放回到现实生活中去，宣称适中是美德，要求由中等阶级统治国家，走不断地平衡利益的中庸之道。②亚里士多德的哲学反映了古希腊社会现实中各种势力和各种利益的纷争，表现了一种避开暴政与强权，采取妥协与平衡的政治艺术的倾向。在哲学中，亚里士多德发展了辩证法，承认事物的发展变化和相对真理性，同时将哲学从数学和物理学中分离出来，对天文、

① [古希腊]柏拉图：《理想国》，郭斌、张竹明译，北京：商务印书馆，1986年。
② 北京大学哲学系外国哲学史教研室编译：《西方哲学原著选读》，北京：商务印书馆，1986年。

生物、心理、政治、伦理做分门别类的研究，使古希腊的科学也大大地发展起来。

经过长时间的冶炼，古代希腊精神获得了一种独特的独立性。它没有，也不可能由于野蛮民族的征服而泯灭，在来自北方的马其顿于公元前338年战胜了希腊诸邦联军以后，希腊大部分城邦虽然丧失了政治独立，但是在被马其顿国王亚历山大拥兵侵占的广大欧亚非地区，出现了一批"希腊化国家"。古希腊文明不仅征服了马其顿人，也征服了罗马人。虽然罗马人的入侵将大批文明的希腊人变成来自欧罗巴大陆野蛮人的奴隶，但是反过来，野蛮的罗马人反倒成了希腊人的学生。在雅典建立了学园的伊壁鸠鲁在希腊化时代继续探索宇宙本原，对原子论和认识论都进行了新的探索。在社会动荡、国不保民的时代，伊壁鸠鲁的学说提出：每个人在追求享受的时候，都应该不做破坏国家和社会利益的事情；国家的目的是保障公民过幸福的生活。马克思认为，伊壁鸠鲁的这种学说是一种原始的、朴素的"社会契约论"，[①]古罗马的思想家和政治家西塞罗颇受其影响，提出了社会等级之间依照法律和睦相处的观念。

在希腊化时代的哲学中，对于后世产生过重大影响的还有斯多葛学派，特别是斯多葛学派的伦理观。例如，芝诺在《论人的本性》中认为，主要的善就是坚持按照自然而生活，按照自然而生活就是按照德行而生活，自然和德行是相通的。克吕西普也在《论主要的善》中说，个体本性是普遍本性的一部分，"因此主要的善就

---

① 《马克思恩格斯选集》（第三卷），中共中央马克思恩格斯列宁斯大林著作编译局编译，北京：人民出版社，1972年。

是以一种顺从自然的方式生活",共同法律与普及万物的正确理性是同一的。[1]因为普遍本性涵盖了个体本性,因此顺从普遍本性即是顺从个体本性;由于个体本性只是普遍本性的一部分,因此,个人应遵守法律,不做人类的共同法律通常禁止的事。

希腊自有人类社会以来,称得上是一个"奇迹",它的地理条件也有助于它成为一个开放的、富有开阔想象的地方;城邦是自然形成的,它们按照自己的条件生活,每个城邦都是一个"自由"之乡,相互之间是独立的,原始的"民主"便诞生在这种得天独厚的环境里。这种最原初的自由精神,鼓励了哲学、科学等对人生、自然万物的探索。"无心插柳柳成荫",古希腊人绝不知道他们所做的事情对久远的后代是何等珍贵的精神遗产。苏格拉底之死是希腊人留下的遗产中最具警世作用的一种:苏格拉底以说真话而被责以"蛊惑"青年和不敬神之罪,雅典的"民主"此时已是"异化"了的"民主",苏格拉底服从判决,在申辩词中厉声问道:"人中最高贵者,雅典人,最雄伟、最强大、最以智慧著称之城邦的公民,你们专注于尽量积聚钱财,猎取荣誉,而不在意,不想到智慧、真理和性灵的修养,你们不觉惭愧吗?"[2]这几句话最集中地概括了希腊精神,那就是"智慧、真理和性灵的修养"。讲希腊"精神",那"精神"即在此。

---

① 北京大学哲学系外国哲学史教研室编译:《西方哲学原著选读》,北京:商务印书馆,1986年。

② [古希腊]柏拉图:《苏格拉底的申辩》,严群译,北京:商务印书馆,1983年。

罗马法与罗马文明

　　希腊展示给世人的是精神，罗马展示给世人的是行动。罗马人对希腊人的征服开启了希腊精神征服地中海的时代。罗马人把地中海变成了一个文明的大熔炉，罗马人在对地中海的统治中融合进了希腊文明的精神，把希腊精神转换成了罗马的政治统治形式，形成了罗马法的原则。恩斯特·巴克在《帝国的观念》中说，罗马的政治过程完成于西方，但罗马的精神来源是东方，是融合了东方文明的希腊文明。①如果说希腊文明的贡献主要是在精神的领域里，那么罗马文明的贡献就主要是政治和法律的了。

　　法律的概念最早出现于《荷马史诗》，表示司法女神或神授审判的"地美士"（Themis），后来长久地影响着希腊人和罗马人关于法律神圣的信念。人们确信，"在生活的每一关系中，在每一个社会制度中，都有一种神的影响作为它的基础，并支持着它"②。英雄时代王权的合理性一部分表现在神所赋予的特权上，另一部分来自出类拔萃的体力、勇敢和智慧，而这些品质也是得到神钟爱的证明。

　　在古希腊，神赋权力的观念还包含着一种平衡的观念。人民握有立法权，国王执掌行政权和司法权。国王可以统治人民，而人

---

①　Enrest Barker. *The Concept of Empire*. in History Department of Hartford University. *An Introduction to the History of Civilisation, Part II*. McCutchan Publishing Corp, 1970.

②　[英]亨利·萨姆奈·梅因：《古代法》，沈景一译，北京：商务印书馆，1959年。

民则可以消灭王权。① 不过，在古希腊，法律并没有形成完整的制度，现今知道的第一部成文法是罗马人制定的。

罗马人素有法治传统，孟德斯鸠说，罗马人是"世界上最懂得使法律为自己的意图服务的民族"。② 公元前5世纪罗马共和国时期，罗马人开始将过往的各种习惯法汇集整理，归为审判、父权、所有权、公法、宗教法等12个要目，使之见诸文字，铸刻于青铜，昭然于世人，使国家制度不致腐化和败坏。这就是著名的《十二铜表法》。

罗马法师承希腊传统，也强调平衡。在罗马共和国时期，平民可以单独地制定法律，国王是选举产生的，元老院享有很大的权力，国王提交人民批准的事务都是预先由元老院讨论过的。在罗马，平民与贵族之间的天平是倾向于贵族的，元老院有权设立独裁官，"在独裁官面前"，连"最平民化的法律也哑然无声了"。③ 随着罗马国家的扩大和奴隶制的发展，元老院不断地通过决议，裁判官也不断地发布告示、做出判决，这些判决和决议就累积成为罗马法。

罗马法的精神来源主要是古希腊哲学中的自然观，特别是希腊晚期哲学家的自然观。用梅因的话说，这些哲学家在"自然"的概念中，在物质的世界上附加了一个道德世界……他们所理解的自然不仅仅是人类社会的道德现象，而且是那些被认为可以分解为某种一般的和简单的规律的现象，特别是斯多葛派的"按照自然而生活"的命题，本身就蕴含了法律的原理和戒律，表现了一种要摆脱

---

① [法]孟德斯鸠：《论法的精神》（上册），张雁深译，北京：商务印书馆，1961年。

② [法]孟德斯鸠：《论法的精神》（上册），张雁深译，北京：商务印书馆，1961年。

③ [法]孟德斯鸠：《论法的精神》（上册），张雁深译，北京：商务印书馆，1961年。

粗俗、混乱和放纵，达到较高的行为规则的愿望，而这种愿望的实现是需要有志者通过克己和自制才能够达到并恪守的。[①]西塞罗就接受了斯多葛学派关于自然法则的说法，承认有一种普遍的自然法则，一种永恒不变、与自然并行不悖、适用于所有人的正确理性。与此相适应，也要有一种永恒不变的、与自然和谐的、约束所有人的法典。罗马人根据这种"自然法则"，将那种"一般的简单的规律"变成了法律条例。

罗马法中的这种"天赋观念"和希腊哲学的人文精神相吻合。亚里士多德说过，人，即使是奴隶，也不是活着的工具。这种理念被罗马人化为了行动和制度。罗马法假设"自然"规定了某些必须遵守的规范，法的戒律是让人活着而有尊严，而不损害他人。法保证每个人各得其所，正义是在法的范围内保护人的权利。[②]亚里士多德的人文精神通过罗马法而在罗马延续。又过了十几个世纪，康德才讲出了那句浸透了欧洲人文精神的名言：不能把人当作工具，而必须把人当作目的。

自然法理论导向规律，导向秩序，也导向平衡。在罗马人看来，不仅是在物质世界中，就是在道德世界中也有秩序和平衡可言。《十二铜表法》规定，凡涉及公民的生死问题时，需要执政官主持的人民大会做出决定；凡属科处罚金一类的犯罪，就交由平民团体审判。判处死刑需要的是"法律"，科处罚金则只需要"平民

---

① ［英］亨利·萨姆奈·梅因：《古代法》，沈景一译，北京：商务印书馆，1959年。
② 乔治·萨宾：《西塞罗和罗马律师们》。转引自《文明史概论》第2卷，第65页。

制定法"。孟德斯鸠认为，这个规定在平民机构和元老院之间建立了一种"美好的"协调。①

有人说，"自然法"的最大的职能是产生了现代的"国际法"和现代的"战争法"。各自独立的国家不承认它们服从于一个共同主权或政治领袖，它们好像是受命于"自然法"，在"自然"的权威之下，人类是一律平等的，国家也是一律平等的。但这是现代观念，是文艺复兴以后的公法学家们的领悟。罗马法中真正和近代国际法有血缘关系的是关于领土的概念和制度，而领土主权和所有权的概念来源于罗马的财产法，也就是罗马的私法。

到了罗马帝国时期，皇帝们利用皇权大量地公布法规，编纂法典，详细地规范了在商品生产及交换较为发达的条件下，买卖、借贷、债权、债务、抵押、委托、租赁、合同、契约、遗产继承等有关所有权的问题，包含了"资本主义时期的大多数法权关系"②，形成了"我们所知道的、以私有制为基础的法律的最完备形式"③，是"商品生产者社会的第一个世界性法律"④，对后世的资本主义在欧洲的发展具有重大的意义。

随着罗马商品生产的不断发展和罗马社会生活的逐渐丰富，关于私有权和私有制的罗马法也愈加完善起来。罗马商业的发展使

---

① [法]孟德斯鸠：《论法的精神》（上册），张雁深译，北京：商务印书馆，1961年。

② 《马克思恩格斯全集》（第三十六卷），中共中央马克思恩格斯列宁斯大林著作编译局编译，北京：人民出版社，1975年。

③ 《马克思恩格斯选集》（第三卷），中共中央马克思恩格斯列宁斯大林著作编译局编译，北京：人民出版社，1972年。

④ 《马克思恩格斯选集》（第四卷），中共中央马克思恩格斯列宁斯大林著作编译局编译，北京：人民出版社，1972年。

得成批的移民来到罗马，为了规范罗马公民和外来移民的关系，保证罗马的繁荣，不仅需要有"市民法"，而且需要有"万民法"，罗马人的普世性法律观念就是在这种基础上建立起来的。罗马人认定，受法律和习惯统治的一切国家，部分地是受其固有的特定法律支配，部分地是受全人类共有的法律支配。一个民族制定的法律，是该民族的民事法律，但是"由自然理性指定给全人类的法律"就是"国际法"，所有国家都要采用。黑格尔后来将两者之间的关系称为"私人的自我意识"和"抽象的普遍性"的对立，认为这两者既对立又统一，是从贵族制实体性的直觉和民主制形式的自由人格

▼ 古罗马竞技场

原则之间的对立发展而来的。[1]

罗马法和罗马政制，再加上罗马军队，使罗马帝国空前强盛。从地理上看，罗马帝国雄踞在亚平宁半岛，镇守着60个沿地中海港口，垄断了地中海的海路交通，并且由地中海向外延伸，囊括了富饶的伊比利亚半岛、繁荣的高卢地区、肥沃的北非施勒尼高原、腹地深远的日耳曼部分地区。罗马帝国军队的铁蹄践踏过希腊和叙利亚，依靠罗马军威而建立的罗马行省远及多瑙河流域、阿拉伯地区和埃及。

然而，罗马帝国还不能算作一个欧洲大帝国。首先，当时的罗马帝国和现代的欧洲在地理位置上并不重合。罗马帝国统辖了北非和小亚细亚，已经超出了当今欧洲的地理范围，但是却没有包括中东欧、北欧和斯拉夫等属于今日欧洲的广阔地带，而且罗马时期的人也并没有把自己看成是欧洲人。在帝国的征服地上，虽然有罗马公民权的赐予，但正像恩格斯所指出的，这种"新赐予的罗马公民权……并不表现任何民族性，它只是民族性缺乏的表现"。[2]比利时籍的欧洲中世纪历史学家丹尼思·黑也认为，"欧洲人"概念的使用晚于罗马时期而始见于8世纪，那时居住在西班牙的法兰克人和居住在那里的穆斯林发生了冲突。732年，一名西班牙编年史学家把打败了穆斯林的法兰克人称为"欧洲人"。[3]由于在中世纪的

---

[1] ［德］黑格尔：《法哲学原理》，范扬、张企泰译，北京：商务印书馆，1961年。

[2] 《马克思恩格斯全集》（第二十一卷），中共中央马克思恩格斯列宁斯大林著作编译局编译，北京：人民出版社，1965年。

[3] Denys Hay. *The Medieval Centuries*. Harper & Row Publishers, 1964.

前期，穆斯林和西欧大陆的居民之间很少交往，所以"欧洲人"的概念在历史进入中世纪后期以前，迟迟没有得到广泛的应用。

但是，罗马文明像希腊文明一样，都和欧洲文明有着密切的血缘关系。而且从制度的角度来看，罗马文明和欧洲文明之间的亲族关系还更加直接。

在很多史学家眼里，罗马是一个军事的大帝国，而且它的确是一个军事的大帝国。维系罗马帝国的命脉纽带既不是精神的——当时基督教尚未统一人们的精神生活；也不是文化的——虽然罗马将其语言运用于被占领地区，但是却没有推行有力的措施去实行语言、文字和文化生活的统一。罗马军队外出讨伐的主要动力是纯粹的经济利益，是为了掠夺战利品和奴隶，借以支撑奴隶制的帝国。因此，罗马的扩张主要是军事的扩张，罗马的强大主要是军事力量的强大。它在扩张的过程中不断地输出军队、掠夺财富。孟德斯鸠写道："罗马的兴起是由于它只能不停地作战。"[1]

要维护罗马世界的统治，就必须维持强大的军队，以及借以维系强大军队的一整套机构、设施、法律和制度。罗马是一个从事建筑和工程的帝国，一个商业的帝国，一个有着强大行政能力的帝国，一个有着一整套的法律制度，被称为有着"极端的形式主义"和"死搬法律文字"的帝国。[2]罗马军队每征服一处，就铺设道路，兴建港口。四通八达的交通网就像是罗马帝国的血脉，它们从罗马

---

[1] [法]孟德斯鸠：《罗马盛衰原因论》，婉玲译，北京：商务印书馆，1962年。
[2] [法]孟德斯鸠：《论法的精神》（下册），张雁深译，北京：商务印书馆，1963年。

军队征服的地区，从撒地尼亚、从西西里、从西班牙、从非洲、从埃及，源源不断地向罗马输送着营养（战利品和粮食），供应着罗马的军队和军需行业。有效的罗马帝国行政是帝国交通安全畅通的保证，帝国政府在陆地上和海面上组织了扑灭抢劫和海盗的行动，对生命财产实施保护，给商旅贸易提供方便。罗马帝国用军事力量去征服，又依靠交通网络和行政机构来维系。这些交通与运输，这些商业与贸易，特别是维持这些活动的行政和法律，构成了罗马伟大的古代文明。俗话说，"条条大路通罗马"。来自罗马帝国各个角落的货物汇聚罗马，"使罗马城消费的商品种类不胜枚举"，也使罗马城中百业兴隆。在罗马帝国的繁荣时期，罗马城中有八十种不同的行业。正是这样的繁荣呼唤着维持繁荣所需要的法律，正是因为出现了这样多的行业和利益，才产生了平衡多种利益的社会规范。

孟德斯鸠曾经敏锐地观察到，罗马和希腊在法学观念上存在着根本的不同。罗马法放弃了关于"耻辱""懦弱"一类的"美丽的"道德观念，它"只是一种财政法律"，[1]一种斤斤计较的法律。这种锱铢必较、唯利是图的观念，正是罗马帝国社会生活的写照。在罗马帝国的历史中，平民要为不断更新的税法和不断加重的税负大伤脑筋，而帝国政府则在经常性的财政危机面前捉襟见肘。罗马要长期地在广大的地域里实行掠夺性的暴力统治，军队必须是常备的。政府要调配军队、保证供给、维修道路、维护治安，这些都需要资财。帝国的行政费用难以节约，帝国政府就通过立法连续不断地改进财税制度，千

---

① ［法］孟德斯鸠：《论法的精神》（下册），张雁深译，北京：商务印书馆，1963年。

方百计地征收苛捐杂税，用以支撑庞大帝国的巨额支出。帝国扩张得越大，它的联系纽带就拉得越长越细，它的财政就越不堪重负。戴克里先在位时曾经采用分治的方式来解决这个难题。他四分帝国，让忠实于他的马克西米安和他们两人的女婿分别统治帝国的东部[①]、意大利、多瑙河流域和莱茵河流域。即使是这样，戴克里先和马克西米安也不得不把一生中的大部分时间花费在军营中。为了维护绝对的统治，戴克里先发明了种种炫耀权力的奢华方式，结果只能使帝国的赋税继续加重。[②]戴克里先不过是"中兴之主"，帝国的内瓤已在溃烂；在他之后，帝国大厦眼看着垮塌下去。

　　罗马帝国政府对几乎所有的重要资源和财富都课税，无论是农业、矿业、手工业，还是商业。只有从事小商小贩的退伍士兵和教士阶层可以免税。罗马的税负名目繁多，有商品进口税、土地税、工商税、人头税和金银税。罗马公民纳税有多寡之分，政府把所有的公民划分为六个等级，按公民在政府中所负责任的大小比例规定税款。商品进口税也是递增的，离罗马越近，关税率越高。

　　罗马的行政虽然有效，但是却没有发展起一种以功绩为基础的、平等竞争的文官制度。罗马的行政官员有很多来自军队，还有一些有钱有势的公民营私舞弊，以争夺市政官位。卖官鬻爵是市政财源之一，也是军队的财源之一。最极端的例子就是禁卫军杀死了试图改革的罗马皇帝佩提那克斯，就帝国的皇位进行招标，结果巨富尤利安努

---

① 罗马帝国的东部指色雷斯、埃及和富庶的亚洲地区。

② [英]爱德华·吉本：《罗马帝国衰亡史》（上册），黄宜思、黄雨石译，北京：商务印书馆，1997年。

斯以允诺给每个士兵六千多德拉马克的价钱击败了允诺给每个士兵五千德拉马克的苏尔皮西阿努斯，登上了罗马的皇位。[1]罗马的法律禁止罗马元老院成员或特权贵族参与贸易，但不限制他们扩大地产，于是贵族成员们纷纷扩大土地的占有，成为大庄园主。

苛重繁杂的罗马税制损害了罗马的中产阶级和平民纳税人。到了5世纪，由于工资低微、工时长久、赋税苛重、择业不自由，有成千累万的自由民放弃了自己的职业，从原来的城市逃亡到外省和蛮荒边疆。大领主和大奴隶主们不断地通过兼并弱小，聚敛土地和财富，同时又不断地利用特权，想方设法逃避税负。为了填补财政的亏空，政府往往占取城市公地，将这些公地出售给附近的财主。这样一来，政府非但没有约束奴隶主，反而助长了奴隶主人数的增加和势力的壮大。

大土地所有者是不事生产的。他们的势力越大，为他们服务的奴隶就越多。奴隶可以超重劳动，而且既不必纳税也无须担负军役，因此对于奴隶主来说是非常有利可图的。大规模使用奴隶劳动使承担着繁重的税负和徭役的自由小农难以为继，他们有些加入了逃亡外省的行列，有些流入城市，或靠城市里的公共救济糊口，或沦为富人的扈从食客。留在原地的，丧失了土地的产权，沦落为佃户。[2]

大奴隶主们随着自己领地的日益扩大，也表现出对于政府日益增强的离心力和独立性。有些领地甚至发展了地方政权，变成半独

---

[1] [英]爱德华·吉本：《罗马帝国衰亡史》（上册），黄宜思、黄雨石译，北京：商务印书馆，1997年。

[2] [美]汤普逊：《中世纪经济社会史》（上册），耿淡如译，北京：商务印书馆，1961年。

立的国家。乡村和城市的下层，为了逃避捐税和盗劫，纷纷向大领地集中，寻求庇护。在晚期罗马，特权制度的滋生蔓延伴随了庇护制度的兴起和发展，各种各样的特权和庇护权阻碍了政府和皇帝权力的行使，妨碍了司法的执行和捐税的收集，破坏了帝国政权的完整性，使帝国的税源为之枯竭，强盛一时的罗马文明到了岌岌可危的地步。

在罗马帝国里，还有一个可以逃避税负和军役的行业，这就是宗教。苛捐杂税使越来越多的人加入僧侣的行列，基督教会得到空前发展。教徒人数的增多，也使帝国财税的来源进一步减少。

到了罗马后期，帝国赖以生存的制度就像一个病入膏肓的老人，在气喘吁吁中维持。制度的行政开支难以节制，商品物价无法控制，不公平竞争四处泛滥，货币制度腐化，生产不断下降，民众日益贫困化，穷人四处游荡，社会风气败坏，盗贼肆意横行，僭帝政治和奴隶起义此消彼长，政治叛乱延及数省。随着罗马政治的衰落，罗马社会全面面临危机，罗马法律也宣告失效。在日耳曼各部族入侵之前，帝国已经是在苟延残喘，奄奄待毙了。恩格斯说："捐税，国家的差役和各种代役租使人民大众日益陷入贫困的深渊；地方官、收税官以及兵士勒索，更使压迫加重到使人不能忍受的地步。……普遍的贫困化，商业、手工业和艺术的衰落，人口的减少，都市的衰败，农业退回到更低的水平——这就是罗马人的世界统治的最终结果。"[1]

---

[1] 《马克思恩格斯全集》(第二十一卷)，中共中央马克思恩格斯列宁斯大林著作编译局编译，北京：人民出版社，1965 年。

基督教的传播和罗马帝国的瓦解

罗马人曾经是天才的立法者，但是到了罗马帝国后期，罗马法已经不能使罗马人各得其所了。罗马人也曾经是杰出的社会组织者，但是在帝国后期，城市衰落了，市场萎缩了，田园荒芜了，奴隶也减少了。罗马社会中有一个细胞没有随着帝国的瓦解而消失，这就是基督教，它来自东方希伯来，在罗马社会里生根发芽，又直接长入中世纪，成为新社会的基本细胞。

基督教自诞生之日起就和政治结下了不解之缘。深受"巴比伦之囚"屈辱和失国流离痛苦的犹太人借着对救世主的企盼来表达复国的期待。这种期待在地中海的希腊化时代经希腊哲学的加工而丰满起来，希腊哲学的影响使得基督教的说教变得富有哲理，并且带有了鲜明的世界性。由于基督教各派教会在教义的诠释方面发生了激烈的竞争和争执，所以罗马皇帝君士坦丁出面组织了宗教会议，从众多经卷中挑选了27卷，定为《圣经》，予以颁布，作为基督教教义的经典。所以，基督教的教义中又掺杂了罗马政治的影响。

基督教的教义与希腊哲学中的自然理性观念不同。基督教教义否定人与自然和谐的人文精神，指责自然是诱惑，甚至是罪恶，人则由于"原罪"而被诅咒，罚出了天堂。但是人类的厄运也不是彻底地不可挽救，上帝并没有对他的造物坐视不管，而是积极地，先是通过犹太人的传教，后来又通过耶稣基督的降生来拯救人类，所以基督教本身并不是对现世的否定和拒绝：自然诅咒了人，上帝又拯救了人。这种让自然和上帝的恩典共同统治世界的二元论是基督教神学的中心问题，一方面是对自然的沉思，另一方面是对改造社会的承诺，这种二元论使基督教能够成为跨越时代的精神。[①]

　　基督教虽然用全能的上帝代替了人类的理性和自然的规律，却没有否定希腊哲学和罗马法中表现出来的另外一种人文思想，这就是关于人在自然法则面前平等的思想。在基督教中，上帝被当作了理性的化身。基督教固然试图用人来证明上帝的正确，但是在基督教教义中，上帝是爱人的，甚至不惜牺牲亲子来拯救人类。上帝虽然是万能的，但人却是中心的，人的拯救才是最终目的。所以，基督教既有非理性的因素，也有理性的成分，是矛盾的混合体。

　　基督教的教义认为，人由于原罪而平等地受罚，又由于上帝的拯救而使一部分人重新获得升天的机会。基督教打破了奴隶和奴隶主之间的界限，在罗马社会中迅速传播，先是通过传布社会福音，呼吁平等博爱，要求社会改革，征服了那些生活在社会底层的市民和奴隶，后来又以永生和永福的希望争取了包括奴隶主在内的罗马帝国上层。基督教的信徒们为了能够进入天国和获得永生，甘愿献出他们的所有，甚至忍受流血和牺牲。许多罗马人皈依基督教是因为它"无害"，且可以免于混乱的生活；基督徒们要保证过清静平和的生活，严禁偷盗、抢劫、奸淫和欺诈等行为。同时，教会内部追求团体的安全、荣誉和壮大，矛头所向正是罗马的社会问题。罗马皇帝君士坦丁感到，即使最高明的法律条文也是不完整和带有随意性的，法律本身很难鼓励善行，有时也制止不了恶行，而基督教

---

① 　David Herlihy, ed. *Medieval Culture and Society*. Harper & Row Publishers, 1968.

教诲人"向善"，是法律所办不到的。当时基督教已取得了罗马国民的拥护和信仰。于是，君士坦丁就于313年发布《米兰诏令》，最终宣布基督教为合法宗教，宣布帝国内宗教信仰自由，从此停止了对基督教的迫害。

基督教的合法化意味着基督徒可以享受和其他教徒同等的待遇，包括赦免捐税和不服军役的待遇。由于基督教会在城市中的影响力日益壮大，罗马皇帝把城市的管理权也交给了主教。结果罗马人对基督教趋之若鹜，统治者和富贵者纷纷涌入教会，或者是为了逃避赋税，或者是为了攫取权力。由于干预城市的管理，主教的权力急剧地膨胀起来了，他可以督察低级城市行政官，行使保民官的否决权，监督公共建设和城市拨款，稽查城市账册，选择城市管理员。基督教成了罗马的国教，成了实施法律的主体，早期罗马法中强调的平衡观念不见了，代之而起的是对整齐划一的推崇。在贸易中有划一的度量衡；在国家中，有统一的法律；在各地有同一的宗教。人们在"整齐划一"之中看到了一种"至善境域"，这种至善境域和基督教的天国十分契合。

皈依基督教的势头给教会组织带来了巨大的财富和权力，也为基督教带来了腐败、奢靡和官僚习气。基督教的人文精神被埋葬在追名逐利的陋行之中，精神和理想的追求开始趋向两种走势：一种奉行禁欲主义，提倡出世观念；另一种要求强化教会组织，由教会来管理社会。禁欲主义者否定宗教的世俗化，把这种否定变为一种生活方式，提倡孤寂的生活，形成了寺院制度。在寺院中修行的人信守一种忘我的精神，把精神生活发展到了极致。以奥古斯丁为代表的另外一派基督教徒则开始重新定义人和社会、人和自然的关系，要把教会当作人和上帝之间的桥梁。奥古斯丁在《上帝之城》中主张社会根据教会的方式组织起来，说高尚的灵魂和优良的法律都是从教会得来的，只有教会管理的社会才可能成功。国家应当是教会的仆役，因为上帝通过教会管理社会。

这时的教会早已由于获得大量的馈赠而变成大土地所有者了，在世俗领主和宗教领主之间的妥协和联合也成了一件顺理成章的事：领主们要求主教们承认其独立的地位，主教们要求领主们强迫他们的农奴和奴隶皈依基督教，而领主们则以"庇护人"的身份指派教士，保证教会从结婚、殡葬和洗礼中获得稳定的收入，教会的触角遍布罗马城乡社会，成了一种新生的权力机制。

罗马社会的内部危机消耗了罗马的经济活力，到了4世纪末的时候，盛极一时的古罗马市场已经变成人迹稀少的荒凉地带，罗马经济中心逐渐东移。公元476年，西罗马帝国在日耳曼人的洗劫下寿终正寝。古罗马的衰败看上去是那样突然，那样迅速，当不堪税负的城市居民成批地逃入乡村寻求庇护时，僧侣们开始拆毁罗马的庙宇宫殿，用以建造教堂。随着人口的下降、公德的堕落，辉煌一时的罗马烟雾般地消散了；随之而来的是蛮族的拉锯战，汪达尔人的洗劫、哥特人的入侵、阿兰人的蹂躏、伦巴人的野蛮践踏，伴随着饥馑和瘟疫，一直持续到5世纪末，生灵涂炭，民不聊生，使罗马后期的这段历史成为惨不忍睹的人间悲剧。一位目睹了这一幕幕惨剧的同时代人描述道，对于百姓来说，"白霜剩下的，暴风雨给夷平了；暴风雨剩下的，干旱给烧光了；干旱剩下的，敌人又给抢走了"。[①]在经历了这场浩劫以后，罗马城的居民从1世纪时的一百多万，下降到7世纪时的四万。[②]罗马帝国为后世提供了非常丰富的经验和教训。这就是孟德斯鸠的《罗马盛衰原因论》的主要内容。晚唐诗人杜牧的《阿房宫赋》最后几句话，是中国人很熟悉的："秦人不暇自哀而后人哀之；后人哀之而不鉴之，亦使后人而复哀后人也！"

基督教在罗马的废墟上迅速地发展着自己的势力，教会在拓展着，教堂一座座矗立起来；教堂富丽堂皇，内殿的墙壁内侧镶饰着各种大理石，香料散发着浓郁的香气，给人以神圣的感觉。和残酷的杀戮、野蛮的劫掠相比，教堂里香烟缭绕，香烛生辉。"在这里，人们或感到对上帝的敬畏，或感到上帝的荣耀的巨大光辉。"[③]教会提供的是战乱中的平和，无常中的永生，是生命的新的意义和目的，是超脱现实丑恶的一种无奈的自我重新定义。

北方的日耳曼人"打"进来了，迅速成为罗马土地上的新主人，他们皈依了基督教，取代了罗马的旧统治者。历史学家们通常把这时叫作欧洲中古或"中世纪"的开始。

———————

① ［法兰克］格雷戈里：《法兰克人史》，寿纪瑜、戚国淦译，北京：商务印书馆，1981年。
② 据《大英百科》（英文版）第12卷，1980年。
③ ［法兰克］格雷戈里：《法兰克人史》，寿纪瑜、戚国淦译，北京：商务印书馆，1981年。

第二章

中世纪（一）

——欧洲文明的制度萌芽

　　也许用"中世纪"一词来界定那段长达千年，既黑暗又光明的历史时期是不够确切的。在15世纪，当一些人文主义者初次使用"中世纪"一词的时候，他们看到的主要是他们自己对于所谓"黑暗时代"的否定和对于古典文明的继承。他们以为，从罗马文明在5世纪的衰亡到人文主义在15世纪的兴起之间，横亘着一段文明被割断的历史，他们把这段历史称为"中世纪"，用以说明在两种有继承关系的文明之间有一个被跨越的中间阶段。这种观点早已受到史学家们的订正。实际上，"中世纪"即通常说的"中古"。这一长时期的本质事实是：一个新民族，即北欧日耳曼民族占领了以前的罗马帝国，定居后吸纳和消化帝国文化以及希腊人的哲学和艺术，把基督教当作自己的宗教，并且自称"日耳曼神圣罗马帝国"。它承上启下，就历史发展的意义而言，并没有历史"割断"之意。它最大的意义是建立起名副其实的"封建制度"。

　　中世纪的历史由于没有连贯的记载而很难追溯，这段历史在欧洲和美国的西洋史学界是专门学问，著述甚夥。欧洲中古很重要，它从自身生发近代欧洲资本主义，这是中国历史所没有的。

欧洲封建制及其历史意义

中世纪的欧洲并不是一个政治的整体，也不是一个有自我意识的帝国，而是一片割裂的和封闭的土地。在这片土地上，经过血与火的洗礼，罗马文明被扬弃了，在融合了罗马文明和日耳曼传统的基础上，形成了对于欧洲文明至关重要的制度：欧洲封建制。欧洲近现代的政治、经济、社会和文化都在欧洲封建制时期开始萌芽。可以说，没有欧洲封建制，就没有欧洲民族国家的兴起。

从罗马帝国败亡到欧洲封建制的确立，中间经过了一个以日耳曼"民族大迁徙"为标志的过渡阶段，在这个过渡阶段中，武力征服与文明同化相交错，制度否定与制度创新相结合，形成了一种新的文明。在这个历史阶段快要结束的时候，也就是公元1000年前后，欧洲的人口开始增加，财富增长，技术和学术都出现了繁荣。随之而来的是边界的拓展、城市的兴起、商业的扩大和文化的发展，欧洲各种主要民族语言也产生出了不朽的文学作品，传播着欧洲人的理想和观念，以精神同一性和文化多元性为特征的欧洲文明开始出现在世界上了。

公元138年左右，罗马帝国的边界还在多瑙河和莱茵河一线。罗马军队驻守高卢，和已经开始从事农耕的日耳曼各部族对峙。到了3世纪的时候，阿兰人和匈奴人开始扩张，迫使日耳曼人的一些部族，如勃艮第人、法兰克人、哥特人和汪达尔人南下，从而引发了一连串的迁徙、入侵和移民运动。

日耳曼各部族在南下的路途中，一面寻找着土地和牧场，一面和繁盛的罗马帝国进行着商品的交换。恩格斯考证说："日耳曼人从恺撒到塔西佗时期，在文明方面有了显著的进步，而从塔西佗到民族大迁徙（公元400年左右）以前，他们的进步更要快得多。商业传播到他们那里，并为他们运来了罗马的工业品，因而至少也带来了一部分罗马人的需求。"①显然，频繁的商业往来在日耳曼人入侵罗马以前很久，就已经开始在消除罗马文明和蛮族文明之间的边界了。为了缓冲日耳曼人入侵的压力，罗马皇帝伽利埃努斯曾迎娶马科曼人国王的女儿为妻。布罗代尔说："蛮族之所以取胜，每次都因为它一半已文明化了。在进入邻居的内室以前，它已在前厅等了很久，并敲过十次大门。"②

到了6世纪，罗马败亡了，笼罩在欧洲大陆上的是战争的烟云，商业不再是文明融合的主要渠道。在血与火、生与死交织的年代里，军队和传教士成为沟通文明的主要纽带。公元567年，军事胜利将法兰克人的统治推进到比利牛斯山和大西洋，而在德意志，除了保留在黑森的法兰克原有领地以外，法兰克人还征服了阿勒曼尼人（496年）、瑟林吉亚人（532年）和巴伐利亚人（552年），把罗马帝国从未能够染指的自由德意志和曾经被帝国统治多年的罗马各省份联合了起来。法兰克人的扩展加速了罗马文明和蛮族文明的融合。

有一种比较普遍的说法，认为罗马文明在蛮族入侵时已经东移

---

① 《马克思恩格斯全集》（第十九卷），中共中央马克思恩格斯列宁斯大林著作编译局编译，北京：人民出版社，1963年。

② [法]布罗代尔：《15至18世纪的物质文明、经济和资本主义》（第一卷），顾良、施康强译，北京：生活·读书·新知三联书店，1992年。

至君士坦丁堡。拜占庭帝国在政治制度上延续了罗马文明，在语言文化上承继了希腊的东方传统。这种说法有一定道理，但却忽略了罗马文明在西方的存续。尽管日耳曼人征服了罗马人以后没有像罗马人征服了希腊人以后那样，出现一个"罗马化的日耳曼时代"，但是日耳曼人对罗马文明的继承还是显而易见的。这种继承既包括精神的，也包括制度的。在精神上，法兰克人接受了罗马的宗教——基督教；在制度上，罗马法成了中世纪的法律原则。

从地理上看，中世纪时文明的中心已经离开了地中海，移到了欧洲中部的莱茵河流域。基督教先是征服了法兰克人，然后随着日耳曼军队的铁蹄四处扩张，最后，宗教和领地逐渐彼此重合，基督教神权和日耳曼政权逐渐相互配合，到了公元800年，教皇在罗马为查理曼皇帝加冕，在罗马帝国的碎片上开始建立起一个基督教日耳曼帝国。

日耳曼民族对罗马帝国的征服是一种双向的征服，即日耳曼用武力征服了罗马，而罗马则用宗教和文明征服了日耳曼。日耳曼人对旧罗马帝国文明发达地区的统治的结果是产生了一种新的文明。它既不是罗马文明，也不是日耳曼文明。它是多种文明在相互征服、相互影响和相互同化的过程中产生的合成文明。恩格斯说："从中世纪早期的各族人民混合中，逐渐发展起新的民族，在这一发展过程中，大家知道，大多数罗马旧行省内的被征服者即农民和市民，把胜利者即日耳曼统治者同化了。"[1] 日耳曼人侵入罗马帝

---

① 《马克思恩格斯全集》(第二十一卷)，中共中央马克思恩格斯列宁斯大林著作编译局编译，北京：人民出版社，1965年。

▲《图斯涅尔达在日耳曼的凯旋行中》，1875年，[德]卡尔·特奥多尔·冯·皮洛蒂。图为藏于美国大都会博物馆的副本

图斯涅尔达为日耳曼王子阿尔米尼乌斯的妻子，在日耳曼战败时被自己的父亲献给了胜利的罗马军队

国，挽救了欧洲文明，挽救了已经衰败的西欧社会。也就是说，"日耳曼世界"，至少在某种意义上说，是"罗马世界"的延伸。这种延伸不仅仅包括了黑格尔说的在精神意义上的延续，即"日耳曼世界"把"罗马文化和宗教以完整的形式接受下来"，同"本民族文化融合在一起"，并将宗教文化逐渐扩大到它所征服的土地这样一个过程。[①] 这种延伸还包括了日耳曼各民族对罗马物质文明和

———————

① [德]黑格尔：《历史哲学》（英译本）。

制度文明的仿效和学习，这种学习不是全盘接受和简单模仿，而是像恩格斯所说的那样，"……固然仿效了罗马人的样式，然而它是完全独立地发展起来的"[①]。

上述学习、仿效和同化的过程也就是新文明形成的过程，这个文明形成的过程完成于中世纪。当欧洲大陆的居民开始走出中世纪的门槛，奔向新世纪新时代，奔向世界各地的时候，他们已经有了关于欧洲文明的比较明确的定义，他们已经看到欧洲文明和其他文明之间的明显区别，他们已经开始有意识地"输出"自己的文明。这种文明的许多内容都来自欧洲的封建制。

欧洲封建制产生的历史地理条件是地中海文化圈的历史性巨变：伊斯兰人占领了地中海的东、南和西岸，"古代经济平衡在伊斯兰的侵略下崩溃了"，地中海从欧洲大陆的商业通道变成了商业障碍。[②]尽管后来拜占庭强大的海军在爱琴海抵御了穆斯林的入侵，卡罗林王朝制止了阿拉伯人对比利牛斯山以北地区的深入，但是在漫长的中世纪中，欧洲没有可能，也没有想到去恢复在地中海的制海权。因此，从公元8世纪开始，欧洲就处于一种比较封闭的状态中。市场萎缩了，商业减少了，罗马的旧城市成了主教驻地和僧侣云集之所。

在相对封闭的状态中，日耳曼人并没有拒绝向罗马文明的学习和仿效。起初，日耳曼人向罗马人学会了文字的使用，并且模仿罗

---

① 《马克思恩格斯全集》（第十九卷），中共中央马克思恩格斯列宁斯大林著作编译局编译，北京：人民出版社，1963年。

② Henri Pirenne. *Economic and Social History of Medieval Europe*. Harvest Books, 1937.

马人把自己的习惯用文字记载下来，编成法典。在法兰克人统辖的地区，法兰克人遵守《撒文利克法》，罗马人和僧侣遵守《提奥多西乌斯法》，征服者和被征服者各依其法、分而治之。后来，内战的频仍和查理曼以后政治的衰落使日耳曼人又重新回到蒙昧状态中去，忘记了成文的蛮族法、罗马法和饬令。①除了教皇驻地意大利，以及毗邻的高卢地区还保留有罗马法以外，法律被淡忘了，政府被解散了，留下的是封闭的农业社会、相对独立的自然经济和广泛的贫困。

在农业社会里，土地所有制度不仅决定了人和土地的关系，也决定了人和人之间的社会联系和人的政治地位。战乱无定的生活，人民渴求安全安定的心理，加上罗马文明和日耳曼文明的融合，这些因素在中世纪欧洲促成了一种新的土地所有制度，以及与这种土地所有制度相联系的政治社会制度，这种制度就是"封建制"。

在"民族大迁徙"以前，日耳曼各部族中实行的是"马尔克"氏族公社制度，而在罗马帝国里广泛存在着的是以私有制为基础的奴隶制度，奴隶制和氏族公社制是欧洲封建制的共同基础。"封建制"（feudum）一词来源于"采邑"或"封地"（fief），定型于法兰克王国的卡罗林王朝时期。早在卡罗林之前的墨洛温王朝时期，法兰克国王们就开始实行一种战争奖赏惯例：每当一场战争胜利以后，君主们就要封赏功臣。现在还说不清楚，分封采邑这种对于蛮族文化来说新的土地私有制度在多大程度上受到过罗马土地私有制

---

① ［法］孟德斯鸠：《论法的精神》（下册），张雁深译，北京：商务印书馆，1963年。

度的影响，但是可以肯定地说，这种影响是不可避免的。墨洛温王朝的国王们是一些带领军队南征北讨的统帅，对于奴隶制的大土地经营没有经验。他们将从战争中获得的罗马国库领地慷慨地封赏给臣下，结果使国家的真正力量落入世俗和宗教大地主手里。到了墨洛温王朝的后期，王室土地的赠予已经变成了有世袭权的分封。大地主阶级对于王权是有离心力的，地主的力量壮大了，王国的血液就被吸干了；地主的领地加大了，王室的领地就缩小了；地主各自为政了，王国就分裂了。

要从土地私有制倒退几乎是不可能的了。继墨洛温王朝而起的卡罗林王朝面临着一个建立新制度的难题。在人类的历史上有过许多这样的情况：往往难题就意味着机会，解决了难题，就抓住了时机。卡罗林王朝面临的正是这样一种历史的机遇，它需要解决的问题不是土地私有制倒退，而是在新的土地所有制的基础上，建立起一种新的政治制度和一种新的社会责任关系。既然大土地所有制的发展是不可避免的，那么至少要将土地的占有和社会的责任联系在一起。这种文明不是希腊的，也不是罗马的，不是古代日耳曼的，更不是亚洲的或中东的。这是一种新的文明的萌芽，是多种文明在莱茵河流域融合的结果，也是在文明融合基础上的"制度创新"。

欧洲封建制主要是日耳曼人的创造，它的一个最大的特点是分权，不仅是分权，而且是把权力的分配和土地的分配联系起来。封建制的一个标志性事件是查理曼大帝的后继人，法兰克国王虔诚者路易一世在817年将已经扩大为帝国的法兰克领地一分为三，给他的三个儿子：罗塞耳、路易和丕平。这个象征性或转折性事件的发生，宣告了皇权不可分割性的无效。此后，诸王子为瓜分位于现代中欧地区的国库领地而进行了旷日持久的相互仇杀，在这中原逐鹿的战场上决定了后来法国和德国的分界线。难怪有人会说，倘若法兰克帝国的国库领地不在中欧，或者路易的三个儿子没有为了瓜分帝国而战，那么欧洲也许就不会是由许多民族国家组成的了，而是一个大帝国了。

当然，历史是不能假设的。事实上，在法兰克帝国分裂以前，土地就已经开始分割了，帝国的分裂只是加重了社会上那些封建领主的分量。分裂的土地从属于诸王和贵族，皇帝的行政权力只能在皇室领地里得到实施。这种制度和罗马帝国的制度形成了鲜明的反差。

关于封建制，汤普逊有如下定义："封建制度是一种政府的形式，一种社会的结构，一种以土地占有制为基础的经济制度。"① 它是"由地主贵族，俗人或僧侣，男爵或主教或住持在一定的领土范围内，对那里所有的居民办理行政、执行司法、征收赋税的制度。在这样的一个政体里，政府的实质是分裂的。王座只保留了一个空洞的宗主地位，只是一个名义上的权力，而国王被缩成为一个阴影而已"。②

除了分治以外，欧洲封建制的另外一个突出的特点是社会责任或社会契约关系。封建制的责任，简单地说，就是对于军役的承诺，是一定量的土地附带一定量的军役的责任，是将享有封地的权

① ［美］汤普逊：《中世纪经济社会史》（上册），耿淡如译，北京：商务印书馆，1961年。
② ［美］汤普逊：《中世纪经济社会史》（上册），耿淡如译，北京：商务印书馆，1961年。

利和服从军役的义务连在一起。在这种责任关系中，"罗马贡献了财产关系，日耳曼人贡献了人身关系"。[1]在封建等级制比较森严的德意志，封建级别有国王、附庸王室的教会公侯、世俗大公侯和享有王权的伯爵、附庸于世俗王公的伯爵和男爵、附庸于伯爵和男爵的骑士或自由骑士、从农奴中提拔的勇猛的"半骑士"，他们层层隶属，并从宗主那里得到相应的土地财产。

封建领主和奴隶主本质上的不同在于他们和封建君主之间，以及和扈从之间，存在着一种等级责任关系，这种责任关系和责任概念就是日耳曼人的贡献。法国的中世纪社会史学家马克·布洛赫认为，封建制的产生是日耳曼人的社会需求所致。战乱和移民削弱了日耳曼人传统的家庭和氏族保护结构，这种传统的保护功能需要由新崛起的封建领主来承担，于是，封建领主就取代了氏族领袖，变成他们各自属民的保护者和复仇者。[2]这种保护的观念实际上就是一种责任的观念。

欧洲封建制的原则优于罗马帝国后期的专制政治和奴隶制政治，它将野蛮的个人主义纳入一种秩序的规范，将财产的私人所有包进一种体现权利与义务的契约。封建制的原则当然也优于日耳曼的氏族公社制，它不仅引进了相对先进的耕作技术和耕作方式，使土地的私有成为激励机制和责任机制，而且在此基础上有所创新，通过宗主权和附庸地位的确定使整个欧洲稳定下来。法兰克的卡罗林王朝以后，欧洲的地图呈分封割据的状态。封建制给欧洲社会带

---

① [美]汤普逊：《中世纪经济社会史》（下册），耿淡如译，北京：商务印书馆，1963年。

② Marc Bloch. *The Feudal World*. in Norman Cantor & Michael Werthman ed. *Medieval Society*. Thomas Y. Crowell Comp, 1967.

来的不仅是分割和封闭，还有饱经战乱的人们所希求、所渴望的安定。封建制的明确的责任原则束缚了人，也稳定了社会关系。每个地方社区都有自给自足的经济，被割裂的社区之间很少交往，真可谓是"鸡犬之声相闻，老死不相往来"了。交往减少，变动和机会也同时减少了，社会进入一种安睡中的养息。事实上，走入黑幕的欧洲不是走入黑暗的欧洲，而是走入休息状态的欧洲。在分裂和休眠状态中的生长和变化是不容易被外人察觉到的，但对于欧洲是必要的。它孕育了民主与自治的精神，产生了权利和义务的规范，这些都是后来欧洲文明中的精髓。

欧洲封建制能够绵延近千年，还因为它和罗马奴隶制有一个根本的不同：在欧洲封建制时代，日耳曼帝国彻底抛弃了罗马的中央行政和财务税收，从根本上改造了这一庞大的政府机构所要支持的庞大的军队，建立了分层负责的军役制度。每个阶层都要履行自己的义务，否则封建关系就将失效。当然，在现实的生活中，封建关系并不是组织得像理论上那样严密。"一仆二主"是常见的现象，有些佃农首领同时又是小贵族的家臣，结果作为军事组织的封建义务很快就失去了意义。据丹尼思·黑考证，到了11世纪后期，封建军事义务就只剩下每年40天了。如果封建领主要求多于40天的服务，那么封建主就要向他们的家臣或扈从支付报酬。没有过多久，封建主和扈从便开始共同就"防卫费用"达成协议，虽然从封建义务兵役制过渡到后来的雇佣兵役制还需要一个较长的历史时期。[1]

---

[1] Denys Hay. *The Medieval Centuries*. Harper & Row Publishers, 1964.

与这种土地分封制相对应的是政治和社会的等级化。政府的大员变成了世袭的爵位，在社会上产生了不同的爵位和不同的职位。世俗和宗教的大地主们逐渐脱离王室政权而相对独立，这些新贵在瓜分王国的过程中不免相互竞争，自由农庄成了大封建地主们吞并

▲《倒牛奶的女仆》，1660 年，[荷兰] 杨·维梅尔。现藏于阿姆斯特丹国家博物馆

的对象。无地和失去土地的自由人只好到地主的大庄园上寻找雇佣工作，从而逐渐沦为农奴。在农奴阶级的下面，还有着大量奴隶人口，他们是从罗马文明遗留下来的，也有一些是日耳曼奴隶。这些奴隶大部分和农奴一样，在田地上劳动，也有一部分是庄园宅内的家庭奴仆。

　　除了基督教和土地私有制以外，古罗马其他重要的文明遗产——法律和行政在封建制的欧洲也经历了重新调整与适应。在罗马时期，罗马法曾经是中央政府的饬令，并且以其理性、成文和系统而著称；罗马行政则是由皇帝通过一个官僚机制来管理。到了日耳曼人统治的封建制中世纪，罗马法的精神大体上被接受了下来，以不成文的习惯法的形式流行。封建君主们不享有立法权，他们也不是王国的行政长官，行政权力都分散到各个封臣的辖下了。封建领地上的自治达到很高的程度，从法律的实施到道路的维修和铸币，封建领主都具有完全的自主权，只是在传统上要参照罗马的习惯法。其实，除了封建制规定的多层次隶属关系以外，在中世纪似乎没有什么可以确定无疑的习惯法可供参照。布洛赫认为，蒙昧时代语言文字的不规范使律师的记录没有他人可以看懂，法律根本就没有先例可循，分封制度至少与文化的落后状况相吻合。①

　　在中世纪的早期和中期，欧洲基本上只有领地的概念，没有民族国家的概念。整个欧洲分成大大小小许多块地产，世袭领地跟随领主而变动，可以通过姻亲关系而转手，有时一个家族统治着两个

---

① Marc Bloch. *The Feudal World*. in Norman C　　 Michael Werthman ed. *Medieval Society*. Thomas Y. Crowell Comp, 1967.

甚至多个国家。王国也可以根据遗嘱而转让，那不勒斯的王后可以立遗嘱，将王国的统治权转让给第二昂儒家族的路易一世和他的儿子，而亨利六世，英国查理五世和法国公主卡特琳的后嗣，在继承了英国王位几个星期以后，又因为法王查理六世的去世而继承了法国的王位。除了王位以外，封建领地也可以跨越语言和地区，一个贵族的封地可能有一块在法兰克，另一块在德意志。汤普逊认为，中世纪初期的分封主要以经济的利益和权力的平衡为依据。在整个的分封过程中，财产权和主权到处转化，并没有考虑到封地居民在种族、乡土和语言上的差异，[①]叶尔孜·鲁卡兹夫斯克说："在这里，欧洲不被看作一个地理的整体，它是一个精神的整体，一种人类的成就。"[②]

　　到了11世纪末，欧洲封建制经过了几个世纪的发展，开始进入鼎盛时期。在这个时期占主导地位的政治理论有三个来源：罗马法、神父的训谕和日耳曼法律传统与社会制度。汤普逊认为这三者是相互矛盾的。[③]在罗马人的观念里，国家是至高无上的，是无须对臣民负责的。基督教神父的训谕因循奥古斯丁的教导，认为有罪孽的人组成了政治社会，因此政治也是罪恶的。只有教会是社会组织的至善的形式，教会高于国家，国家隶属于教会。不同于这些来自罗马帝国的传统，原始日耳曼人强调的是个人的权利和责任。这些彼此相反的概念能够在中世纪欧洲长期并存，都体现在了封建的

---

① ［美］汤普逊：《中世纪经济社会史》（上册），耿淡如译，北京：商务印书馆，1961年。

② Hendrik Brugmans. *Europe: Dream-Adventure-Reality*. Brussels, 1987.

③ ［美］汤普逊：《中世纪经济社会史》（下册），耿淡如译，北京：商务印书馆，1963年。

国家结构中，使之既能够包容丰富的创造力，又能够服从整体的协调力，而且能够从这种个体和整体的相互作用中产生出巨大的生命力和扩张力，这不能不说是欧洲封建文明的独特之处。

欧洲封建文明能够兼收并蓄地使相互矛盾的政治理论和平共存，主要原因还在于它本身是一种分散的政治自治制度，而不是强求一致的大帝国。封建的政治模式虽然是类似的，但封建的政治统治却是分散的，制度的类似并不抹杀制度的特性。无论是法兰西，还是意大利、德意志，在当时都还只是地理的名称，而不是统一的政治实体或者民族主体。民族大迁徙时期新居民的到来，为各个地区的本地人带来了各种日耳曼移民方言。但是封建制的实行使日耳曼的文化没能随着日耳曼的征服而统一欧洲，相反，封闭隔绝的生活使得日耳曼统治者很快就学会了被他们统治的臣属的方言，日耳曼方言和原来的旧罗马时期的方言混合成了新的语言。[①]语言的多样性就这样被保留了下来，这种多样性是由整体封建制下的地方独立性和自治性决定的。政治和经济生活的长期分散、割据和封闭，在欧洲的各地都形成了在语言差异基础上的多姿多彩的民族和文化特性。

由于封建制度在欧洲各地有着很大的差异，因此欧洲人在中世纪的社会生活也不尽一致。封建制的种种特性在法兰克王国特别明显。定居在高卢的日耳曼国王们将权威建立在赢得战争、占领土地和分封功臣上，大贵族也不可能亲自经营他们庞大的领地，于是就

---

① ［意］尼科洛·马基雅维利：《佛罗伦萨史》，李活译，北京：商务印书馆，1982年。

在他们的领地里继续向下分封，他们的属民对于他们也承担类似的封建义务。这种逐层的分封和与之相关的义务，使整个社会形成了一种多层次的等级责任制。就像孟德斯鸠观察到的那样：各类"领主权利"建立起来了，但是这些权利又分给好些人，这就减少了整个"领主权利"的重要性。[①]

从发明了封建制的法兰克向北，我们在德意志看到的不仅是众多割裂的、低效的封建领地和各自为政的封建贵族，更是一些带有强烈的家庭观念、氏族传统和责任意识的封建关系。封建领主继承了氏族领袖的角色，对领地的属民实行保护，为了荣誉而私战不休。

从法兰克向南，当意大利封建制度达到高峰的时候，王室不仅把土地和官职分封了出去，而且把"公共财产"范围内的几乎全部东西——街道、桥梁、广场、公共建筑物、城垣、城门、城塔、堡垒之类也都分封了出去。和欧洲其他地区不同，在意大利，封建制只是徒有其表。在封建的外壳之内，还保留着城市和商业，沿袭着从罗马帝国时代保留下来的生产方式。在十字军运动之前的北意大利已经开始了恩格斯称之为"第三次分工"的过程，出现了金属货币、货币借贷、利息、高利贷和土地抵押制。[②]在大庄园里，隶农耕种土地的作物只够他和他的家庭食用，其余的时间则为领主劳作。领主占有着较其他地区更多的隶农劳动剩余，民间流传着古罗

---

① ［法］孟德斯鸠：《论法的精神》（下册），张雁深译，北京：商务印书馆，1963年。

② 《马克思恩格斯全集》（第二十一卷），中共中央马克思恩格斯列宁斯大林著作编译局编译，北京：人民出版社，1965年。

马时代传下来的技术和工艺。这些剩余，这些技术，为商业的复兴创造了种子和土壤。一旦时机成熟，新芽就会破土而出。

中世纪的商业文明与商业扩张

我们早就说到，在所谓的"黑暗时代"，罗马的精神遗产和文明成果并没有被彻底抛弃，而是以不同的形式得到了不同程度的继承。以意大利为例，罗马时代的手工业技术和传统并没有失传，而是在民间保留了下来。与拜占庭、埃及和叙利亚之间的贸易虽然不如罗马时代那么繁盛活跃，但是毕竟不像有些史学家所说的那样，处于停滞和瘫痪状态。战乱过去以后，往来于地中海上的犹太商人继续为西方带来东方的名贵商品和大量的财富，使生活在罗马的教皇能够过着几乎可以算是奢侈的生活。除了来自地中海传统商路的商品以外，北方斯堪的纳维亚人的扩张也伴随着商品的交换。这来自南北两个方面的商业压力就像两个压缩机，在不断地为封建的欧洲大陆灌注着营养。半是由于这种营养激发起来的活力，半是由于外界财富的吸引，封建的欧洲经过了四五个世纪的休养生息之后，又开始活动起来。包裹在封建制度之中的私有制因素和商业精神应时而动，冲破封建土地制度的束缚，走向世界。

在中世纪早期，在封建制的欧洲腹地和北欧之间存在着一种具有同一性的、现实的联系纽带，这种纽带只能是商业。在莱茵河地区广泛地，但程度不同地实行着封建制的9世纪，斯堪的纳维亚人非但没有实行封建制，反而在进行着大规模的扩张、征服和移民，这种扩张行为的动力来自北欧人恶劣的生存条件和经济环境。土地的稀少与贫瘠使北欧人无以为生，北欧人的传统谋生手段都是在海上：捕鱼和海盗。海上航行异常艰苦危险，这种生活环境锻炼了他们的冒险精神，也培养了他们相互配合、团结协作的习惯，以及集体地从事商业活动的能力。北欧的商人和海盗向南攻击了爱尔兰、英国、高卢和意大利沿海，掠夺了亚眠、卢昂、巴黎、南特、波尔多、马塞和比萨，足迹远及苏格兰、格陵兰和冰岛。北欧人不仅在不列颠建立了殖民地，而且越过英吉利海峡，沿内河航行，抵达法兰克帝国的腹地，在那里用毛皮和蜡换取铁、布匹和葡萄酒。在东方，瑞典人向欧洲大陆进发，通过芬兰湾，经俄国的水系，进入广大的斯拉夫人领地，在第聂伯河畔的基辅建立了军事和贸易殖民地。瑞典人的入侵促使罗斯人完成了对"发兰琴路"（Varantian）①的发现。发兰琴路成了北欧和东方之间的纽带，把拜占庭、巴格达哈里发同波罗的海地区连接起来，也使罗斯人发现了黑海北岸的拜占庭商人殖民地，对它们进行了残酷的掠夺。

北欧人的扩张给割据的欧洲带来了活跃的商品交换。在比斯开湾港口和西班牙港口的仓库里堆积了来自冰岛的鱼类和来自格陵兰的鲸鱼油，北欧的毛皮、鲸鱼和海象牙在黑海口岸、基辅、诺夫哥罗德、阿斯脱拉罕出售，商人转而换取东方的丝绸、糖、香料、化妆品。跟随这些商品和北欧商人而来的，还有北欧人那种特有的冒险精神和团结互助精神，这些精神没有随着商品的沉沙而消失，它

---

① "发兰琴"意即"北欧漂流者"，特指在9世纪蹂躏波罗的海的北欧人。这是一条连接伏尔加河和第聂伯河，沟通诺夫哥罗德到黑海的水路。

们成了欧洲整个精神遗产的一部分。北欧人在英国、法国、俄罗斯的殖民地连接了南北、贯穿了东西，好像是在封建制欧洲的肌体上铺设了一些管道。这些管道不仅在分裂的欧洲之间传送着商品，而

▲ 各种香料。这是当时贸易的重要商品

且以商品为媒介，沟通了东欧、西欧、南欧、北欧和中欧，使之连成一个后来被广泛地称为"欧洲"的大陆。

在中欧，由于马扎儿人皈依了基督教，君士坦丁堡和德意志之间的贸易通道被打开，贸易量大大地增加，商业和手工业开始发达，商旅经阿尔卑斯山路往来于意大利和德意志之间。阿尔卑斯山路在罗马帝国时期曾经用于运输军队和军需物资，这时变成了一条重要的商业通道。

在对待商业的问题上，教会和欧洲各地的封建君主们都表示出鼓励和保护的姿态。在宗教和世俗两种政治势力的保护和利用政策下，商业在中世纪欧洲出现了繁荣的景象。在德意志，亨利三世和亨利四世时期制定了《公安条例》和《巴伐利亚和约》，给商人们提供特殊的保护。在意大利，商业的恢复很快就给主教和僧侣们居住的城堡注入了活力，使之成为商人们的通道和寄居所，[1]也使城市和城市精神在意大利率先发展起来。

和欧洲其他地区比起来，意大利城市精神的发展得益于三个方面的影响：公地经济、伦巴精神以及罗马帝国遗留下来的制度。公地多为临近森林而没有分封的草地、牧场和荒地。随着人口的增加和农耕技术的发展，贵族和僧侣都想染指公地，而公地的归属又没有法律上的规定，所以各地的居民们就公地的使用和管理制定了一些规范，其中包括要求垦荒者建立市场，为孤寡无助的人提供服务与保护，等等。在意大利，公地有些是环绕着市镇的，市镇的发展

---

① Henri Pirenne. *Economic and Social History of Medieval Europe*. Harvest Books, 1937.

很快就引起了对公地的需求和蚕食。在市镇里出现了被称为"好人"会议的邻居社团，这些团体自发地审理邻人间的地界争执、修建道路、处置小偷，关注有关水源、公共卫生、教堂维修等方面的公共问题，并且为了共同的经济利益而组成市镇共和政府[①]。这种城市邻人组织和社团后来随着商业的发展而为工商业人士主持，成了后来市民政府的雏形。

伦巴精神的产生和伦巴底的地理位置不无关系。伦巴底河网纵横，扼守着阿尔卑斯山的各条商道。商业的繁荣使得波河流域的城镇和村落都有可能利用波河地区的交通便利参与贸易。当封建主试图在波河及其支流上设立木栅、铁链和关卡，实行贸易垄断的时候，开始复兴的伦巴城市要生存，要发展，要打通贸易的道路，要争夺贸易的自由权，于是伦巴市民们联合自由农民和附庸阶层，发动了声势浩大的起义，吸引了周围封建庄园的农奴。伦巴自由精神和公地管理模式使得意大利的城市发展具有了动力和模本，而罗马法也跟随着商业的复兴和城市的崛起而日益受到人们的重视。

有很多史学家认为，西欧经济在中世纪曾经一度落后于东方，主要是由于穆斯林教派占据着地中海的优势，切断了欧洲与亚洲之间的海上商路，基督教欧洲的航运和商业都需要仰赖伊斯兰教徒们的鼻息。所以，基督教的欧洲要争取经济的解放和商业的主动，首先就要向穆斯林挑战，依靠基督徒征服西西里，从穆斯林的手中夺

---

① 什维尔：《塞亚那志》。转引自法·司乃得《意大利城市和乡村的牧师区》。

回制海权，取得进入地中海的钥匙。[1]

这种观点在当时就很可能已经为很多人所接受，否则就不会有诺曼人在11世纪对南意大利和西西里的征服。1016年，一些生活陷入困境的诺曼"骑士"横生奇想，本着一股冒险精神和英雄气概，一直打到了地中海沿岸。参加征服西西里行动的还有一些因违反私战法而被放逐的男爵，以及一些梦想发财的士兵和匪徒，他们的远征都是出于经济的目的。当1090年诺曼人征服了西西里时，地中海地区的经济格局为之发生了深刻的变革：伊斯兰教的地中海商业霸权重新转入基督教徒的手中。过去相互敌对的港口统一到了一面宗教的旗帜之下，基督教徒的商业辐射面远及加的斯、亚历山大城、安提阿和君士坦丁堡。

在东方，伊斯兰教徒的居住区在文明程度、工艺和科技水平方面都较欧洲的日耳曼封建帝国更为发达。10世纪是阿拉伯文明的顶峰，阿拉伯文明一直延伸到今日欧洲的西班牙地区。和阿拉伯人平分秋色的还有拜占庭帝国，它的海军和商船队称霸世界，可以直接通向传说中格外繁荣富足的印度和中国。在西欧基督教徒眼里，伊斯兰是异教，而拜占庭是宗教分裂主义的象征。商业的通道和财富的源泉都被异教徒和宗教分裂主义者所垄断，这种状况要由战争和讨伐来扭转。在讨伐异教、收回"圣城"耶路撒冷的十字军东征时期，西欧的，特别是意大利的商业和商人阶级扮演了重要的角色。从长远的发展看，在十字军运动中得益最多的也是商业和商人

---

[1] ［美］汤普逊：《中世纪经济社会史》（上册），耿淡如译，北京：商务印书馆，1961年。

阶级，而不是号召和动员圣战的教会以及积极参与圣战的封建贵族。教会力量由于十字军东征而增强，也只是因为教会及时地利用了十字军运动创造的便利，掌握了商业的工具，变成了披着宗教外衣的商人。

十字军时期的商人和教会在从事商业活动的过程中，创造了一些商业法律的规范，其中殖民商站、海洋法和商业法，以及各种各样的商业管理方式都堪称欧洲文明的组成部分，对后世产生着这样或那样的影响。

1099年7月，来自封建欧洲的十字军首次占领了耶路撒冷，不仅在那里建立起了一个基督教的耶路撒冷王国，而且还参照欧洲的封建制度，在耶路撒冷王国的附近建立了的黎波里伯爵国、安提阿公爵国和以得撒伯爵国，让它们在名义上都附属于耶路撒冷王国。十字军还根据欧洲的封建制度，把土地分给骑士们，让当地的穆斯林和希腊的基督徒做这些新领主的农奴。

但是，十字军在东方建立起来的封建领地、封建利益和封建秩序比起欧洲的商业利益和商业组织来，就要相形见绌了。在完成了神圣使命的贵族骑士返回本国以后，十字军留下来的就是来自法兰西、意大利、佛来芒、日耳曼和不列颠的商人们。他们占据了小块的土地作为花园和住宅，在东方建立起"外侨居住区"（Fondaco）或"商站"，形成了专营贸易、不事作战、不受封建法律约束的外来市民社会。意大利的商业"三巨头"城市——威尼斯、热那亚和比萨都在叙利亚和巴勒斯坦的港口上占有"外侨居住区"，从这里垄断着商业。

▲ 威尼斯大运河。便利的海运条件为威尼斯成为当时的贸易中心提供了
基础

　　殖民商站的历史依据就是意大利城市自身的经历。那些建立了
海外侨民居住区的意大利城市本身也是移民城市。马基雅维利在
《佛罗伦萨史》中说，威尼斯城原来是一片沼泽，只是因为集中了
大量勤奋的移民，实行了殖民制度，才兴旺富强起来[①]。欧洲商人
们在耶路撒冷建立的"居住区"是欧洲母国在海外的飞地，这些居

———————————

① 〔意〕尼科洛·马基雅维利：《佛罗伦萨史》，李活译，北京：商务印书馆，1982年。

住区有自己的教堂和税收，使用母国的度量衡，居民们保留着在母国的社会权利。外侨居住区里的行政由母国政府派专员来掌管，这些来自热那亚和比萨的专员叫作"领事"，那些来自威尼斯的叫作"监督"。这些领事和监督都享有治外法权，他们兼管外侨和进行外交交涉，在尊严和财富方面堪与近代英属印度各省的总督相比，那些"外侨居住区"或"商站"也就是欧洲早期的海外殖民地了。

商站的建立便利了欧洲对外贸易的发展，贸易量的加大使法律逐渐恢复了其在中世纪以前的地位。日益增多的公海冲突使得国际惯例成为迫切的需要。为了避免欧洲人内部的海上竞争，意大利商业城市制定了航海法和商业法，民法也受到了重视。接着，其他国家也跟着模仿，于是出现了海上法典，国际惯例体系也就逐渐建立起来了。

随着商业的发展，商业股份公司在热那亚出现了。这些公司发售股票，委派代理人到每只商船上代表投资者的利益，负责分配利润并且分担商业风险。在中世纪后期，这种商业组织形式在欧洲得到了广泛的应用。贸易的发展还需要东西方营业方式的相互衔接。例如，中世纪的兑换商由于商业的发展而成为银行家，他们兼营仓库、经管汇兑、代收钱款，成为中间商。发展到后来，银行家开始效仿犹太人收取利息、经营放款和贴现业务。此后，意大利银行家成了国王、大公和教皇不可缺少的财政顾问。

商人们为内陆的欧洲带来了各种各样的商品，封建主们则不失时机地对他们课以各种名目的税款和罚金，如对运输征收的过境税、桥梁税、河流税、渡口税、通行税等，对货物征收的数以百计的商品税，还有对葡萄酒征收的专门税、市场税、售货税、关卡税等，不胜枚举。随着商船的停靠港口，商船上的习惯法也要扩展到陆地，于是就有了规范停泊方法、使用浮标等安全措施、管理制度和港口章程、惩罚等方法[1]。

商业给封建制度带来了政治宽容。西西里国王罗哲尔不仅容忍了伊斯兰教，而且从伊斯兰文明中汲取了很多有益的东西。在西西里政府里就职的有诺曼意大利人、拜占庭希腊人，也有阿拉伯人和犹太人。在赋税和财政方面，西西里保留了阿拉伯人的土地丈量制和土地分配制，作为课税的基础。在社会生活方面，商人阶层的存在，各个民族和基督教徒的杂处混居，使得僧侣和贵族丧失了社会优势。

商业对于社会生活和语言文化的影响也是深远的。因为在中世纪，只有少数受过教育的人可以同时使用拉丁语和本地语，大量从事商业的人都没有受过教育，他们只能用本地的方言交流，贵族也不例外。[2]商人们需要学会记账，结果随着商业活动和社会生活发展起来的不仅是拉丁文教育，更是地方语言和地方文化。

十字军运动为意大利的商业城市打开了通向东方的海道，威尼斯则不失时机地把触角伸向东地中海、爱琴海和黑海，在巴尔干半岛、小亚细亚、叙利亚、巴勒斯坦和埃及都建立了商站。拜占庭的皇帝出于安全的考虑，一方面对威尼斯商人课以重税，要他们宣誓

---

[1] [美]汤普逊：《中世纪经济社会史》（下册），耿淡如译，北京：商务印书馆，1963年。

[2] Marc Bloch. *The Feudal World*. in Norman Cantor & Michael Werthman ed. *Medieval Society*. Thomas Y. Crowell Comp, 1967.

对帝国效忠；另一方面又赐给比萨人、热那亚人和威尼斯人同样或类似的特权，让他们互相竞争、彼此制约。在这种竞争和制衡的实践基础上，逐渐产生出早期的商业外交技巧和外交规范，并且为王权产生以后外交理论的产生埋下了伏笔。

商业的发展和扩大还激发了欧洲向北和向东的殖民和贸易浪潮，跟着十字军东征的是日耳曼人的向东移民。随着殖民运动而来的是德意志贸易的扩展，1158年，狮子亨利建立了吕北克城，波罗的海随之成了日耳曼人的内湖。德意志商人在波罗的海地区垂涎已久的目标就是勘察并开辟一条从俄罗斯到拜占庭的商路，于是基督教德意志人，更准确地说是德意志的商人和教士鼓动着大批移民深入波罗的海国家，于1201年建立了里加城，在那里沿用《汉堡法规》规范社会生活，又在立窝尼亚、库尔兰、爱沙尼亚、普鲁士、波兰等地建立教堂、修道院、城堡和殖民地，使德意志人设防的城镇在整个波罗的海沿岸星罗棋布。

和十字军对中东的侵略不同，这段东日耳曼的殖民史中充满了宗教神秘主义和种族优越感。在东日耳曼殖民史中扮演主要角色的是条顿骑士团。他们一边在普鲁士人中间推行基督教，一边建立军人贵族的政体。[①]但是他们在东普鲁士城市里建立的制度也已经和西欧的封建制大相径庭了。殖民的历史背景使这些城市获得了极大的自治权，因为如果不兴建高墙壁垒的城市，并且授予那些愿意移居的人以广泛的自治权，就没有可能征服普鲁士。结果所有的普鲁

---

① 利奥波德·冯·兰克曾将条顿骑士团的军人贵族政体与威尼斯的商人贵族政体进行比较。

士城市都享受了最大的特权。在这些享有特权的城市里，日耳曼人沿袭着传统的社会生活。

十字军在中东和普鲁士的扩张都带有明显的商业色彩，这些扩张的结果使整个欧洲，从地中海到波罗的海，从亚德里亚海到俄罗斯，在13世纪时都向国际商业开放了，在北方以低原国家为中心，在南方则以意大利为中心。意大利人在这场运动中是欧洲的领头人，他们从拜占庭人那里、穆斯林那里学到了较高的商业文明，很快地就加以仿效，于是"他们成立了商业社会，建立了信用制度，恢复了货币，并且将他们的经济方法传播到了北欧"。[1]

封建制的衰落与君主制的兴起

在中世纪欧洲，冲击土地封建制的力量主要有三个：一是日益活跃起来的商业，二是商业化的教会鼓动起来的十字军运动，三是得益于商业发展和十字军远征的各国君主和新兴城市。

商业文明为中世纪欧洲带来了新气象。商业就像是给封建制的社会打进的一个楔子，那些低层阶级，那些受封建领主压迫而走投无路的人，开始在商业中寻找生计；那些对封建统治感到愤懑的小贵族、小市民和小农对保护商业和商人的亨利四世表示了由衷的支持，这些都说明中世纪禁锢封闭的社会经济状况开始由于商业的发展而发生了变化。此外，商业使欧洲人萌发了向外流动和扩张的欲

---

[1]　Henri Pirenne. *Economic and Social History of Medieval Europe.* Harvest Books, 1937.

望。在中世纪，这种欲望披上了宗教的外衣，以"圣战"的形式，将千百万人唤出封建的土地，带到东方。

在十字军东征西讨的年代里，十字军的后方——欧洲的腹地，正在发生着深刻的变化。商品在欧洲的流通比过去增加了，在公元13世纪的时候，就连法国南部讲奥克语的山乡地区，也从外面"贩运葡萄酒"了①。贸易穿透了欧洲封建的壁垒，打通了封地之间的道路，给欧洲的封建社会注入了新的活力，使欧洲从"漆黑的帷幕"背后走出来②。当我们重新看到欧洲的面目时，她已经摆脱了罗马时期的野蛮，抹去了民族大迁徙时期的粗糙，脱离了封建割据时期的混沌，出落成了多姿多彩、风姿绰约、走向成熟的欧罗巴。

起初，欧洲国家除了谷物、奴隶、羊毛和皮革以外，没有其他东西可以用来交换来自东方的丰富商品，只能用金银来抵消贸易逆差。这种贸易的结果是刺激了欧洲大陆上贵金属的流通，使封建欧洲的自然经济遭受破坏，为货币经济所取代。"贵族没有货币也不行了。但是，由于他们很少有或者说没有东西可卖，再加上这时掠夺也完全不再那么容易，所以他们不得不决定向城市的高利贷者借贷。骑士的城堡在被新式火炮轰开以前很久，就已经被货币破坏了。"③

---

① 〔法〕埃马纽埃尔·勒华拉杜里：《蒙塔尤：1294—1324年奥克西坦尼的一个山村》，许明龙、马胜利译，北京：商务印书馆，1997年。

② 〔美〕汤普逊：《中世纪经济社会史》（下册），耿淡如译，北京：商务印书馆，1963年。

③ 《马克思恩格斯全集》（第二十一卷），中共中央马克思恩格斯列宁斯大林著作编译局编译，北京：人民出版社，1965年。

十字军带来的商业机会使得沿地中海出现了一批新兴的城市，在那里，经商致富的城市中产阶级几乎完全摆脱了封建的束缚。他们虽然仿效住在城堡里的封建主们，在他们豪华的住宅周围建筑了护卫塔楼，还自比贵族，自称为"男爵"，但是他们的生活和地位却和土地失去了联系[1]。精明的国王们感觉到商业的发展对于加强王权、削弱封建贵族势力至关重要，就及时地采取安抚商人的政策，批准城市特权和贸易专利权，并且借此加强自身的地位。

社会和社会观念的商业化使得12—13世纪的欧洲文明较之前一个世纪的欧洲文明发生了深刻的变化。在这些变化当中，一个最惹人注目的现象就是封建制度的衰落。贵族们踊跃参加十字军，国王们则利用机会扩充实力和地盘，城市也利用机会，向那些愿意参加十字军的封建主购买它们的独立地位。农奴要么随着领主去参加十字军，要么变成了自由农，要么就逃往城市，充当手艺工人。在农村，欧洲封建制多年的稳定发展带来了人口的成倍增加。人口的压力也引起农村人口的向外流动，流入城市和流向外省的多数都是青壮年劳动力，而留在农村的往往是老弱病残。这种人口流动使庄园的经济效益下降，领主被迫放松对农民的管制，改善给农奴的待遇，把服役改变为固定的缴款，最后甚至释放农奴，转向地租制。封建经济的崩溃于是就跟着劳役制向地租制的过渡而开始了。

封建贵族地位的下降使得他们难以继续履行封建军事义务，这时，雇佣军就出现了。封建主们开始用土地税和商业税等固定进款

---

[1]　Henri Pirenne. *Economic and Social History of Medieval Europe.* Harvest Books, 1937.

代替旧有的劳役和军役。我们看到法国的君主将封建军役制改为军役税制，英国国王的税务署则向贵族和主教们征收一种"免于军役税"，或称"盾牌税"。贵族和主教们虽然占有封建领地，但是不再需要根据土地的大小而服军役，只需按照土地的大小支付相应的军役税，就可免去出征打仗的义务。[1]封建军役制瓦解了，封建责任关系的基础动摇了。君主们雇用雇佣军，建立常备军，因而产生了对于金钱的不断需求，新的赋税制度和对新财富的课税方法应运而生。一个新的欧洲正在出现，这个欧洲虽然还保存着封建制的框架，但是在这个框架中衰落的是封建责任制，兴起的是崇尚专权的君主们。

这些君主，他们的权位已经不能再建筑在战争上了，他们需要为自己新的统治方式正名。早在1131年，土司的大主教西尔德贝尔特就告诫有可能继承英国王位的安茹伯爵，要记住作为君主的职责。他发展了西塞罗的政治理论，在这个基础上提出，君主的依据是人的权利和人的需求，是世俗社会秩序的内在尊严。此后，撒利斯波里等中世纪思想家进一步为世俗统治者们提出行为规范、权力界限和道德标准，使王权摆脱封建制暴力的阴影，开始了一个学习罗马法的时代。社会风气也悄悄地发生了希腊化的变化，舆论开始强调理性。撒利斯波里认为，束缚本身并不是罪恶，自由人和农奴都受束缚。自由不是要和法律对抗，而是就理性秩序的程度而言的。自由产生于法，而法是行动的依据。暴君是缺乏法律精神的表

---

① 《马克思恩格斯全集》(第二十一卷)，中共中央马克思恩格斯列宁斯大林著作编译局编译，北京：人民出版社，1965年。

现，理性使人成为目的，"对自由人的统治应当是理性的"。①这种尊崇理性、反抗暴君的观念，这种对于古典人文精神的回归，逐渐渗透在当时欧洲的各个社会中，对于欧洲社会的发展产生着潜移默化的长久的影响。

到了中世纪后期，君主们急于扩张领土，实现内部统一和强化的君主专政，把税收权作为一种政治主权收归己有。君权和王权至高无上的概念开始出现，封建制特有的相互制约和契约概念被上级权力的概念所取代，封建制度只剩下虚名。教皇、德意志的亲王们，法国、西班牙、英国以及斯堪的纳维亚的君主们，向着中央集权的方向迅跑。王国机构里的法学家们在想方设法为王权正名，他们极力使国王们相信，国王有权过问一切、支配一切，国王是代表全社会的总体利益的，因此国王在为自己的利益而行动的时候，也就是在为全社会的利益而立法。中世纪后期王权的崛起实质上已在预告，新的国家形态将在中世纪的基地上诞生。

为了使这种王权立法具有合理性，立法者必须兼顾社会职能。1307年，粮食歉收，在法国造成了普遍的粮价过高的问题，于是，巴黎市长宣布了一项《大法令》，要求实行降低粮食价格、取缔囤积、检查面包的分量等措施。法令规定取消十年以上的债务，还规定控制公证人和书记员手续费，实行市场管理和固定价格，并且设专门章节规范行会，限定工作量和禁止夜间劳作。应当说，现代的社会政策起始于中世纪君主制兴起的时期。

---

① Norman Cantor & Michael Werthman ed. *Medieval Society, 400—1450*. Thomas Y. Crowell Comp, 1967.

　　为了能够维持王权日益扩大的功能，还必须想方设法增加税收，欧洲的君主们在这个时代都开始普遍地收取营业税和进出口商品税，商业的兴旺和市场的扩大使得商业营业额不断增加，君主们当然不会放过这个收取钱财的机会。除了这些税款以外，国王们还在自己的领地里征收直接税，即人头税，并且及时地控制了铸币权。

　　税收制度在王国范围内的建立和统一使得封建割据的政治界限模糊了，各个封地上的人都被一视同仁地当作需要纳税的臣民。要实行有效的税收制度还需要发展集中的货币制度。在英国，所有的货币都出自国王的造币厂，只有国王拥有铸币权。恩格斯后来总结说，当时的社会出现了第三种力量来压制阶级间公开的冲突，这第三种力量要求"按地区来划分……国民"，要求建立公共权力。"为了维持这种公共权力，就需要公民缴纳费用——捐税……发行公债"，需要建立凌驾于社会之上的官吏机构。^①欧洲中世纪后期王权崛起的历史正是这样一个过程。

　　随着王权的兴起，民族意识和领土观念也开始出现。法王腓力四世在1285年即位以后就宣布，将"自然边界"定在莱茵河、阿尔卑斯山脉和比利牛斯山脉。^②这种意识在法国和英国为了争夺佛兰德斯而进行的百年战争中不断得到强化。在战争初期，英国利用海上优势发布了英国拥有"海上主权"的著名宣言，实行强制性的

① 《马克思恩格斯全集》（第二十一卷），中共中央马克思恩格斯列宁斯大林著作编译局编译，北京：人民出版社，1965年。

② ［美］詹姆斯·W.汤普逊：《中世纪晚期欧洲经济社会史》，徐家玲等译，北京：商务印书馆，1992年。

▲ 15世纪的绘画，作者不详。
图片所示场景为爱德华一世（跪着）向法王腓力四世（坐着）致敬。
作为阿基坦公爵，爱德华是法国国王的附庸

海上主权，使英国的海外贸易有了很大增长，英国人的信条也发展

成为"国旗所到之处，贸易随之而来"。出于贸易利益，英国的民

族主义从一开始就带有了某种"世界主义"的色彩。在英国内部，由于王权的迅速崛起，贵族们要保护自己的权益，开始了与王室之间的分权斗争，出现了限制王权的《大宪章》，为近代的资产阶级民主革命开了先河。

战争也使法国内部发生了一场政治性的革命。在与英国的战争发展到了僵持的时期，法国王室的财政和经济也到了枯竭的边缘。王室被迫召集等级会议，交出部分权力，换取贵族对于征税的支持。结果"只有等级会议有权征收永久捐税""政府统治必须以被统治者的拥护为基础"这类的政治思想也不胫而走，形成了社会舆论。最后，以法律的形式通过了一个著名的条款，决定"每年在巴黎召开等级会议"，确定了法国君主和臣民、王室和教会之间的关系，确立了近代民主与集权关系的原则。①这种关系的核心是征税权。这种权力不是绝对的，而是有所制约的。大多数城市和贵族利用国王对于金钱的需求，要求王室确认他们的特权。不过法国王室毕竟通过出让一部分特权赢得了征税权，从而极大地增加了岁入，加强了王室的实力，并且把法国各界用税收的方式捆绑在了一起。当然，由于历史的原因，和英国相比，法国的君主获得了更大的权力，法国的"等级会议"并没有产生像英国《大宪章》那样对后世的影响。

在德意志和意大利，皇帝和教皇的存在和影响使王权不易形成，结果是封建主各自为政，自由城市纷纷兴起，商业活动异常活

---

① ［美］詹姆斯·W.汤普逊：《中世纪晚期欧洲经济社会史》，徐家玲等译，北京：商务印书馆，1992年。

跃。在德意志，由于皇帝的空位、皇权的衰落以及商业的需要，出现了可以和意大利伦巴城市同盟相媲美的汉萨城市同盟。汉萨同盟的范围十分广大，东起诺夫哥罗德，西至伦敦、布鲁日，南北跨越科隆和卑尔根，包括了德意志北部、俄国北部、芬兰、斯堪的纳维亚各王国、丹麦、佛兰德斯、尼德兰、英国和条顿骑士团占据的各省份，中心地段是北德意志。整个同盟水陆交通发达，河网纵横。人们疏通河渠、挖凿运河、开辟航道，内河航运较今天还要发达。在同盟鼎盛时期，多达七八十个城市是汉萨同盟的成员。同盟没有制定过对所有成员都有约束力的决议，没有公认的法规，没有共同防御方针，没有全体成员参加的战争，没有作为定期捐税依据的成员花名册。所以汉萨同盟比起法国等王权集中统一的国家来，只是一个较为松散的城市联合体，未能起到集中政权的作用，它的职能更多的是商业性的。

在意大利，由于教皇国的存在和自由城市的强大，王权迟迟没有兴起，政治腐败与政治无常同时存在。对君主制怀抱期望的马基雅维利撰写了《君主论》，作为献给君主们的进谏。在《君主论》中，马基雅维利论述了君主所必备的品质，认为君权的关键是集权的政府给君主的臣民带来整体利益，从而也给君主本人带来荣誉，因此君主的准则是："按能给他带来荣誉的方式行动。"[①]马氏认为，德行是手段和工具而不是目的，如果德行有助于君主的权力和荣誉，那么君主也不妨表现出正义、自由和宽厚；反之，则可以

---

① [意]马基雅维利：《君主论》第8章。

变成狮子。君主的艺术在于软硬兼施，知道什么时候当狐狸，什么时候当狮子。这种赤裸裸的集权艺术既反映了马基雅维利对时代的洞察，也表现了一种对意大利分裂状况的逆反。作为对照，在英国出现了乌托邦的理想，托巴斯·莫尔在他的《乌托邦》一书中描述了理想中的国家形态，表达了人文主义的德政理想和自由观。结果是，作为对时代政治反思的这两种政治理念都成了后来欧洲政治文明的观念。

可以想见，十二三世纪的欧洲政治经济社会变革是非常重要的，它甚至是中世纪欧洲转向近代欧洲的一个转折点，因为它改变了欧洲的经济环境、政治组织和社会结构。不仅如此，在这个历史阶段中，有许许多多的制度创新，其中有不少已经初具现代模型。修改了税法和财政章法的王权是一种新的政治体制，自由的自治城市也是一种新的政治体制，股份制的经营方式和海洋法的应用一直延续至今。

从13世纪起，欧洲从中世纪向新时代的演变已经显现出多种征兆：从生产力的发展、商业的活跃和工商城市的出现、各种体制上和社会结构上的变化等几个层次看，都已经明显地不同于中世纪的前五百年。这表明，中世纪不是从头到尾铁板一块的历史阶段，而是在不断发展变化的。当然，我们也不能说13世纪已经是中世纪的终结，但在13世纪欧洲中世纪已经开始加快了终结的进程，还需要一段历史时期就可以望见近代欧洲航船的桅杆出现在地平线上了。恩格斯说，近代欧洲民族国家是脱胎于中世纪的，就是这个意思。欧洲的中世纪，特别是它的后几个世纪，是近代欧洲的"胚胎期"。这是欧洲封建主义对欧洲文明发展史的一个贡献。

于此，我们想到了关于"封建制"的一种甚为流行的误解。"封建制"上承"奴隶制"，下接资本主义社会，这是一种欧洲的典型历史观。马克思主义的理论家们在资本主义后增加了社会主义和共产主义。其实上文汤普逊所描述的欧洲"封建制"，略相当于我国先秦时的"封建"，用词和意义都差不多。柳宗元所谓"周有天下，裂土田而瓜分之，设五等，邦群后。布履星罗，四周于天下，轮运而辐集；合为朝觐会同，离为守臣扞城"。秦废封建、立郡县以后便没有原来意义上的"封建"，而主要是大一统的君主中央集权制了。把秦始皇以后的"郡县制"称作"封建制"，而把柳宗元所说的"封建制"套用欧洲的顺序称作"奴隶制"，是马克思主义传入中国以后的事，这实在是历史学上的一个大误会。此处顺做说明，以明中西历史的发展轨迹是各有分殊的。

第三章

中世纪（二）

——基督教文明及其扩张

要讲欧洲文明，不能离开笼罩了欧洲中世纪上千年的基督教文明。所谓基督教文明，是指基督教教义及其哲学和作为教权组织的教会。这两者之间有联系，因为教会的任务是宣传教义和管制教徒。它们之间又有区别，因为基督教教义是普世性和脱俗的，而基督教会却是政治性和入世的。在教义和教会之间有抽象与具体、普遍与个别、超脱与入世之分。教会虽因教义而生，但是教会一旦作为某种政权性的组织而出现，它的神职人员和各级教权组织所做的事情便时时与基督教所宣讲的精神不一致，甚至对立。为此，需将基督教文明中的哲学（或理论）部分与教会分开来说，以见基督教文明在塑造欧洲文明中的地位和作用。

中世纪的基督教哲学

中世纪的基督教哲学有两大来源：一是作为它的思想根源的古希腊哲学遗产，特别是新柏拉图主义和斯多葛主义；二是包括新旧约全书在内的《圣经》，以及对《圣经》的理论阐释。这两个来源有一个结合的契机，即早期教父派，特别是奥古斯丁对基督教的理论总结。从这种理论化的过程中产生的基督教教义，连同基督教的政治组织和政治作用，加上基督教在伊斯兰教外来压力之下产生的向心力，是为基督教征服野蛮强悍的日耳曼入侵者的三个主要原因。

基督教的理论性源于《圣经》形成时期希伯来文明和希腊文明的交汇与融合。希腊哲学中的"逻各斯"转换成为上帝赖以创世的依据，以及上帝用以拯救人类的亲子。这种将文明结晶与宗教信仰相结合的奇思妙想，这样集想象力与逻辑力于一体的理论尝试，产生出一种独特而具有适应力的神学。这种神学的哲学论证更得益于柏拉图和亚里士多德学说的丰富、缜密与深刻，得益于斯多葛学派对于普遍的、高于现世生活的自然法则的认定与讨论。当公元318年，罗马皇帝君士坦丁在尼西亚召集第一次公议会，解决基督教教义分歧和基督教派纠纷的时候，主张圣父、圣子、圣灵三位一体而在理论上融合了两希文明的"教父派"以少胜多，在罗马皇帝的帮助下，压倒了阿里乌斯派。在此后的六次公议会上，逐步地确认了《新约全书》的经典版本，通过了驱逐阿里乌斯教派的决议，确立了"三位一体"的教义，排斥了聂斯托利等异教派别，开始了一个"偶像崇拜"的时代。

在形式上，七次公议会解决的是基督教的教义争端问题，但在实质上，通过教父派与其他派别的论战，确立的是一种以人为本的观念。例如，否定基督是神人合一本体、主张"二性二位"说的聂斯托利派与主张"三位一体"说的亚历山大里亚大主教西利尔，经过辩论，相互让步，于433年达成如下的信经格式：

　　我们承认我们的主耶稣基督……完全是上帝，也完全是人……我们承认……圣童贞女是上帝的母亲，因为称为道的上帝成了肉身，成了人，借着她的怀孕把他自己与由她所产生的肉身联合了起来。①

　　这种妥协确立的是上帝的人本性，而且是被人、通过人而确立的。此后的历届公议会又逐渐确定了圣父、圣子和圣灵是同一实体、三位人格的概念，"基督的神性与圣父的本质相同，基督的人性与人的本质相同""按人性而言，基督为童贞女玛利亚所生"等正式说法。

　　在七次公议会上确立的"三位一体"的上帝不仅具有人形——他通过童贞女玛利亚获得了人的肉身，②而且具有人性——他济危拯困，扶贫救弱。他甚至忍受了人世间的极大痛苦——被钉在十字架上。他生而为人的罪孽，死而为人的苦难，复活而为人的希望。所以，费尔巴哈说："人的上帝是人自己的本质……感情的对象的力量就是感情的力量，理性的对象的力量就是理性自身的力量，意志的对象的力量就是意志的力量。"基督教，"乃是人对于自己所采取的态度，或者说得更确切一点：乃是人对于自己的本质所采取的态度"。③基督教精神与人类共有的本性协调一致。

────────────

① 唐逸主编：《基督教史》，北京：中国社会科学出版社，1993年。

② 此前，有些地方膜拜的上帝是羊羔的形象。

③ ［德］费尔巴哈：《基督教的本质》。转引自北京大学哲学系外国哲学史教研室编译：《十八世纪末至十九世纪初德国哲学》，北京：商务印书馆，1975年。

▲《新约全书》蒲草纸抄本

"三位一体"说不见于《圣经》，它的正统性除了仰赖于教会使用行政手段争取政权的支持以外，还需要一批教父派神学家为它做理论的论证。奥古斯丁就是这些神学家中集大成的人物。奥古斯丁生于罗马帝国末年的边缘省份北非，是北非希波的主教，他亲身经历了罗马末世的混乱、人生的无常和政治的颓败，目睹了战争的惨烈、基督教的兴盛、汪达尔人的入侵，他甚至就死于汪达尔人兵临城下之时。身处战争频仍、人命如草芥的年代，眼见庞大的人间帝国大厦将倾，奥古斯丁的希望何在呢？人的创造、人的智慧和力量所能够成就的未来是奥古斯丁难以洞见的，所以他认为人已经沉沦了："一个人既已用自由意志犯了罪……他就丧失了意志的自由。"[1]"没有人被救拔出来过，没有，连一个也没有。现在还是没有，将来也必没有，唯有靠救主的恩典才能得自救。"[2]

既然人是无可救药地陷入了罪孽，那么人的唯一希望便是全能尽善的上帝了。所以，奥古斯丁说："上帝所创造的一切都是好的。"上帝是最高的存在，在他之上没有更高的存在，上帝是美的本原，一切美好都来源于上帝。[3]奥古斯丁在神学中赋予了上帝全副的甚至是十分具体的人性，借以表达他改造现世生活的愿望和对于人性升华的希冀。他说："宇宙间除了上帝以外，没有任何存在者不是由上帝那里得到存在；上帝是三位一体的，即'父'，

---

① [古罗马]奥古斯丁：《教义手册》。转引自北京大学哲学系外国哲学史教研室编译：《西方哲学原著选读》，北京：商务印书馆，1986年。

② 唐逸主编：《基督教史》，北京：中国社会科学出版社，1993年。

③ 北京大学哲学系外国哲学史教研室编译：《西方哲学原著选读》，北京：商务印书馆，1986年。

由父而生'子'，和从父而出来的'圣灵'，这圣灵就是父与子之灵。"[1] 他还认为，上帝是唯一的绝对的灵，是一切存在物的来源。"我们不必如希腊人所说的物理学家那样考问事物的本性；我们也无须唯恐基督徒不知道自然界各种元素的力量和数目……我们基督教，不必追求别的，只要无论是天上的或地上的、能见的或不能见的一切物体，都是因创造主（他是唯一的神）的仁慈而受造，那就够了。"[2]

教父派和奥古斯丁使上帝的本质具有了人性，其结果反而使上帝和人之间的距离拉大了。这是教父派的一个大悖论：人被抽象化、道德化、至善化成了上帝以后，人本身就变得微不足道了。普遍人格化了的上帝否定了人本身的特性："亚当的罪无法赦免，无法消除，只有借着上帝与人之间的中保，为人的基督耶稣。"[3] 上帝越是像人，人就越是会因为其自然的属性而遭到贬抑。一个"具有人性"的耶稣基督，以他自己的"牺牲"唤起的是一种对于人性的普遍压抑："上帝的道成肉身，克服肉欲，精神的自我内省，等等，它带来了禁欲的、沉思的僧侣生活，而这才是基督教观念的最纯正的花朵。"[4]

与对人和人性的失望相对应的是奥古斯丁对于上帝的尊崇。哥

---

① [古罗马]奥古斯丁：《教义手册》。转引自北京大学哲学系外国哲学史教研室编译：《西方哲学原著选读》，北京：商务印书馆，1986年。

② [古罗马]奥古斯丁：《教义手册》。转引自北京大学哲学系外国哲学史教研室编译：《西方哲学原著选读》，北京：商务印书馆，1986年。

③ 唐逸主编：《基督教史》，北京：中国社会科学出版社，1993年。

④ [德]亨利希·海涅：《论德国》，薛华、海安译，北京：商务印书馆，1980年。

特人洗劫罗马城引起他对罗马帝国历史的反思，于是有了《上帝之城》之作。"上帝之城"是奥古斯丁的精神理想国，他认为"世人之城"由于异教徒猖獗而充满恶和非理性，应有一个至高无上的上帝统领的"上帝之城"凌驾于"世人之城"之上，使之在精神上从属于上帝的旨意，即所谓以"理性的被造物管制非理性的被造物"。奥古斯丁在这本代表作中为教权与政权之间的关系确定了既是分离的又是后者服从前者的关系。他认为，只有如此，人间才能避免罗马帝国式的厄运。

奥古斯丁在尊崇信仰的同时，并没有彻底地否定人的理性能力。奥古斯丁认为，在信仰和理解之间有三种不同的关系，对于某些事物是只能相信不能理解，对于数学公理和逻辑规则是相信的同时就理解，对于上帝的道理是要先相信后理解。他说："有些东西必须在相信上帝之前被理解；但是，对上帝的信仰帮助一个人理解得更多。"[1]在论证信仰与理解之间关系的时候，奥古斯丁根据的还是柏拉图和亚里士多德式的逻辑推理和理性的原则，在他的学说中还有希腊哲学留下的影响。奥古斯丁实际上是将神学与哲学融为一体的大师，他的那种希腊式的缜密的哲学思维和严整的逻辑推理成为中世纪基督教神学理论的规范。即使是在蒙昧时代，包含理性原理的人类精神遗产也能够通过看起来是和理性相悖的基督教神学得以保留。

奥古斯丁学说产生在罗马帝国衰亡之时不是偶然的，它反映了

---

[1] 〔古罗马〕奥古斯丁：《布道辞》。转引自赵敦华：《基督教哲学1500年》，北京：人民出版社，1994年。

▲ 由菲利普·德·尚佩涅所绘的奥古斯丁肖像，作于17世纪

以精神的力量挽救处于危机中的社会的一种强烈愿望。奥古斯丁告诉世人，罗马的衰亡正是由于缺少了基督教作为强有力的精神信仰支柱。奥古斯丁可以说是把基督教教义意识形态化的第一人，是

基督教成为中世纪神学，即经院哲学的奠基人。他带给中世纪欧洲的精神遗产贯穿了几乎整个基督教神学体系。公元529年，法兰克国家的奥朗日地方宗教会议将奥古斯丁的神学列为教典，奥古斯丁本人也得到罗马主教认准而成为神学权威，被尊称为"圣奥古斯丁"，其神学从而"固定了一直到宗教改革为止的教会神学，以及以后路德与加尔文的大部分教义"。①

欧洲进入中世纪以后，神学教育和文化传播成为教会的垄断领域，由于缺乏了外来的竞争与挑战，神学丧失了本有的活力，进入了死气沉沉的时期。自公元6世纪起，神秘主义神学开始兴起。神秘主义神学家是一些纯粹的思辨主义者，他们接受了柏拉图关于灵魂对于神圣的追求和新柏拉图主义的灵魂超脱的说法，采用思辨方式研究上帝自身，要通过不可知、不可言的神秘的超越性与上帝的超理智融合，结果是"知识本身转化为神秘的沉思"。在长达五百年的历史时期中，神秘主义对于基督教哲学并无建设性的贡献。

从大约10世纪时起，民族迁徙的浪潮已经尘埃落定，欧洲封建制进入了成熟期，农业生产出现了剩余，文化教育开始在教会内部复苏，遍布欧洲的教会和修道院里建立起了学校，一些僧侣在那里专门研习神学，教师和学生时时为了神学问题而展开辩论，就不解的难题进行研究，渐成风气。此时，亚里士多德的论辩推理通过波埃修的翻译成为教会学校的教科书，推动了经院神学的发展。人们开始重新认识教父派典籍中的哲学问题与哲学概念，并且发展出

---

① ［英］罗素：《西方哲学史》（上卷），何兆武、李约瑟译，北京：商务印书馆，1963年。

新的哲学思想和哲学风格，形成了"经院哲学"。

经院哲学上承教父哲学和古希腊哲学，下接近代哲学和经验科学，承上启下，为中世纪的知识传播和思维发展做出了贡献。经院哲学的缘起是10世纪意大利伦巴底地区有一批自称为"逍遥派"的修辞和逻辑学者，他们仿效古希腊的智者，把辩证法作为训练智力的工具。不久，出生于法国的神学家吉伯特开始用辩证法作为解惑和求知的工具，并且论证了理性和理性的使用，提出"人是有理性的动物"的定义。[①]这种对理性地位的恢复虽然受到主张"哲学应当像婢女服侍主人一样为神圣的经典服务"的达米安等人的激烈反对，但是被黑格尔称为"哲学必然要干预神学"的时代已经来临，并且不可逆转。

在辩证法与神学结合的过程中，出现了一批经院哲学家，如主张"信仰追求理解"的安瑟尔谟和主张"理解导致信仰"的阿伯拉尔，他们都不能忽略理性的存在和哲学对于神学的干预。

安瑟尔谟是坎特伯雷大主教，他继承了教父派"先信仰后理解"的传统观念，但同时又主张要用辩证法来加强信仰。他说："不把信仰放在第一位是傲慢，有了信仰以后不再诉诸理性是疏忽，两种错误都要加以避免。"[②]安瑟尔谟和教父派的一个根本的区别在于，他认为人没有因为"原罪"而丧失自由意志。在他看来，意志的本性是选择。上帝赋予人以不可剥夺的选择能力，人在外界因素

---

①　赵敦华：《基督教哲学1500年》，北京：人民出版社，1994年。

②　赵敦华：《基督教哲学1500年》，北京：人民出版社，1994年。

的影响下自由地选择善恶，自由意志不会因为在"原罪"以后丧失了向善的倾向，从而也失去选择的能力。上帝的恩典要通过和自由意志的选择倾向相结合，来决定人的命运。安瑟尔谟对于自由意志的这种论证为以后经院哲学开启了理解的门扉，开始了基督教哲学发自信仰、为了信仰、通过辩证法而走向理性的发展历程。

安瑟尔谟以后，将辩证法用于神学的主要代表人物是阿伯拉尔，他坚持了对教义的哲学思考，写作了《辩证法》《一个哲学家、一个犹太人和一个基督徒之间的对话》，把关于辩证神学的讨论引向一个更为广阔的天地。在他的主要著作《是与否》中，他列举了156个神学问题，每个问题都附有肯定与否定的意见，试图通过论辩寻找由不确定到确定的信仰之路。

13世纪的经院哲学家大多以"抽象理论"为基础，建立共相学说，并且在"共相是否是一个普遍实在""共相如何存在"，以及"如何认识共相"等问题上开始了唯名论与实在论的大讨论。安瑟尔谟和阿伯拉尔分属实在论和唯名论，后者将"理念"与共相所区别，成为唯名论派的一个早期代表。此后经院哲学内的唯名论与实在论的争论延续了几百年，活跃了整个神学思想界。

辩证神学的发展有一个重要的外部因素：古希腊哲学在长期受到阿拉伯人保护而流传下来之后，这时通过东西方日益频繁起来的人员往来和文化交流传到了西欧，又转译成了拉丁语言，在西欧神学思想界引起了不小的反响。特别是亚里士多德的著作，通过阿维洛伊主义的西来而得到广泛的传播。阿维洛伊，即伊本·路西德，是一位阿拉伯哲学家。他以评注亚里士多德而著名，在中世纪，阿维洛伊是评注者的同义词。阿维洛伊把亚里士多德的学说当作最高真理，努力寻找哲学与神学的区别。他认为，物质和形式都是永恒的、运动的，真主不能重新创造它们。"第一推动者"的任务在于把潜在的形式变成现实的形式，引出并发展存在于物质中的"萌芽"。人的理性不是人的灵魂的组成部分，而是从外部移入的，在认知过程中和灵魂结合。理性是超个性的、不死的、活动的。[①]阿维洛伊把哲学真理看得高于神学真理，认为宗教是一切人需要的真理，而只有极少数哲学家要求无条件的理性证明，理性的最高地位高于信仰。阿维洛伊以其对于物质和形式本原性的肯定，对理性和灵魂的区分，对哲学（科学）和宗教关系的界定，在欧洲的经验哲学中产生了重大的影响，也对欧洲的神学形成了巨大的挑战。在英国和法国等地，经院哲学得到发展，出现了托马斯主义和司各脱主义。

托马斯主义的创始人是意大利僧侣托马斯·阿奎那。在他生活的时期，意大利商业繁荣，城市到处都在兴起，十字军已经沟通了东西方交通，阿奎那有机会大量地阅读柏拉图和亚里士多德的著作。由于熟悉亚里士多德并受其影响，阿奎那写了《亚里士多德〈政治学〉诠释》，主张为了哲学的完整，需要设立一个研究城市的学科，称为"政治学"或"治世学"。[②]在他的代表作《神学大全》和《反异教大全》中，阿奎那摆脱了纯神学的讨论，涉及那个时代的政治、法律、世俗社会、战争、暴政，甚至自然科学等广泛

---

① ［苏联］奥·符·特拉赫坦贝尔：《西欧中世纪哲学史纲》，于汤山译，北京：中国对外翻译出版公司，1985年。

② ［意］托马斯·阿奎那：《阿奎那政治著作选》，马清槐译，北京：商务印书馆，1963年。

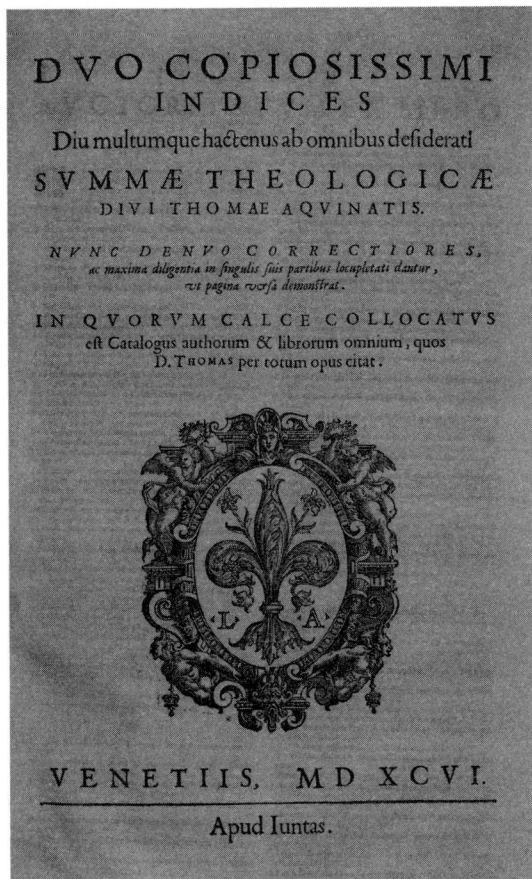

▼ 1596年出版的《神学大全》标题页

的领域，成为经院哲学的集大成者。

　　作为一名神学家，阿奎那除了充分地反映他的时代提出的众多问题以外，还在讨论神学问题和论证上帝存在的时候使用了古希腊哲学的形式逻辑及推理方法。他认为，上帝的存在可以从五个方面证明。第一，从事物的运动或变化中证明：一件事物不可能同时是推动者和被推动者，因而第一推动者当是上帝。第二，从动力因的性质中证明：因为经验中没有事物是自身的动力因，所以必然有最初的动力因，这就是上帝。第三，从可能和必然性中证明：因为有些事物的必然性是由其他事物造成的，有些则不是，究其终极必然存在，就是上帝。第四，从事物真实的等级性中证明：因为有更好、更多，所以有最美好和最高贵，而最美好和最高贵只能是上帝。第五，从世界的秩序（目的因）中证明：因为无知的人，乃至生物都为着一个目标而活动，说明他们背后有推动力。①这五个证明清晰地显示了亚里士多德和柏拉图的思想影响，对上帝存在的论证全面而又逻辑，成为以后理性神学的基础，因此黑格尔说，阿奎那使得神学更具有哲学意义，更加系统化。

阿奎那的主要贡献还在于他明确地区分了哲学和神学，指出了它们是两门不同的学问。他在对教义进行系统阐释的同时，不知不觉地把神学中可以通过感觉感知的部分"让"给了自然理性。他说，基督教神学来源于信仰之光，哲学来源于自然理性之光。哲学真理不能与信仰真理相对立，它们确有缺陷，但也能与信仰真理相类比，并且有些还能预示信仰真理，因为自然是恩典的先导。②他还说，"涉及上帝的某一些真理是人的理性可以达到的，而另一些真理则超越了人的理性力量"。③那些感官所及的事物，也即可以为人的理性所认识的事物，是世俗的和低级的，单凭世俗哲学和人

---

① [意]托马斯·阿奎那：《神学大全》。转引自北京大学哲学系外国哲学史教研室编译：《西方哲学原著选读》，北京：商务印书馆，1986年。
② 波埃修：《论三位一体》。转引自赵敦华：《基督教哲学1500年》，北京：人民出版社，1994年。
③ 陈乐民：《"欧洲观念"的历史哲学》，北京：东方出版社，1988年。

的理性就可以认识了。但是涉及信仰对象，人则应该无条件地忠实于上帝。[①]在阿奎那看来，人的理性只能补充简单的信仰，而上帝的爱才能达到最高智慧。阿奎那将信仰主义、理性主义和神秘主义融为一体，所以被尊为新时代的神学宗师。阿奎那虽然还坚持神学高于哲学，但是他承认在上帝启示的神圣道理之下，还有用人的理智所能得到的哲学理论，这就为理性的进一步发展留下了空间。

13世纪还是一个从神学向科学过渡的世纪，在这方面的代表人物是唯名论哲学家，出生于英国的罗吉尔·培根。培根曾经在巴黎教书，对于巴黎13世纪中叶时的一种不研究自然、不研究原著的空谈时尚深为反感。在中世纪，罗吉尔·培根是少有的思想解放者，他还是第一个使用"实验科学"概念的人。他激烈地抨击了认识领域里的四大障碍：谬误甚多、毫无价值的权威，习惯的影响，流行的偏见，来自自身骄妄虚夸的无知。他鲜明地提出"要认识真理必须进行实验"。[②]回到牛津大学以后，他潜心研究数学、物理学和语言学，并于1267年完成了他的《大著作》。《大著作》是一部百科全书式的巨著，培根在里面讨论了哲学与神学的关系、光学、实验科学、天文学、地理学、历法学、语言学，以及神学和道德哲学。在认识论上，培根宣布："没有经验，就没有东西可以被充分地认识。"[③]在社会领域里，培根抨击了条顿骑士的极端残

---

① [意]托马斯·阿奎那：《神学大全》。转引自北京大学哲学系外国哲学史教研室编译：《西方哲学原著选读》，北京：商务印书馆，1986年。
② 北京大学哲学系外国哲学史教研室编译：《西方哲学原著选读》，北京：商务印书馆，1986年。
③ [英]罗吉尔·培根：《大著作》，6部1章。

酷，宣扬了人道主义精神。在科学领域里，培根认为，认识有"论证"和"经验"两种方法，"论证……不能消除疑问"，而经验有两种形式。第一，"人通过内在启发的经验从上帝那里得到了一种理解能力来认识恩赐和荣誉的神圣真理"。第二，"被感性经验所唤醒的人找到了自然和艺术的秘密原因（因果的解释）"。[①]在这里，培根明白无误地公开承认经验的外部特性，并且把自然和上帝、感觉和启示区分开来，这不能不说是对当时飞速发展着的社会现实的一种认识论上的革新尝试。

培根的思想反映的是时代的精神，在英国，培根的唯名论老师们曾经积极地参加了国会反对国王的"大宪章运动"和大学反抗罗马教皇的斗争，他们重视实践，重视科学，开始对当时的世界和周围的现实进行自觉的探索。除了培根以外，罗色林的关于"个别的感性事物才具有实在性"的命题，威廉·奥康的关于"对于个别事物的认识是一切认识的基础"的命题，都有助于科学研究的发展。[②]

培根对于经验的强调反映在基督教哲学中，就形成了英国的司各脱主义和奥康主义。司各脱主义的创始人是约翰·邓·司各脱，他出生于苏格兰，曾在巴黎任神学教授。司各脱认为，亚里士多德为形而上学规定的对象"存在之为存在"是人的理智的首要对象。理智只能首先认识个别存在的事物，"存在"在逻辑上先于存在的

---

① 特拉赫坦贝尔：《欧洲中世纪哲学史纲》，第144—147页。
② 北京大学哲学系外国哲学史教研室编译：《西方哲学原著选读》，北京：商务印书馆，1986年。

被理解，这是人类认识的第一原则。司各脱甚至给"存在"分出了无限和有限两种，认为无限存在是上帝，而有限存在是被造物。形而上学对"存在之为存在"的研究既包括对无限存在的研究，也包括对有限存在的研究。在这里，司各脱已经摆脱了亚里士多德和奥古斯丁的论辩模式，开始涉足基本范畴和基本方法。

威廉·奥康继承的也是英国的经验传统，他对人的领悟和判断活动进行了研究和探索，在唯名论的认识论方面取得了进展，预示了重视经验证据的新科学观。奥康的一个重要贡献是在道德观方面，他强调个人的道德主体地位，认为一个人的意志如果以上帝为终极目标，就会感到直接面对上帝，由此而产生的良知，就是对上帝意志的领悟。从个人主体地位出发，他反对教会清规戒律对个人的束缚，因此在神学界独树一帜，其开创的思想学说也被称为"奥康主义"。

综上所述，在中世纪结束和新时代到来之前，基督教思想界已经为时代的变革、为文艺复兴、为宗教改革、为民族国家的出现做了大量的精神和理论准备，培根和奥康对现代科学、司各脱对近代哲学的影响使中世纪和新时代的接轨变得顺理成章而不是突如其来。14世纪以后，科学开始从教会内部兴起，科学和人文巨匠辈出，接踵继武者有把艺术作品和自然类比的达·芬奇，有嘲弄宗教虚伪的伊拉斯谟，有模糊了上帝与自然界限的泛神论先驱布鲁诺，有通过实验达到认识的伽利略和弗兰西斯·培根，他们的精神积累预示一个科学和理性时代即将到来，哲学即将摆脱"神学婢女"的地位而独立出来，从而掀开了近代哲学与自然科学的新的一页。

中世纪的基督教教会与十字军东征

奥古斯丁既是中世纪基督教义之父，也是中世纪基督教会之父。奥古斯丁的学说至少从理论上强化了教会的权威，他说，信仰先于理解，而"信仰来自聆听，聆听来自基督的布道，人们若不理解布道者的语言，如何能够相信他的信仰呢"？[1]奥古斯丁在这里用布道将上帝与人类相连，将上帝的恩典与人的信仰相连。根据奥古斯丁的学说，由于耶稣基督的升天，留在人世可以作为上帝与人之间中保的就只剩下《圣经》与信徒了。在精神的领域里，奥古斯丁强调理解作用于人对上帝的信仰，所以为理性赢得了一席之地。在现实的意义上，他主张信徒传播《圣经》，组织圣礼，成立教会，做人与上帝之间联系的中介。在《上帝之城》中，圣教会是进入生命之门，世俗国家要以其财力和能力资助和维护教会，为上帝之城服务。

中世纪的基督教会虽然将奥古斯丁的学说奉为神明，但是却借助他的学说来行教会世俗化之实。基督教会的世俗化首先表现在它的政治化方面：当欧洲进入中世纪的时候，基督教会能够征服征服者，主要是因为基督教会以其特有的宗教力量支持了日耳曼人的政治统治。中世纪的一大制度特征就是基督教和日耳曼统治的合流，在日耳曼人中最先接受基督教的是法兰克的克洛维国王。当时，入侵罗马帝国的日耳曼人是信仰阿利安教的。克洛维国王统率的法兰克人侵入信奉基督教的高卢地区以后，在信仰上和当地居民发生了

---

① 赵敦华：《基督教哲学1500年》，北京：人民出版社，1994年。

尖锐的冲突。高卢地区在经济和文化的发展水平上都高于统治者的部族，而且在整个被征服的地区，征服者只占了居民人口的百分之五。为了统治这个比较文明的地区，克洛维于496年采取了一个重要的政治步骤：皈依基督教。此后，基督教就成了法兰克人扩张的助手。在克洛维的统治下，法兰克墨洛温王朝将法兰克的霸权拓展到勃艮第，后来又到了图林根和巴伐利亚地区的各个日耳曼异教部落，传教士们紧跟着战胜者的军队，在精神的领域里扩大着基督教的胜利。在北方，北日耳曼民族的另外一支在450年至600年之间侵入了英伦岛的东部和南部，在那里本来就没有多少罗马帝国的痕迹，因此爱尔兰传教士轻而易举地就使得这片被征服的土地基督教化了。此后，日耳曼统治者接连皈依，基督教风靡起来。

为了保证基督教会的政治作用，克洛维国王曾经命令召开过奥尔良宗教会议，根据古代罗马法中神庙的地位，延续了教堂的避难权，确立了教会的神权地位。法兰克墨洛温王朝给予基督教会的特权是罗马帝国时期所不能比拟的。第6世纪初的法兰克法律规定，教会的产业永远属于教会，教徒临终给教会的馈赠，任何他人不得染指侵吞。教会的产业全部免税，神职人员全体免除劳役。主教不仅有权修改法官的判决，而且有权处分被控渎职的法官。第7世纪初的法兰克法律规定，神职人员触犯刑律时，只能由主教按照教会的法规审理，国家法庭无权审理。不仅如此，在法兰克的全体主教都参与了国王制定法律的过程。[1]这说明，在法兰克王国，教会不

---

[1]　杨真：《基督教史纲》（上册），北京：生活·读书·新知三联书店，1979年。

仅获得了各种特权，而且直接参与了世俗政治生活和政治统治。到了公元5世纪，基督教会的主教们已经俨然是统治集团里的重要角色了。他们负责审理日常的诉讼案件，主掌平民的日常纠纷和婚丧嫁娶，成为统治者的重要统治工具。

在中世纪，基督教会的功能主要表现在以下几个方面：

一、为失败者提供庇护，为卑贱者提供机会。教会的庇护对象既包括了战败的王亲贵族，也包括了农奴。教会的这种功能和它对古典平等观念的继承有关。据说当时的基督徒们确信，他们无分贵贱，只要通过长途旅行到圣地朝拜，就都能赎回肉体和灵魂的罪孽。[1]据法国现代编年史学家勒华拉杜里的考证，哪怕是在边远的山乡，外出朝圣的念头也不让人感到奇怪；女人撇开丈夫独自外出朝拜，只需说一句"我跟我哥一起到马尼洛去朝圣"，就可以使指责她的人立刻软下来。[2]除了对弱者实行保护以外，在等级森严的中世纪欧洲社会里，教会还算得上是唯一能够提供升迁机会的场所。在中世纪，只有教会才开办学校，而在教会学校里，除了拉丁文和宗教教义以外，还能学习专门技术和知识。这些学习使得下层人士有能力攀登社会的阶梯。教皇乌尔班二世和哈德良四世都出身于最微贱的家庭，亚历山大五世曾是一个讨饭的孩子，格里高利七世是木匠的儿子，息克斯塔斯四世是农民的儿子，乌尔班四世和约翰二十二世都是鞋匠的儿子，本尼狄克十一世和息克斯塔斯五世都

① Marc Bloch. *The Feudal World.* in Norman Cantor & Michael Werthman ed. *Medieval Society, 400—1450.* Thomas Y. Crowell Comp, 1967.

② ［法］埃马纽埃尔·勒华拉杜里：《蒙塔尤：1294—1324年奥克西坦尼的一个山村》，许明龙、马胜利译，北京：商务印书馆，1997年。

是牧人的儿子。[①]也许是出于这种社会历史背景，中世纪教会有许多政策是和封建制不相符合的，例如教会反对长子继承法而赞成诸子平分地产，反对世袭君主制而赞成选举君主制，拥护妇女继承权。这些政策为中世纪的社会变革提供了依据。

二、组织圣礼仪式和宗教活动。教父派认定，人只有借助教会的圣礼才能得到上帝的恩典，所以中世纪的人们参加教会的一切活动，以为只有这样才可能获得救赎和永生。教堂遍布在封建欧洲的各个领地上，主持着包括洗礼、圣餐礼、坚信礼、告解礼（悔罪）、婚配礼、终敷礼（临终）和授圣职礼等在内的许多繁文缛节。圣礼制度的建立为教会服务商业化敞开了大门，教会从各种圣礼中收取费用，后来发展到了动员圣战，出售赎罪券，几乎为所欲为，最终成为宗教改革的对象。

三、垄断《圣经》的解释权。由于在中世纪早期，地中海商路的阻隔使得从埃及进口莎草纸的贸易中断，也由于中世纪欧洲进入了蒙昧时代，普通人，包括贵族，都不通文墨，《圣经》改为用价格昂贵的羊皮纸誊录，由教士阶层专门从事抄写工作。由于获得一本《圣经》十分困难，所以教会就成了传播和诠释《圣经》的唯一场所和渠道。教会借此便利宣扬“救赎教义”，说耶稣基督献身为人类清偿了罪过和欠债，这无量功德储存于教会这个“善功圣库”之中，教会可以通过一系列的圣礼，用此储备向上帝支付有罪者的罪和债。“救赎教义”使教会有权根据自己的好恶和利益决定政

---

① 李亚：《宗教裁判史》。转引自［美］汤普逊：《中世纪经济社会史》（下册），耿淡如译，北京：商务印书馆，1963年。

策、实行统治，甚至巧取豪夺。

四、统治者的政治工具。在中世纪，封建君主的封赏也包括了教会，因而获得了采邑的宗教领主们也要像世俗贵族一样服军役。基督教会、修道院长，连同他们的扈从，都曾经像贵族一样，被编入军队。主教、修道院长都亲自带兵作战。[①]由于在中世纪僧侣是唯一接受教育的阶层，所以神职人员因其对于专门知识的掌握而很快就成为王室的官吏和参谋。后来，当王权兴起而又缺乏管理人才时，受过教育的神职人员充斥了国王的军队和宫廷，掌握了国王的财政和军事大权，其政治作用又远在贵族之上。

中世纪的基督教会出于上述原因而享有极大的尊荣和特权，它身兼大领地的封建主、多种经营者，还享受着市场权、征集通行税权和什一税权、免交捐税权、铸币权、司法权，以及使用或占有矿山和盐井权、自行使用森林木材权等种种名目繁多的特权。中世纪教会的力量毫不掩饰地表现在中世纪教堂的建筑上。在11世纪前半期，崭新的石头建筑物雨后春笋般地出现于欧洲大陆教会的领地上，以其建筑宏伟和装潢华丽展示着教会的精神力量和物质力量，以及正在欧洲大陆上悄然复兴的商业和运输业：那些从意大利输入的壁画、雕刻、祭坛、圆柱、彩色云石和金银器皿，那些从英国输入的青铜，从西班牙输入的铅，从东方输入的宝石，把一座座教堂装饰得富丽堂皇、精美绝伦。

教会世俗化的发展使教会和整个社会的利益阶层之间发生了错

---

① 杨真：《基督教史纲》（上册），北京：生活·读书·新知三联书店，1979年。

综复杂的关系：教会世俗权力的增长使它成了追名逐利的场所，封建领主们常常把神职当作肥差，安排给他们的子弟、亲属和随从。钻营神职、贿买神差的现象屡见不鲜。作为封建领主，教会是劳动人民的剥削者；作为一种超越割据状态的宗教势力，教会又是神圣罗马皇帝的挑战者。教会意识到自身的实力，因此不仅宣称"唯有教皇一人具有任免主教的权力"，还宣布"教皇有权废黜皇帝""教皇可以命令臣民控告他们的统治者"，甚至说："一切君王应亲吻教皇的脚。"[①]在11世纪以后，教皇与皇帝之间进行了长期的争权夺利的斗争。其间，不是教皇开除皇帝教籍，就是皇帝率兵攻打教皇。教皇和皇帝争着废黜对方，另立新皇帝或新教皇，在历史上出现了教皇逼得皇帝赤足披毯，在雪地里等候三天请求赦免的故事，也出现过两个教皇甚至三个教皇同时并立的局面。[②]教会的历史和世俗社会的历史并无根本的区别。

中世纪的基督教会有两种相反相成的趋向，一种是内省趋向，另一种是扩张趋向，两种趋向的理论来源都是奥古斯丁的学说。内省与自我改革的趋向倡导了一种脱俗的生活方式，使基督教会能够在新的外部环境突然来临之际，通过追求"至善境域"而得以自我调整；扩张趋向则把"至善境域"当作"教会管辖权"的思想基础，从而直接导致了十字军的东征。内省趋向是扩张趋向的理论准

---

① 杨真：《基督教史纲》（上册），北京：生活·读书·新知三联书店，1979年。

② 教皇格里高利七世将皇帝亨利四世革除教籍，亨利由于孤立而不得不于1077年亲自到意大利教皇城堡外请罪。后亨利领兵攻破罗马，格里高利出逃，亨利四世另立教皇克雷门三世。克雷门三世就为亨利四世加冕。转引自 Denys Hay. *The Medieval Centuries*. Harper & Row Publishers, 1964.

备，扩张趋向是内省趋向的逻辑结果，扩张有时是政治的，有时又是经济的或商业的。

在十字军运动之前，基督教会内部曾经发生过一场"悄悄的革命"。教会在中世纪社会初中期的过分世俗化使得一些教派开始反省基督教义，主张纯洁宗教。他们因循奥古斯丁神人合一的学说，突出《新约》中慈爱献身的圣子和乐善好施的圣母，崇尚苦行僧的生活，倡导修道主义和新虔诚主义，促进了修道院和寺院的发展。

基督教会的这场内省运动也激发了基督教的入世和扩张倾向。主张纯洁基督教的一个著名代表人物就是教皇格里高利七世，他认为，根据奥古斯丁的理论，教会负有传播福音、拯救人类的使命，"正义就是实现基督徒的理想"。[①] 纯洁宗教的最终目的和最高使命不是脱俗，而是将基督教所理解的正义推广到世界范围内，让基督教统治整个人类世界。出于这种理想，格里高利七世于1073年拟订出教皇统治世界的纲领，这个将基督教推向世界的纲领后来由他的继任者乌尔班二世通过动员十字军东征而付诸实施了。

11世纪末至13世纪末，罗马教皇联合西欧封建主和城市富商向地中海东部地区发动了八次"远征"，即所谓"十字军东征"。"东征"的正式理由是"解放圣地"。其实在当时阿拉伯人统治的叙利亚等地区，基督教教堂是继续存在的。在这场旷日持久的全欧大运动中，教会以其特有的统一理念和官方语言（拉丁语），调动了割据的各种封建势力。丹尼思·黑认为，罗马教会出于对"精神

---

① Norman F. Cantor. *Medieval World Revolution*. in Norman Cantor & Michael Werthman ed. *Medieval Society, 400—1450*. Thomas Y. Crowell Comp, 1967.

▲ 第一次十字军东征时的安条克之围，出自中世纪的泥金装饰手抄本

收入"的需求，从一开始就鼓励朝圣习俗的发展，[1]而朝圣运动就是十字军运动的前身。从乌尔班二世的战争动员中，可以看出基督教会发动十字军东征的经济动因，他说，法国"这狭小的土地无法

---

[1] Denys Hay. *The Medieval Centuries*. Harper & Row Publishers, 1964.

容纳众多的人口，而且土地贫瘠，收获不足糊口。于是你们人吃人，进行战争，彼此杀伤。现在，但愿你们彼此间不再争吵仇视，而共同踏上去圣墓的征途，把那块'流奶与蜜'的大地从邪恶民族手里夺过来，它就成为你们的产业……"[1]

八次东征的简况如次：

1095年，教皇乌尔班二世号召骑士们东征，和"非基督教徒"做斗争。1099年，攻占耶路撒冷。

1147—1149年，第二次东征，围攻大马士革。

1189—1191年，第三次东征。

1202—1204年，第四次东征，攻占君士坦丁堡。

1211—1221年，第五次东征，攻占埃及。

1228—1229年，第六次东征，重占耶路撒冷。

1249—1254年，由法国国王路易九世率领第七、第八次东征，进攻埃及和突尼斯。

历次东征所占据点后来不断丧失。

十字军运动的历史充满了侵略、残杀和掠夺，史书多有记载。十字军的部队没有钱来购买食品时，就开始沿途劫掠田舍农庄。十字军侵入叙利亚时，杀得鸡犬不留。一个十字军战士描写骑士军队攻陷耶路撒冷时的情景说："所罗门圣殿里屠杀了将近万人。……他们（指穆斯林）之中，谁都不能保住生命，妇女婴儿也不能幸免。……在这样的大流血之后，士兵又到居民住宅中去，劫取其

---

[1] 杨真：《基督教史纲》（上册），北京：生活·读书·新知三联书店，1979年。

中一切东西。……这样，很多穷汉变成了富翁。"[1] 就像后来的人文主义者伊拉斯谟所说："基督教会是在血的基础上建立的，依靠血而壮大的，依靠血而扩大的。"[2]

通过十字军运动而直接获益的是罗马教会。希腊教会被推翻了，希腊教长逃亡塞浦路斯。新建立的寺院收到大批土地的赠予，使东方的僧侣也像在西方一样成为大地主。罗马教会在东方建立的军事僧团直接介入了对于财富的掠夺和各种商业活动，聚敛财富，成为新贵。

在十字军运动中，教会和商业发生了难解难分的关系。一方面，宗教和商业两者都是普世性的，都藐视界限而具有扩张的动力，这就提供了它们之间相互利用的前提；另一方面，商业的自由精神和基督教的信仰主义又是相互抵触的。商业的发展，以及它所能带来的科技进步会对基督教的权威与信仰形成挑战。所以，基督教会原本是敌视商业的。根据教会的教导，经商之人无法得到上帝的宽宥，这是因为商业可以穿透社会等级、跨越地理位置、引入市场平等观念，威胁以封闭的农业为依托的整个基督教教权。也许正是出于这个原因，在整个中世纪时期，我们都可以看到教会在进行着坚持不懈的反商业说教。

教会反对商业并不意味着教会本身不从事商业活动，事实上，教会反对的只是对教会产生威胁和形成挑战的商人和商人团体。从中世

---

[1]　郭守田主编：《世界通史资料选辑》（中古部分），北京：商务印书馆，1964年。

[2]　[荷兰]伊拉斯谟：《愚神颂》。转引自北京大学哲学系外国哲学史教研室编译：《西方哲学原著选读》，北京：商务印书馆，1986年。

纪历史中，特别是在十字军运动时期，我们看到，教会本身也不失时机地直接介入商业，来扩大教会的财富、势力和影响。由于教会机构具有普世性教义和跨领地组织的便利，可以不受封建割据的约束，所以比起封建领主来，教会在商业方面可以捷足先登。结果，十字军运动前后的两个多世纪成了欧洲基督教会的"全盛时期"。[①]

从十字军运动中看到商业机会的不仅仅是那些扼守交通要道的庵堂和寺院，应运而生的各大骑士团都是身兼军事和商业职能的国际性组织，例如医院骑士团、圣殿骑士团和条顿骑士团都叱咤风云、不可一世。它们有严格的内部纪律，但是却没有国家的观念；它们的地产遍布欧洲和中东各地；它们的成员，除了教皇和皇帝以外任何人也不服从。十字军救护骑士团在西方所占有的土地数量之多，都可以划分为七个省，叫作"方言区"，下面再分为修道院区，财产包括了土地、葡萄园、果园、市场权利、港口特权。

教会利用特权，涉足各种新兴的财富。在巴黎，圣殿骑士团享受着司法豁免权，支配着法国的中央银行，成了中世纪头等重要的军事金融势力。汤普逊形容说："在会计室的和平气氛中，圣殿骑士们处理着西欧的大量资金，他们变成专业会计、精明的管理人员和发展信贷机器手段的先驱。"[②]

随着封建君主们对税收财政的改革，教皇也于1274年召开宗教会议，将全部领地划分为年贡区，向每个贡区派去了收税官，从

---

① 杨真：《基督教史纲》（上册），北京：生活·读书·新知三联书店，1979年。
② 费里斯：《美国史学评论》。转引自［美］詹姆斯·W.汤普逊：《中世纪晚期欧洲经济社会史》，徐家玲等译，北京：商务印书馆，1992年。

而完善了征税机构，设立好几项税种，除了加征"额外什一税"以外，教会还收取巡游费、赠礼、教产税和空额税。意大利的各城市重要银号在法国、佛兰德斯和英国等地的代理机构都负责征集和向罗马输送彼得税和其他捐税。这些银号一面收取捐税，另一面又放高利贷，获取高额利润。

教会甚至利用救赎教义来捐款，许诺捐款人的罪过以"部分的赦免"。1195年，塞勒斯泰因在写给他的驻英教使坎特伯雷的休伯特的信里说："那些输送他们的财物来帮助'圣地'的人，将按照他们主教所规定的条件，从他获得他们罪孽的赦免。"1215年，第四次拉特兰宗教会议更进了一步，干脆允许那些按照财产比例捐助十字军经费的人被赦免全部的罪孽。[1]特别是教会利用其精神价值出售赎罪券，赎罪券专营权和红衣主教的职位，把"上帝的赎罪"和圣职商业化，剧烈地摇撼了中世纪人们的宗教感情和信仰基础，成为后来宗教改革的一个诱因。

通商的一个自然结果是使种族混杂、信仰淡化，同时也使新思想得以传播。面对新思想的挑战，基督教内的宗教不容忍也在迅速蔓延，演变为社会上一种恶劣的风气。教会鼓励告密，许诺告密者以宗教异端者的部分财产。在意大利，异端者财产的三分之一归于告密者，三分之一归于宗教裁判所判官，三分之一归于当地行政官。[2]于是教会和封建贵族君主的政府官吏出于不可告人的动机，

---

[1]　《剑桥中世纪史》（英文版）第5卷，第323页。

[2]　[美]汤普逊：《中世纪经济社会史》（上册），耿淡如译，北京：商务印书馆，1961年。

都积极地参与了这一掠夺。教会勾结贵族和官吏，用抄没财产和烧死异端者为工具，大肆剥夺异教，中饱私囊。

教廷的腐败和宗教迫害使欧洲人逐渐丧失了对教会的尊敬，当经济生活发生了变化，人们的视野开始扩大，社会观念转向容忍的时候，教会和教廷依然是宗教狂热的堡垒，依然组织策划更新的、更严厉的不容忍形式，利用狂热和武装来反对异端教派。对于英国的《大宪章》起义，教皇命令将起义人民革除教籍；对于法国南部的阿尔比教派运动，教皇组织十字军残酷镇压。十字军运动不断地被教皇鼓动起来，压制人民起义，宗教裁判以审判异端的名义在各国制造黑暗、罪恶和死亡。这一切反而降低了人们对教会的畏惧，激发了更广泛的反抗。

总之，中世纪末期的基督教会是一个集精神性和世俗性于一身的国际宗教政治组织，是全欧洲最大最富有的收税者，最有效的财政机构和实力最雄厚的银行家。罗马教会出于集团经济利益，在实践中既是封建剥削制度的维护者，同时又是新兴的资本主义剥削制度的提倡者。它还是知识的保存者和人才的网罗者，一批有文化的僧侣随着社会对人才的需求而参与世俗的政治事务、法律事务、军事和经济事务，使教会全面干预了世俗社会。

基督教与新时代

基督教教义包含了不可解脱的矛盾：如果奴隶和主人都是基督徒，那么他们在信仰中应该是平等的，基督徒不应是奴隶。基督教的普世主义的传播很快就要激发人们对于"权利"的重新理解，基督教会的言行不一和教会对世俗财富的追求都不可逆转地将基督教的组织带入一个新的制度，在这个制度中，新兴的力量将对基督教会的普世主义和权威地位提出严重的挑战。这些新生力量包括了科学技术、知识人才，也包括了军事组织、世俗君权、市民精神和民族意识。

罗马教廷鼓动成千累万的人参加十字军，到东方与异教徒和无神论者会面，结果是科学技术和"异端邪说"随着商品和人员流入基督教统治了几个世纪的欧洲，十字军时期的航海和发现开拓了欧洲人的视野，增加了他们的胆识。例如在法国南部，出现了12世纪初期琅城市民赎买自治地位，成立城市公社，摆脱主教统治的起义。教会的权威受到巨大的考验，一位修道僧在巡游了法国西南部土鲁斯地区后悲观地说："教堂里没有信众，信众没有神甫，神甫没有威信，教徒没有基督。教堂不再被认为神圣，圣事也不被认为神圣，节期无人遵守，儿童不受洗礼。"[1]

丹尼思·黑把科学的发展和商业的沟通、十字军运动和神学并列，当作促使葡萄牙航海家冲出欧洲的关键因素。[2]从中世纪中期开始，人们走出封闭的小社会，看到了市场，看到了需求，看到了财富，也看到了机会。商品的交流，商旅的往来，人员的沟通，这些在欧洲各地都引起了新的技术发明和创造：风磨得到了广泛的应

---

[1]　咸克菲尔德、艾文斯：《中世纪中期的异端》。转引自杨真：《基督教史纲》（上册），北京：生活·读书·新知三联书店，1979年。

[2]　Denys Hay. *The Medieval Centuries*. Harper & Row Publishers, 1964.

用，机械钟成了中世纪城市的标志，^①使用眼镜成了时尚。人们还从东方引进了造纸术、火药和指南针。科技进步不仅开始改变欧洲人的生活，而且给了他们在更大的地理环境中流动的可能性。这些科学的发明和创造，这些技术的引进和利用，这些吸纳了东方文明而发展出来的欧洲文明的成果，为欧洲教权和王权所利用，为武力和文化的扩张所利用，将造成"古代甚至连想都没有想到过的"的结果。^②黄仁宇教授认为，资本主义具有一种"超越国界的技术性格"，其中包括资金的广泛流通、超越个人关系的经营方式和技术服务设施的通盘使用。^③这些特性在中世纪时就已经出现在欧洲了。

在这个时代到来之前，欧洲的封建制已经名存实亡了。14世纪中叶的那场震撼欧洲的瘟疫——黑死病是对旧传统的埋葬。欧洲的人口减少了四分之一，有些地区的人口减少了一半。瘟疫沉重地打击了传统的农业，对政府的有效性提出了严重的挑战，激起了广泛的农民反抗。在城市里，城镇居民正在分化为上下两个社会阶层，富商大贾建造起一幢幢富丽堂皇的住宅，雇工的条件却在不断恶化。工人已经不依附于行会了，自由工人占了工人的大多数，封建制时期的义务和契约关系几乎荡然无存。欧洲文明的领域扩大了，技术取得了巨大的进步。商业发达了，在日内瓦和美因河畔的法兰克福出现了大规模的集市贸易，在安特卫普和阿姆斯特丹有了

---

① 自从机械钟在德意志发明出来以后，欧洲的城市就以其公共大钟的精美而感到骄傲，这些公共大钟往往饰有天使、星球和先知。最先装上这种大钟的有斯特拉斯堡（1354年）、威尔士（1375—1380年）、萨尔斯波里（1386年）和卢昂（1390年）。参见 Hugh Thomas. *A History of the World.* Harper & Row Publishers,1979.

② [德]恩格斯：《自然辩证法》，曹葆华等译，北京：人民出版社，1955年。

③ [美]黄仁宇：《资本主义与21世纪》，台湾：联经出版事业公司，1991年。

最早的国际性大交易所，出现了信贷的不同形式，欧洲人开始使用利率，进行证券交易，发展采矿业，发行报纸，组合成垄断性的托拉斯。

这个时代的军事组织已经不再具有封建性。“……在14世纪，阿拉伯人把火药和大炮的使用方法经过西班牙传到了欧洲……重炮却已经多次打穿骑士城堡的无掩蔽的石墙，向封建贵族宣告：他们的统治随着火药的出现而告终了。”[①]不仅封建性军事义务不复存在，而且契约性雇佣军制也正在为马基雅维利早就主张实行的君主常备军所代替。

在政治上，法国的瓦龙王朝、英国的都铎王朝都开始集中绝对权力。阿瑞刚和卡斯迪尔王朝由于菲迪南和伊莎贝拉的婚姻而联合起来，为西班牙在下个世纪的霸权奠定了基础。在东面，波兰和立陶宛联合，匈牙利开始繁荣，德意志和意大利由于皇帝和教皇的长期影响而在分裂的状态中发展出许多小型的主权国。欧洲各国都在开始制定不同的金融财政政策，封建制度面临着全面衰败。“到处都揳入了有反封建的要求、有自己的法和武装的市民的城市；它们通过货币，已经在一定程度上使封建主在社会方面甚至有的地方在政治方面从属于自己……”[②]

早在13世纪末期，就有一位新演员出现在了欧洲政治势力的视野中，他就是已经在北京建都的蒙古人。法国历史博物馆的国家

---

① 《马克思恩格斯全集》（第二十一卷），中共中央马克思恩格斯列宁斯大林著作编译局编译，北京：人民出版社，1965年。

② 《马克思恩格斯全集》（第二十一卷），中共中央马克思恩格斯列宁斯大林著作编译局编译，北京：人民出版社，1965年。

档案室里保存了一封盖有元帝忽必烈印玺的信件，这是蒙古阿根可汗的使节、热那亚商人巴斯卡罗带给法国国王菲利普的。阿根在信中以非常恳切的语气约请法国共同出兵中东，从埃及人手中夺取耶路撒冷。巴斯卡罗作为一名欧洲冒险家、商人和战士，代表了那个时代意大利商人走向更大的市场，走向东方、走向财富的努力。1274—1303年，巴斯卡罗十五次出使欧洲，游说欧洲各国君王，敦促欧洲人和蒙古人联手，打通欧亚之间的海上通商之路，但是他的这些努力均由于欧洲君主们的重重顾虑而未能实现。[①]1398年，帖木儿发兵侵入印度，再由那里西进，进攻叙利亚。当基督教欧洲听到这个消息时，曾经兴高采烈地把帖木儿看作反对土耳其的战略盟友。教皇任命了英国多明我会的修道僧约翰·格林劳为阿塞拜疆重要城市索达尼亚的大主教，要他在东方会晤帖木儿。作为外交使臣，格林劳的观点已经具有了现代的战略观念，因为他主张"为了消灭另一个异教徒，与一个异教徒谈判是正当的"。[②]

欧洲的战略是与帖木儿缔结反对土耳其人的联盟，取得在叙利亚各港口经商的自由。帖木儿飓风般的征服使西亚的商路发生了重大的变化，他毁灭了塔纳，严重地损害了黑海到远东的贸易。威尼斯为了保护其商业利益与土耳其人达成了和解，横跨欧亚非大陆的战略运筹遂告终止。

---

① 以上参见《波斯蒙古可汗致法国国王菲利普书函》（1289年），《阿根致法国国王菲利普的书函》（巴斯卡罗写的照会，1289年），以及《波斯蒙古可汗魏尔得迦致法国国王菲利普信函》（1305年），均收藏于巴黎法国历史博物馆国家档案室。

② [美]詹姆斯·W.汤普逊：《中世纪晚期欧洲经济社会史》，徐家玲等译，北京：商务印书馆，1992年。

▶穿着条顿骑士团服的唐怀瑟，载于《马内塞古抄本》

从13世纪开始，欧洲乃至世界的政治和战略格局都已经发生了巨大的变化。欧洲已经不是一个完全封闭的欧洲了，在东方，十字军控制着耶路撒冷王国，在北欧，条顿骑士团于1283年完成了对普鲁士的占领。在东方，蒙古人1258年洗劫了巴格达，统一了除印度以外的整个亚洲，使欧洲人开始面临世界上三足鼎立的战略关系，欧洲人开始在新的空间中面对不同的种群和不同的文明。在这种交往、对峙、征战、谈判与沟通中，他们逐渐产生并强化了自我意识，这种自我意识和基督教密切相关，更和整个欧洲文明的发展密不可分。

历时二百余年的十字军运动和与之相应的商业活动最终没有能够保持从基督教欧洲直通东方的商路。在欧洲大陆，许多城市获得了自治特许，许多商路开通了，社会分工进一步细致化，生产有了剩余，商品可以交换，以意大利人为先驱的商人和商业利益已经遍及西班牙、法国、德意志、低原国家、北欧、普鲁士、英伦和东欧。英国人开始独立地生产呢绒，并且积极地为他们的产品寻找世界市场。各种非封建的生产组织和社会组织已经形成并且日趋壮大，教会自身已经变成了庞大的商业利益集团。教会为了巩固和维护自己的势力而创造了一系列的集权理论，这时已被新兴的王权直接沿用。在整个十字军时代，土耳其人切断了欧洲和东方之间所有伟大而古老的商路，使得欧洲不顾一切地探索通往东方的其他商路。

15世纪末，欧洲在"天文革命"之后，开启了伟大的航海时期，这是一个商业和宗教扩张相结合的冲击波：新世纪在召唤欧洲，欧洲人开始把目光射向更东和更西的世界。

第四章 民族国家

——近世欧洲政治文化特征之一

　　在进入主题之前得说明，这一章和下一章的主题是近代欧洲的"政治文化"。这不是一个一眼可以看穿的问题。就像有一天有人给你介绍一个陌生人，首先你通过视觉，在脑海里形成了对这个人外貌的印象：他是高个头还是矮个子，是瘦人还是胖子……之类的属于外观上的印象。至于他的脾气、性格、好恶等内在的特征，乃至他在政治方面的取向如何（假如他不是一个对政治漠不关心的人），文化修养如何，就绝不是一眼能看出来的；只有通过相当一段时间的接触和交往，才能了解，乃至深知他是怎样一个人，他经常想些什么。现在我们要讲的是亚欧大陆一个西端"海角"——包括大陆和北方岛域——更不知要困难多少倍、复杂多少倍了。

　　为什么要讲"政治文化"？如今，"政治文化"这个概念越来越常见，大家都懂是什么意思，但如果界定起来，可能各有各的说法。我认为，"政治文化"是指包蕴在文化中的政治性取向，它不像"政治观点""政治立场"那样线条清晰而坚定。所谓的"政治文化"，不是哪一个人三言两语就可以表达出来的，但是在每个人的心底都藏着某种对"政治"的一般取向。这种政治取向，除去浑浑噩噩的人（他们几乎没有思维和认知的能力），在多少有些阅历的人心底都或多或少地、或深或浅地存在着，只是有的人没有能力把它概括出来。有知识的人，例如学者，便可能表而出之，把一个民族或一个区域的"政治文化"特征浓缩地提炼出来。在我看来，如果不讲"政治文化"，历史或许就只剩下一堆"大事记"了，因此，或许可以说，"政治文化"是从"大事记"中抽象出来的。

这一章和下一章分别讲欧洲"民族国家观念"和"欧洲观念"，这是我观察近世欧洲的视角。这两章实际上是我对欧洲——特别是近世欧洲——看法的提炼。

所谓近代欧洲的"政治文化"，可撮要为两条线：一条线是近代国家形态的出现，即"民族国家"成为欧洲的普遍现实；另一条线反映欧洲人相互之间的"认同感"，即"欧洲观念"。前者通向主权国家，后者通向所谓"欧洲统一"的进程。

这两条线都承接于中世纪。近代国家在中世纪已孕育其胚胎，然而成为普遍现象则在近代。其出现的时序也不是划一的。大体上先出现于西北欧，至19世纪后期中欧（德国）才有近代国家的形态，南欧情况也有其特殊处：西班牙和葡萄牙较早，意大利是到19世纪后期才有统一的国家。至于欧洲东部及跨东南部，如巴尔干，历受外族侵扰、更为繁复的民族纠葛和冲突所累，它们的民族愿望一直受到压抑，情况便更加复杂，以致建成民族国家的道路布满了荆棘和无止境的曲折，这份沉重的遗产直到今天还压在这里各民族的身上。

至于欧洲观念，源头固然在希腊和希伯来，但可以触摸到的文化源头，则是覆盖欧洲的基督教文明，这是欧洲人互有认同感的一个根本原因。这是欧洲历史上的一个"怪现象"：基督教的诞生地在西亚，西移到欧洲后反成了欧洲人的宗教，而且西方文明与基督教文明之间几乎画了等号；至于产生了耶稣基督的"圣地"，基督教好像反而不属于它了。

基督教文明与各民族的政治经济的利益并不是重合的，一个民族和另一个民族一旦发生了利益冲突，迎头相撞，头破血流，什么文明不文明的，都抛在九霄云外了。懂得些历史的，对此都清楚。但是基督教文明在欧洲各民族间起了"黏合剂"的作用，确是事实。所谓"欧洲观念"在当初就是这个意思。

所以，要了解近代乃至当代欧洲的政治哲学，必须抓住这两个"观念"：民族观念和欧洲观念，或者称作"民族主义"和"欧洲主义"。民族观念通向民族国家以及多民族的"联邦制国家"；欧洲观念通向今天的欧洲联盟（或欧洲一体化进程）。

这两个观念的基础都是民族国家的观念和现实，所谓欧洲的一体化或整合，其基本的元素归根到底也是"民族国家"。欧洲的"民族国家"不是一个普世性的概念。有人把主权独立的国家一律叫"民族国家"，如把中国叫"民族国家"等，这是概念的混淆。"民族国家"指基本上一个民族构成一个国家的那种国家形态，乃至语族与民族重合在一起，"国家"便有了雏形。这是欧洲的典型现象，所以"民族国家"是一个欧洲概念。中国是"多民族统一国家"，与欧洲特别是西欧迥异。非洲、拉丁美洲是一个大民族分成几个国家，与欧洲也不一样。

泛说"民族国家"观念

这一章着重讲欧洲的"民族国家"。

前面说,"民族国家"是欧洲中世纪末期开始出现而在近代成型的。这就是说,它有个历史孕育过程。在英格兰、苏格兰的土地上,"民族国家"的具型最早,而且轮廓比较清晰。这块土地不像大陆那样曾牢牢地受罗马控制,恺撒大帝两次渡海,打算一举吞掉不列颠,没有成功。不久,克罗迪厄斯得以入侵,不列颠由此进入罗马时期达四个世纪,罗马帝国在公元4世纪衰落,从不列颠撤走。在这几百年里确实留下了不少罗马的文化遗迹,但是这块土地上的凯尔特人却得以把当地文明保存下来了。后来北欧海盗的入侵,带进了异族文明,但撒克逊文明仍是主体。诺曼人是最后一批入侵者,自从11世纪诺曼人被击退以后,不列颠便几乎不再受到干扰,但却时时到大陆去参与那里的角逐,直到英法战争后被赶回。与大陆隔海相望的不列颠像一片叶子漂在海上,虽然与西欧大陆文化相通,却保有自己"岛国"自成一统的便利条件;英吉利海峡使岛国与大陆多了一个"隔离带"。这可能是不列颠较早建立"民族国家"的主要原因。

西欧大陆与英国不同,它直接继承了罗马的遗产。罗马对英国而言是外来的"入侵者",而在大陆则是"本土"的统治者。日耳曼人进入西欧大陆腹地,散在四面八方,很快就"罗马化"了,造就了所谓"日耳曼–罗马文化"。罗马帝国衰亡后,西欧大陆发生了"裂变":法国是唯一在近代以前即已建成的"民族国家",所以进入近代时期便逐渐具有现代的国家形态和结构。至于所谓"神圣罗马帝国"，则不过是大大小小的诸侯封地的拼合体，皇帝几乎像是中国春秋战国时的周天子。意大利也分成若干个称作"共和国"的实体。实际上，西欧的大部分区域在中世纪是有民族而无国家的。但是，正是由于有族而无国，更加推动民族向国家的过渡，特别是市镇经济的发展越是接近民族经济，建立国家的愿望和要求也就愈加强烈。于是，当这种要求从自发的过程转变为自觉过程，普遍的"民族国家"的时期就到来了。只要翻开任何一本"西洋史"，就会发现特别是从英法百年战争以后的欧洲史是怎样成为民族国家的历史的。

"民族国家"的文化基础是必不可少的条件。恩格斯特别讲了民族语言的作用：

> 一旦划分为语族（撇开后来的侵略性的和毁灭性的战争，例如对拉巴河地区斯拉夫人的战争不谈），很自然，这些语族就成了建立国家的一定基础，民族（Nationalitäten）开始向民族（Nation）发展。洛林这个混合国家的迅速崩溃，说明了早在9世纪的时候这一自发过程就已是如何强烈。虽然在整个中世纪时期，语言的分界线和国家的分界线远不相符，但是每一个民族，也许意大利除外，在欧洲毕竟都有一个特别的大的国家为其代表；所以，日益明显日益自觉地建立民族国家（nationale Staaten）的趋向，是中世纪进步的最重要杠杆之一。①

---

① 《马克思恩格斯全集》（第二十一卷），中共中央马克思恩格斯列宁斯大林著作编译局编译，北京：人民出版社，1965年。

　　这样的趋向当然是在市镇经济有了比较明显的发展过程中发生的。生产力发展了，贸易活跃了，人的交往频繁了，拉丁语一天天成为基督教神学的"专用"文字；在日常生活中，人们越来越喜欢用自己的"世俗"语言。当欧洲迈入近代史的门槛的时候，拉丁语使用的范围更是大大缩小了。但丁在拉丁语还普遍流行的时候，即提倡用意大利各地"土语"写作，他为意大利民族语言的创立身体力行地做出了努力。弗朗西斯·培根的有些著作便是用英语写的，莎士比亚、莫里哀的戏剧都是用民族语言写出的传世之作。像笛卡儿、莱布尼茨、马勒伯朗士一类的形而上学哲学家，已基本上是用法语或德语写作了。

　　语言是有时代性的，"民族"语言成为社会语言，与"民族国家"出现在欧洲社会，是近代欧洲走上历史舞台的重要表现。

　　"民族国家"通常是一种政治概念，意思是"民族"从它的自然状态转变为"国家"的政治形态，结束了中世纪基督教文明"西方帝国"时代的"国"界模糊的状态。但是，"民族国家"不但不脱离于基督教文明，而且民族愿望常常是通过基督教的"民族化"表达出来的。像捷克的杨·胡斯领导的运动代表了捷克人的民族愿望那样，马丁·路德发动的宗教改革运动之所以能如燎原烈火般席卷欧洲，作为宗教的结果是宗教的分裂，深层的原因则是运动反映了德意志民族的感情和愿望，因而是民族觉醒的一次集中表现。

　　以上叙述可以简括为：

　　一、"民族国家"成为普遍的政治现实，是欧洲近代史期的事，但它的观念在中世纪已自发地存在。

二、"民族国家"的观念是政治的、经济的以及文化的（宗教、语言等）综合观念。

三、"民族国家"的普遍出现，结束了"只知有教，不知有国"的神权大一统时期，古典意义的"帝国"观念从此让位给近代国家观念。

"民族国家"产生的过程，也是民族主义产生的过程。从法兰克王国"一分为三"（9世纪）到三十年战争结束后的《威斯特伐利亚和约》（17世纪），现在的欧洲政治地图基本划定。"民族国家"的欧洲至此已经定型。

近代政治学的创始人：马基雅维利和霍布斯

15世纪的西欧处在躁动不安而又已经绽出新生机的形势当中。意大利首先成为艺文繁茂的百花园，"文艺复兴"为欧洲的新生鸣锣开道。西方人都说伟大的诗人但丁第一个预示着新曙光的出现，他一只脚还留在中世纪，另一只脚已跨入新世纪了。然而，意大利还是分裂为一个个各立门户的小"共和国"，它们既相互竞争，又是国际争夺的"斗鸡场"。这些"共和国"其实是城邦性质的城市，到15世纪后半期，意大利半岛上存在着米兰、威尼斯、佛罗伦萨、教皇辖地和那不勒斯五个较大的城邦国家，还有不少更小的诸侯国。这个时期的意大利是一幅何等光怪陆离的画面啊！它受宗教禁锢最甚，却最早发出人文主义的声音；最早的资本主义萌芽出现在这里，但政治上的四分五裂又使意大利民族看不到统一国家的可能性；每个城市都是一个国家，没有一个国家建立在牢固的基础上。意大利肩负着三层重任，首先每个"共和国"需要巩固自己，其次需要在意大利全境驱逐入侵者，最后统一起来。

在这样的时代环境中，在佛罗伦萨出现了马基雅维利（1469—1527）这位政治家。"马基雅维利主义（machiavellianism）"一向被当作尔虞我诈、玩弄权术的同义语；直到今天，在谈到某某善于权辩，精于机巧，乃至心术不正时，还时常用"马基雅维利主义"来形容。这确实对马基雅维利十分不公。马基雅维利是一个内心矛盾，然而思路非常清楚的人。他眼前的现实——他所供职的佛罗伦萨以及在外交出使时的见闻和感受——使他深深地感到首先必须不惜使用一切手段使佛罗伦萨固若金汤，他问道："经过一千年的辛勤劳苦之后，佛罗伦萨竟然变得这么衰微屡弱，其原因究竟何在？"他要弄清楚这个原因。①他根据自己的政治经验，认为无论是世袭的公国或是共和国，最重要的是要有十分强有力的统治，这在当时就是要有一个强有力的君主。马基雅维利脑子里有两个样板，一个是君主中央集权制已十分巩固的法国，另一个是他在意大利境内的罗马尼阿地区所见到的恺撒·波几亚公爵的统治术。在献给美第奇家族的《君主论》的第七章里，他绘声绘色地描述波几亚公爵在占领洛马尼以后，发现这个地方的统治者都是些无能之辈，"这些人与其说在治理臣民，毋宁说是在剥夺臣民"，于是便派遣凶残不仁的洛米·多尔克全权治理这个地方，结果这个人没用多少

① ［意］尼科洛·马基雅维利：《佛罗伦萨史》，李活译，北京：商务印书馆，1982年。

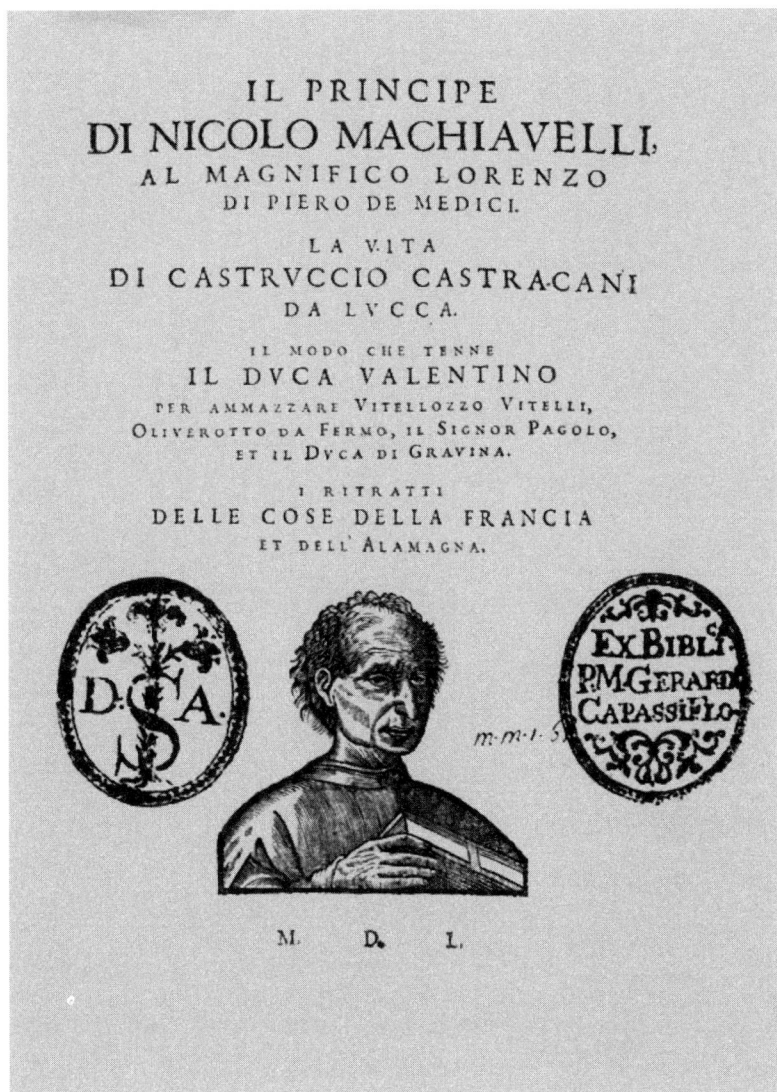

IL PRINCIPE
DI NICOLO MACHIAVELLI,
AL MAGNIFICO LORENZO
DI PIERO DE MEDICI.

LA VITA
DI CASTRVCCIO CASTRACANI
DA LVCCA.

IL MODO CHE TENNE
IL DVCA VALENTINO
PER AMMAZZARE VITELLOZZO VITELLI,
OLIVEROTTO DA FERMO, IL SIGNOR PAGOLO,
ET IL DVCA DI GRAVINA.

I RITRATTI
DELLE COSE DELLA FRANCIA
ET DELL' ALAMAGNA.

M. D. L.

▲ 1550年出版的《君主论》封面

时间便使这个地方在"平静与和谐"中恢复了它"伟大的荣誉"。波几亚公爵是个霸主，他为征服这个地区使用的手段十分残暴，深感会引起人们的反感，为了争取人民，便说残暴的行为并非他本人所愿，而是出自执行官（指洛米·多尔克）的恶劣品质；于是他便在某个早晨派人当众把这个执行官一劈两半。"这一幕残忍无状的举动顿时使所有在场的人既感到满意，又为之目瞪口呆。"①

这样的描述，令人发指！马基雅维利想借这类事例向佛罗伦萨屠弱的君主说明必须不惜一切手段建立强有力的"国家"，像盖房子一样先把地基打牢，才能保证建筑物的坚固；像树木必须根深才能枝叶繁茂。一个国家只有自身非常健壮，才能抵御外侮。马基雅维利认为这是意大利各邦最重要的事情。马基雅维利在教会势力炙手可热的情况下，把中世纪教会的伦理道德观念置于政治之外，认为一切要服从现实的需要，一国之君需能外拒强敌、善处友邦；克敌之道可以以力取胜，也可施以狡诈；需使人民既爱戴又畏惧；让士兵们尊奉不移；凡有损于国家的人均击灭之；需以新方法更新旧习惯；威恩并用；宽宏大度；不忠之军必代以新建之旅；与各国君王保持友善关系以使其为我所用而得避其害，等等。②

在中世纪与新世纪之交，马基雅维利毫无疑问是一个"革新派"。《君主论》并不是鸿篇巨制的理论，但是由于它极其敏锐而又直截了当地提出问题，所以触及了当时意大利政治的最核心问

---

① Machiavel. *Le Prince*. Librairie gén é rale Française, 1962.

② Machiavel. *Le Prince*. Librairie gén é rale Française, 1962.

题——建立坚强的政治统治。

　　那个时期的意大利的情况可以说是除了法国以外的欧洲大陆的缩影，破碎如百衲衣。随着商业革命的兴起，有些海外贸易比较发达的国家，如法国、西班牙、荷兰，当然还有英国，都纷纷走向海外。它们之间，战争频仍。宗教改革引发出的敌对教派之间的流血冲突，在16世纪的欧洲到处可见。整个拉丁和条顿民族在宗教信仰上分道扬镳，中世纪的统一教会不见了。日耳曼北部和斯堪的纳维亚属路德派，英格兰、荷兰、瑞士属加尔文派，法国属新旧两派（两派的冲突直至发展成为陆陆续续进行了三十年的宗教战争）。教皇的势力所及只剩下了意大利、奥地利、法国、西班牙、葡萄牙、日耳曼南部、波兰和爱尔兰。英国的国教是一个特例，但也没能完全避免教派冲突。16世纪，商业竞争，尤其是犬牙交错般的宗教教派斗争，把中世纪的整体性打得粉碎，每个民族在这团乱麻中都在寻求自己的政治出路。它们都在寻找一次"摊牌"的机会。所谓"摊牌"，就是在西欧和中欧爆发的有名的"三十年战争"（1618—1648）。

　　这场战争是在神圣罗马帝国的领土上进行的，从1618年起打了三十年。战争的背景是哈布斯堡和波旁两大家族的斗争。哈布斯堡家族势力最盛时统治着奥地利、西班牙、尼德兰、阿尔萨斯、萨伏依、热那亚、米兰、西西里等，形成了一个对法国的包围圈；法国一直深以为患。战争的导火线是波希米亚王位之争，神圣罗马帝国皇帝属意于奥地利的斐迪南公爵为波王，为民族情绪很强和信奉新教的波希米亚所拒绝；战争由此而起。战火蔓延至帝国其他各地，捷克迅即卷入，宣布波希米亚独立。信奉新教的丹麦、瑞典也趁机参加了对奥战争。至1630年，法国正式卷入，站在新教联盟一边。从此，战争便成为一场波旁家族和哈布斯堡家族争夺欧洲大陆霸权的战争。结果法国一方取胜。1648年，交战各方签署了有名的《威斯特伐利亚和约》。

《威斯特伐利亚和约》以国际法的形式重划了欧洲的政治地图，法国取得了阿尔萨斯，瑞典得到了日耳曼的一部分领土，荷兰和瑞士的独立得到承认。神圣罗马帝国更加徒具虚名，各诸侯各自为政。同时各个国家为了保障自己的边界，都保持和发展着自己的武装，设立守卫领土的关卡，国家领土不可侵犯成为普遍原则。国与国之间有了真正的国"际"关系，在它们之间有了真正的"外交"，有了为处理和解决相互间关系问题而需要签订的这样或那样的条约。语言的民族化更分明了，不同的民族国家在形成自己的文化习俗。

马基雅维利《君主论》里在写到波几亚公爵建立统治的过程时，提到必须把中世纪教会传下来的秩序打乱这类意思的话。这是马基雅维利的某种不自觉的预见。过时的旧秩序终归是要打乱的。"三十年战争"就起了这种"打乱"的作用。在这样漫长的战争中，那么多的西欧、北欧和中欧国家先后卷进，在复杂的敌对过程中，每个参战国都要千方百计地扩大领土，领土主权等近代国家的观念便由此而越来越深地在每个参战国扎了根。于是，"民族国家"的形成与领土主权的观念，便在这场战争之后不仅在条约里，而且在人的观念中联系起来了。法国法学家让·布丹（1530—

1596）曾提出"主权"是国家的永恒属性，是国家政治稳定和统一的保障，那是针对法国说的。《威斯特伐利亚和约》则是在欧洲范围内确认了布丹的原则。

在研究欧洲近代国家形态的有关问题时，英国哲学家、政治学家托马斯·霍布斯（1588—1679）是一个很重要的人物。他和马基雅维利称得上是早期政治学中的两颗明星。

历史向来是经验主义的，它不是任何理论创造出来的。社会发展到哪一个阶段，面貌起了什么变化，普通人中的聪明人对这些变化可以有所觉察，却很难自觉地意识到它的意义。把经验主义的历史变成人类自觉的历史，就要靠理论家找出它的必然性规律，使它的线条很清楚地凸显出来。人的自觉认识便会随之提高，并且把眼光投向未来。亚里士多德对希腊政治的总结起了这个作用，因而产生了古典时期的政治学。霍布斯则在新时期起了这样的作用。新时期的政治学由霍布斯开创，是具有成熟的客观历史条件的。

英国立国较早，作为一个近代国家出现得也比较早，特别是在英法百年战争之后（这场战争虽以英国被赶出大陆，因而失掉了它在大陆的最后一块"领土"而告终，但英国却得以专心致志地把"岛国"搞好，这未尝不是"塞翁之福"），在一个世纪内发展成为海上首强，终于在1588年打败了雄踞海上的西班牙舰队。霍布斯长大成人时，在不列颠岛上虽然交织着王权与议会、（宗教改革后）新旧教派、内战、革命与复辟等的斗争，但英国正是在这些斗争中建成了肌体健全的近代国家。而在大陆，则像上文所说，在长期席卷欧洲大半部的战争中显现出一个个"国家"的形象。"国家"这头"怪兽"在欧洲已到处出现了。

这些都是自然而然发生的事情，不管有没有霍布斯和他的《利维坦》，事情都照样要发生。霍布斯的理论，如按约建国的"契约论"等，今天的人看来不会觉得有多少实际意义。如人与人结成集体，通过一些大家信守的"公约"来维系这个集体的生存，只能是古典社会最原初的集体意识，到君主专制制度成为国家普遍制度的16、17世纪，君主与臣民之间的关系已不能用"契约论"来说明了。那么，霍布斯用那么多的篇幅论述国家的成因和构成、主权和主权者的界定和性质、臣民对国家的责任，等等，其历史的理论意义何在呢?

简单地说，霍布斯的贡献集中到一点，就是把政治哲学从神学的道德人格中解放了出来，把政治学变成了人的政治学，国家是人造的，不是神造的，既然已经没有了统一的宗教，那么，每个基督徒就应该把国家当作自己的祖国。他在《利维坦》的序言里开宗明义，很扼要地讲了他的这个思想:

> 因为号称"国民的整体"或"国家"（拉丁语为 civitas）的这个庞然大物"利维坦"是用艺术造成的，它只是一个"人造的人"；虽然它远比自然人身高力大，却是以保护自然人为其目的，在"利维坦"中，"主权"是使整体得到生命和活动的"人造的灵魂"；官员和其他司法、行政人员是人造的"关节"；用以紧密连接最高主权职位并推动每一关节和成员执行其任务的"赏"和"罚"是"神经"，这同自然人身上的情况一样；一切个别成员的"资产"和"财富"是"实力"；人民

的安全是它的"事业";向它提供必要知识的顾问们是它的"记忆";"公平"和"法律"是人造的"理智"和"意志";"和睦"是它的"健康";"动乱"是它的"疾病",而"内战"是它的"死亡"。①

霍布斯整部著作都是在反复地讲这个道理。在人们习惯于把一切交给上帝的时代,要把上帝排除在外,不是件容易的事。上帝的"传谕之道"之类的教条,在霍布斯的眼里简直一文不值,因为,那是无法用自然理性加以证明或否定的;这些"宗教的奥义就像治病的灵丹一样,整丸地吞下去倒有疗效,但要是嚼碎的话,大多数都会被吐出来,一点效力也没有"。②但要把教条彻底驳倒,却还需要几代人的持续努力。

当然,霍布斯在当时绝不可能是最权威的理论家,他不可能为世所容。如同卢梭评论所说,基督教的统治精神和霍布斯的体系根本不相容,"牧师的利益永远要比国家的利益更强"。他说得有趣:"霍布斯之所以为人憎恶,倒不在于他的政治理论中的可怕的和错误的东西,反而在于其中的正确的与真实的东西。"③

霍布斯不可能不是君主专制制度的拥护者,但重要的是,霍布斯的"王权"只是羽翼正在丰满起来的近代国家机器的代名词。"利维坦",一头强大的怪兽,这正是在共和主义成为普遍接受的

---

① ［英］霍布斯:《利维坦》,黎思复、黎廷弼译,北京:商务印书馆,1985年。
② ［英］霍布斯:《利维坦》,黎思复、黎廷弼译,北京:商务印书馆,1985年。
③ ［法］卢梭:《社会契约论》,何兆武译,北京:商务印书馆:1990年。

政治理想以前所必有的欧洲经验的产物。

与马基雅维利相比，霍布斯的国家学说显然更有近世史期的意义。马基雅维利的《君主论》讲的是一国之君用怎样的手段进行统治和巩固国家权力，霍布斯着重讲的是国家的成因和性能。马基雅维利着眼于分裂的意大利里的各个邦国，霍布斯则着眼于欧洲的普遍现象。马基雅维利还只是曲折地向美第奇家族的统治者进言，要设法从教会分得部分权力，而霍布斯则公开说，在教会和政权之间"统治者只能有一个"，这个统治者只能是"世俗政府"，"否则在一国之内，教会与国家之间、性灵方面与世俗方面之间以及法律之剑与信仰之盾之间就必然会随之出现党争与内战；比这更糟的是，在每一个基督教徒心中都必然会随之出现基督徒与普通人之间的冲突"。[①]

从马基雅维利到霍布斯，"民族国家"的观念发生了飞跃。欧洲必须由政治统一的国家来组成的趋势已经越来越不可逆转了；虽然"民族国家"的法权形式还没有具备。

从黑格尔国家学说看欧洲

为了叙述上的简便，这里先鸟瞰式地看一看17、18世纪的欧洲。这幅"鸟瞰图"告诉人们，"国家"这头"利维坦"怪兽已经出没于欧洲的各个角落和各个领域了。

最能体现"国家"的存在的，首推战争。可举出其较大者如：

---

① ［英］霍布斯：《利维坦》，黎思复、黎廷弼译，北京：商务印书馆，1985年。

1618年开始的"三十年战争"；1652年第一次英荷战争；1683年土耳其围困维也纳；1689年英荷反法联盟战争；1699年哈布斯堡王朝从土耳其手中夺回匈牙利；1700—1720年俄、瑞（典）大北方战争；1701—1714年西班牙王位继承战争；1733—1738年波兰王位继承战争；1740—1748年奥地利王位继承战争；1756—1763年英法"七年战争"；1772年波兰第一次被瓜分；1778—1779年巴伐利亚王位继承战争；1783年北美独立战争结束后英国承认美国独立，同年俄国兼并克里米亚；1791年俄国从土耳其获得黑海大平原；1792年法兰西共和国成立，革命战争开始，后转为19世纪初的拿破仑战争。

由这些事例，可以不夸张地说，近代欧洲是在战争的铁砧上打出来的。

在这幅"鸟瞰图"上还必须添上英国革命和法国革命，以及虽然不像战争与革命那样"爆发性"的，但进程更长、涉及面更广、影响更加深远的商业革命和产业革命。因为正是这类政治性的和物质性的革命从深层把欧洲社会推向了一个新时代。

人们从这些令人眼花缭乱万花筒般的形势中，可以感受到欧洲在快速地变化：教皇的无上权威淡化了；无论是波旁王朝，还是哈布斯堡王朝，或是罗曼诺夫王朝，都转而以"国家"的名义进行活动了；活跃在世界舞台上的角色，渐渐地不复是昔时的王公贵族，而是新生的工商资产阶级或资本化的新贵族了。"国家"不复是教权的、王朝的"产业"，而是"许多人依据法律组织起来的联合体"。[①]

---

① ［德］康德：《法的形而上学原理：权利的科学》，沈叔平译，北京：商务印书馆，1991年。

这幅"鸟瞰图"展示的是普通历史常识，它所反映的是近代欧洲政治哲学的一个方面的特质，"国家"已取代昔日教权、家族、宗教教派成为欧洲政治的行为单位。王室仍在，但趋势是愈来愈成为"虚君"。如果没有这个特质，欧洲便仍然只留在中世纪。

这里，我想从现实跳到历史哲学，重点讲讲黑格尔（1770—1831）。因为我觉得黑格尔把此前的关于民族国家的学说做了一个集大成的工作。黑格尔虽然有很浓厚的日耳曼国家情结，但是，有哪一个欧洲民族不是急切地希望建立国家呢？已具国家形态的民族，哪一个不汲汲于巩固和健全国家机器呢？所以黑格尔关于国家理念以及与之相关的法哲学，无论如何批评它是"国家主义"或极端"民族主义"，是普鲁士的"国家学说"，但它的精神——民族要变成"国族"，要变成"国家"——则是近世欧洲政治中的普遍性问题。

黑格尔在政治哲学领域里涉及的问题，显然已经超出了"启蒙"时期的内容。他的政治学说直面欧洲形势，特别是拿破仑战争以后的欧洲各民族为完遂自己的近代"自性"（identity）所做的努力。黑格尔历史哲学的一个重要出发点，

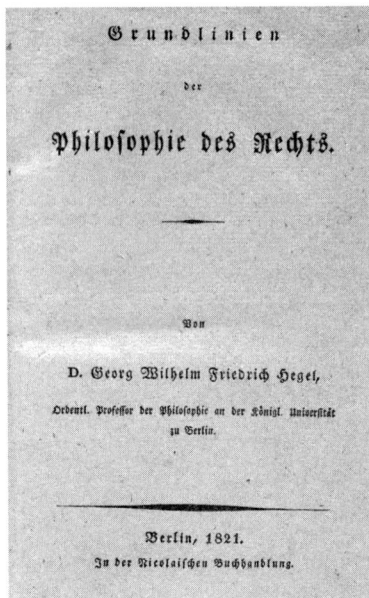

▲ 1821年出版的黑格尔《法哲学原理》封面图

即把近代欧洲政治的基本因子抽象为"神"的理念指导下的国家学说，日耳曼民族的历史地位在黑格尔是一种驱之不去的政治情结，这一点比他的前辈——如世界主义的康德——不知要强烈多少倍。康德没有赶上拿破仑横扫欧陆的战争，他的学生费希特则是在拿破仑占领耶拿之后燃起了民族主义的怒火，他对德意志人民的系列演讲，充满了对自身民族的深切情感。然而把这股民族感情凝为国家学说的则是黑格尔。经过拿破仑战争的欧洲，不可能再产生康德式的世界主义，而是更加强化了民族主义。对于还没有建成像法国、英国、俄国等那样统一的主权国家的日耳曼各族和意大利，自然尤其如此。黑格尔正是在这一点上提出了19世纪欧洲政治中的普遍问题。不管你是否赞同黑格尔的观点和他的日耳曼民族感情，你都不能否认这个现实：19世纪的欧洲不仅是众多"国家"的欧洲，而且是国家体制（机构、制度、法规、军队、警察等）完备起来的欧洲。德意志各族那时还在完善它们的近代国家体制，黑格尔所设想的"国家法""国际法"的理论对于当时的普鲁士国家是超前的，对当时欧洲都有普遍意义。

恩格斯在评论黑格尔的思维方式时写过这样一段精彩的话：

黑格尔的思维方式不同于所有其他哲学家的地方，就是他的思维方式有巨大的历史感作基础，形式尽管是那么抽象和唯心，他的思想发展却总是与世界历史的发展紧紧地平行着，而后者按他的本意只是前者的验证。真正的关系因此颠倒了，头脚倒置了，可是实在的内容却到处渗透到哲学中；何况黑格尔不同于他的门徒，他不像他们那样以无知自豪，而是所有时代中最有学问的人之一。他是第一个想证明历史中有一种发展、有一种内在联系的人，尽管他的历史哲学中的许多东西现在在我们看来十分古怪，如果把他的前辈，甚至把那些在他以后敢于对历史作总的思考的人同他相比，他的基本观点的宏伟，就是在今天也还值得钦佩。在《现象学》《美学》《哲学史》中，到处贯穿着这种宏伟的历史观，到处是历史地、在同历史的一定的（虽然是抽象地歪曲了的）联系中来处理材料的。[①]

思维方式的"历史感"，历史的"内在联系"，对历史做"总的思考"等，都是一个意思。恩格斯认为，黑格尔在这方面的观点就是在马恩时期"也还值得钦佩"。黑格尔眼中的"世界历史"实际上是"欧洲历史"，他对世界历史的总思考，基本上是对欧洲历史的总思考。他对东方哲学和历史的论述，只是为了陪衬西方哲学和历史，并无太大的价值。

这里顺便提一下，其实不少西方学者都在历史哲学上是"黑格尔主义者"，如美国的福山（他写了《历史的终结》）和亨廷顿（他写了《文明的冲突》），终其极没有超出黑格尔。

在欧洲的历史中，黑格尔用了大量的笔墨写希腊、罗马世界，后两部分写到了日耳曼时期和近代，即出现了国家的雏形以至成型的世纪。总括起来，可以称之为黑格尔的"国家理念"。所谓"理

---

① 《马克思恩格斯选集》（第二卷），中共中央马克思恩格斯列宁斯大林著作编译局编译，北京：人民出版社，1972年。

念"，就是可以实现而且应当实现的理想。到黑格尔的时期，欧洲组成许多各自独立的"民族国家"之势已成，从历史发展的必然性看，日耳曼民族也要走这条路，整个欧洲都要走这条路。黑格尔的理想境界有两层，首先是"国家化"，第二是绝对精神的世界化。他把"国家理念"分作三个层次：

（一）直接现实性，它是作为内部关系中的机体来说的个别国家——国家制度或国家法；

（二）它推移到个别国家对其他国家的关系——国际法；

（三）它是普遍理念，是作为类和作为对抗个别国家的绝对权力——这是精神，它在世界历史的过程中给自己以它的现实性。①

通俗地理解这三点，第一层（国家）和第二层（国际）是19世纪欧洲的普遍现实，第三层（世界历史）则是遥指未来，是黑格尔的精神世界的升华，相当于"世界大同"那样一种理想。黑格尔这个成系统的历史观与康德的历史理性批判有着承续的关系。康德所讲到的在"民族时期"的种种不可避免的矛盾、冲突等，都属于黑格尔"国家理念"中的第一层次（国家）和第二层次（国际）的内容。康德的所谓"普遍公民立法社会"，到了黑格尔则是第三层次的"普遍理念"，即到达"绝对自由状态"。现在我们暂且存而

---

① [德]黑格尔：《法哲学原理》，范扬、张企泰译，北京：商务印书馆，1961年。

▲ 黑格尔肖像

不论这第三层次的遥远未来，这第一、第二两层次确实存在于近代欧洲，而且延续到了今天。所以不惮絮烦，要多唠叨几句。

历史是国家的历史。黑格尔说，国家是民族精神的现实化，近代史尤其如此。所谓民族精神，就是一个民族"认识自己和希求自己的神物"①，把这种"神物"现实化，就是国家。黑格尔想要有一个自己民族的"国家"，这是他一生的政治情结；国家圣洁如同

① ［德］黑格尔：《法哲学原理》，范扬、张企泰译，北京：商务印书馆，1961年。

雅典女神，是他追求向往的道德化身。且看：

> 国家是伦理理念的现实——是作为显示出来的、自知的实体性意志的伦理精神……[1]
>
> 国家是绝对自在自为的理性东西。[2]
>
> 现代国家的本质在于，普遍物是特殊性的完全自由和私人福利相结合的，所以家庭和市民社会的利益必须集中于国家……[3]
>
> 在国家中，一切系于普遍性和特殊性的统一。[4]
>
> 人都具有这种信念：国家必须维持下去，只有在国家中特殊利益才能成立。[5]
>
> 国家是机体，这就是说，它是理念向它的各种差别的发展……这种机体就是政治制度。它永远导源于国家，而国家也通过它而保存着自己。[6]

这些颂歌般的语言，还可以摘出许多。黑格尔并不是凭空来的。他是唯心主义大家，但同时又是极为关注现实的人。他的依据便是日耳曼民族的古老历史以及19世纪的欧洲现实。日耳曼曾以"蛮夷"之族统治过几乎整个西欧和中欧，建立过号称"西方帝

---

[1] ［德］黑格尔：《法哲学原理》，范扬、张企泰译，北京：商务印书馆，1961年。
[2] ［德］黑格尔：《法哲学原理》，范扬、张企泰译，北京：商务印书馆，1961年。
[3] ［德］黑格尔：《法哲学原理》，范扬、张企泰译，北京：商务印书馆，1961年。
[4] ［德］黑格尔：《法哲学原理》，范扬、张企泰译，北京：商务印书馆，1961年。
[5] ［德］黑格尔：《法哲学原理》，范扬、张企泰译，北京：商务印书馆，1961年。
[6] ［德］黑格尔：《法哲学原理》，范扬、张企泰译，北京：商务印书馆，1961年。

国"的法兰克王国；但是神圣罗马帝国的实际情况却远不像它的名称那样肃穆而恢宏。普鲁士在同俄国人瓜分波兰时确曾有些咄咄逼人，在"反法联盟"中也是重要的一员，但是在拿破仑战争后的维也纳会议中却只是个次要的参加国，那气势和作用竟然赶不上战败了的法国。黑格尔的历史哲学包含着使黑格尔越来越难以忍受的矛盾：他奉日耳曼精神为"世界精神"的代表，理性的太阳从东方升起向西运行，在日耳曼上空达到了顶峰，然而日耳曼的实情却与此很不相称。《威斯特伐利亚和约》没有给日耳曼民族带来丝毫好处，它仍然四分五裂、一团混乱。黑格尔脑子里的德国和眼前的德国完全贴不到一起："德国同几乎所有欧洲国家一起，都是从同一状况开始发展的。法国、西班牙、英国、丹麦和瑞典，荷兰同匈牙利，都已发展成国家，并作为一个国家保存下来。波兰灭亡了。意大利内部分离，德国分裂成一群独立国。"① 所以，如果德国要摆脱意大利的命运，就"必须重新组织成一个国家"，建立起"在首脑领导下"的"国家政权力量"②。这个"首脑"在黑格尔那个时期只能是君主。问题是，德国是一个选侯制的帝国，各有野心，互相牵制，积重难返，在当时的条件下根本不存在突然成为一个统一国家的契机。所以"国家"在黑格尔还只是一种理念，一种哲学，然而这理念和哲学实是一种刻骨铭心的民族夙愿。黑格尔大声疾

---

① [德]黑格尔：《德国法制》。转引自[德]黑格尔：《黑格尔政治著作选》，薛华译，北京：商务印书馆，1981年。

② [德]黑格尔：《黑格尔政治著作选》，薛华译，北京：商务印书馆，1981年。

呼："国家必须享有最终决定的意志。"①

我可能征引过繁，这不是出自偏好，而是要借以表明，黑格尔的这些对国家的颂歌，反映的是近代欧洲的时代精神。黑格尔的思辨哲学一旦从天上降到地上，就反映了最现实主义的、急切和普遍的心声。英国和法国早已建成了国家，德国能不建成国家吗？"帝国"曾经辉煌过，但它加给日耳曼民族的历史包袱太重太重，在建设国家的问题上，德意志民族落后了。

神圣罗马帝国的彻底崩溃，为德意志的觉醒打开了通路，拿破仑大军曾使德意志民族受辱，但把"选帝侯"制的分散民族主义凝聚成为整个民族的民族主义了。费希特、黑格尔可以说是最出色的代表。当然，国家的统一不是靠哲学家来实现的。自"拿破仑战争"，普鲁士崛起了，然而诸侯群立的状况还需再延续半个世纪才统一起来。大家都知道，在第二次世界大战后，德国作为战败国又被人为地一分为二，直到19世纪后十年才统一成一个"国家"。

现在回过头来看，从马基雅维利、霍布斯到黑格尔，"利维坦"这个怪兽的巨大身影实实在在地已经成了欧洲近代史的普遍事物了。

欧洲东部：首先是民族解放

以上主要是就欧洲的西部"民族国家"形成的一般情况而言

---

① 黑格尔：《历史哲学讲演录》（英译本），伦敦乔治拜耳及子公司出版社，1894年。

的。欧洲东部的情况则大有不同。东欧之别于西欧，大而化之地说始自罗马帝国之分为东西，民族问题在东部要复杂得多。斯拉夫各族与拉丁各族相较，更加分散支离，也晚熟得多，从天然的民族建立成"民族国家"的进程更加多变而曲折。各民族历来受着拜占庭、阿拉伯、奥斯曼、俄罗斯等的统治和影响，当欧洲西部已进入文艺复兴时期，东方各族还在异族的控制之下。例如塞尔维亚族，在8世纪以前还不成其为组织得很好的民族，经常在强族的驱赶下东离西散，若干个世纪以来居无定所。这种历史烙印至今还清晰可见。克罗地亚、阿尔巴尼亚、马其顿等也大同小异。这个地区的民族在19世纪，甚至20世纪还没有自己的国家。即使在取得独立后，其自身的民族特性出于种种原因也没有得到充分发展，以致建立享有充分主权的民族国家的任务完成得未能像西欧那样彻底。从东欧这样的历史情况可以看出，各民族国家之间无论建立何种程度的"联盟"，都必须先经过各民族的独立国家的阶段。这个阶段是不能绕过的。马克思在批评"民主大斯拉夫主义"的所谓"联合"时说："一般地可以看出，这种使各族人民普遍联合起来的理论，并没有注意到各民族的历史情况和社会发展的程度，只想不管怎样把它们联合起来。"[①]因为，"……除波兰人、俄罗斯人以及（在最好的情况下）土耳其的斯拉夫人以外，任何一个斯拉夫族都没有前途，因为所有的斯拉夫人都不具备对它们的独立和生存力所非常

---

① 民族问题译丛编译室编译：《马克思、恩格斯关于殖民地及民族问题的论著》，北京：中央民族学院研究部，1956年。

必要的历史、地理、政治和工业的条件"。[1]马克思指出："从来没有过自己历史的部族，如果从它们达到文明的最初阶段即文明的最低阶段之时起，就陷于他族的统治之下，或是在他族的统治下被强拉到文明的最初阶段，这样的部族是不适于生存的，是决不能成为独立的部族的。"[2]20世纪下半叶在西欧出现的欧洲一体化进程之所以不可能先在东欧实现，主要原因之一便是东欧还没有普遍存在着名副其实的独立自主、主权完整的"民族国家"。这是东西欧因历史条件的不同而显现出的差异，到20世纪后半叶，它们又因分属两个对立的"阵营"而更加南辕北辙。东欧一些国家的民族自性更因"社会主义大家庭"的"国际主义"的约束而受到压制。所以在"社会主义阵营"和苏联解体后，东欧各族便如脱缰之马，民族感情一下子猛烈地释放出来，以致世人一度有不知其所止的印象，而巴尔干地区则重陷民族纠葛之中，其中前南斯拉夫地区的战乱频仍，民族冲突和仇恨成为无法排解的痼疾，俱是历史无法避免的。

　　"民族"在人类的文明史中是断断不可弃之不顾的观念形态和现实。极而言之，人类文明史就是民族的文明史。一个民族的群体意识和群体感情，具有深刻的政治属性。时下在某些特定场合下，"民族主义"每每被理解为一种贬义的概念，或被指为一种褊狭的、非理性的情绪。但是从文明史的视角看，民族主义存在于迄

---

①　民族问题译丛编译室编译：《马克思、恩格斯关于殖民地及民族问题的论著》，北京：中央民族学院研究部，1956年。

②　民族问题译丛编译室编译：《马克思、恩格斯关于殖民地及民族问题的论著》，北京：中央民族学院研究部，1956年。

今为止人类历史的相当长的时期里；可以说，人类自从进入文明阶段，就进入了"国族阶段"[①]。然而，"民族"发展为"国族"，在欧洲则是孕育于中古而形成于近世的事。

以上只是就"民族"、"国族"（国家）、"民族主义"等概念在欧洲文明史中的必然性这一面来说的，既然有"国家"，则不同形式、不同程度的"民族主义"便是不可避免的。这里并没有对民族主义问题做全面分析。时代日益前进，各民族在各方面的相互往来和相互依赖的程度越来越高，民族的界限越来越受到冲击，"民族主义"也应随之而发生变化，不会仍停留在某个历史阶段上。

---

① 康德认为人类历史分为三大段：野蛮时期、民族时期、"普遍立法的公民社会"时期。若把"民族时期"分为奴隶社会、封建社会和资本社会，则康德的历史观点是可以通向马克思主义关于社会发展史的"五种形态"的。最根本的不同是康德不赞成任何暴力革命。

第五章

『欧洲观念』
——近世欧洲政治文化特征之二

"欧洲观念"（Idea of Europe）的三个来源

"欧洲观念"何以会产生，来源有三：一是两希文化、基督教文明；二是因非欧洲文化（非基督教文明）对之形成的对照、对立和压力而增强起来的欧洲自我意识[①]；三是战争频仍，因渴望和平而寻求联合之道。在中世纪后期，特别在近代，由于"民族国家"日益成为欧洲的时代特征，"欧洲观念"的政治内涵便特别突出。

"欧洲观念"到19世纪中叶以后，由于各民族在各方面，首先在经济和科技领域里的相互往来和相互依赖越来越超越和冲破民族界限，成为普遍流行的理念，许多建立联盟性组织的主张在政要、知识阶层中提了出来。20世纪下半叶更产生了"欧洲观念"的第一个机制，即根据法国、西德、意大利、荷兰、比利时、卢森堡六国政府签订的《罗马条约》（1958）成立的煤钢、原子能和经济三个共同体，时称"小欧洲"。经过四十多年的演变和发展，最终发展为今日的"欧洲联盟"。

[①]　中世纪以来，欧洲经常与欧洲以外的民族发生冲突和战争。如十字军东征打到西亚，而阿拉伯、土耳其也经常打进欧洲，直至在一些时候占领或包围一些城市。这些冲突和战争使欧洲与非欧洲界限分明、立场对立，欧洲人因此增强了"我们是异于东方民族的欧洲人"的"自我意识"。

"欧洲观念"的这三方面来源，都在各个层面上以欧洲历史文化的同源性和"认同感"为人文背景。

圣皮埃尔关于"欧洲联盟"的构想和卢梭的评论

欧洲历史是一部战争史，进入近代，国家之间和王位继承战争以及争夺殖民地的战争连绵不断，于是有着对和平的向往。因此"永久和平"是一些思想家颇为关心的题目。"永久和平"本是一个神学色彩的向往，是只有在"天国"和坟墓里才会有的。思想家们赋以世俗新意，以示在战乱中对和平生活的憧憬，亦有觉其美好但在人世间不可能实现之寓意。因此，它只是一种理念。当时留有文字的，可举17世纪的法国作家圣皮埃尔（1658—1743）为例。他留下了一篇长文，就是《永久和平方案》。这篇长文的精神受到许多思想家的评论。同时期的莱布尼茨，后来的卢梭都有评论，及至康德、费希特等都延续了他所提出的"永久和平"的思想加以发挥。当人们提到"欧洲联盟"的思想史时，都不会忽视圣皮埃尔和他的这篇长文。

圣皮埃尔是出席西班牙王位继承战争结束后的乌特勒支和平会议的三位法国代表之一。圣皮埃尔神父，全名是查理·伊赖内·卡斯岱尔，生于圣皮埃尔教堂，故名。他从1712年开始写《给欧洲以永久和平的回忆录》，共三卷，前两卷题为《给欧洲以永久和平的方案》，第三卷题为《在基督教国家君主间建立永久和平的方案》。《永久和平方案》的详细节录曾收进《卢梭全集》，作为卢梭的《永久和平方案的判断》的附录。

圣皮埃尔在他的《永久和平方案》中提出了两个相互联系的思想：

首先是把"永久和平"当作一种崇高的理念。他说，欧洲人"最伟大、最瑰丽"的向往就是实现欧洲各民族间的"永久的和普遍的和平"，建立"一个恬静、和平的兄弟之间的社会，大家生活在恪守相同格言的永恒协和的气氛之中"。①

然而，要做到这一点是极其困难的，所以它只是一种美好的理想。他认为只有当所有国家只能凭纯粹的"理性"，而不是凭"冲动"相互对待时才有可能。

第二，圣皮埃尔认为，为了实现"永久和平"，就是要建立欧洲的"邦联政府"，所有参加邦联的欧洲国家，无论大小强弱，都服从这个邦联政府的法律。②

圣皮埃尔认为，结成这种联盟，需要在各个民族间找到共同利益、宗旨、风习和联系，"本此，欧洲各国都可以在它们之间建立某种体制，或通过同一宗教，或通过某项共同权益，或通过风习、语言、贸易把它们联结在一起。作为以上这一切的必然效益的某一种均势也可以把它们联结起来。这种均势，即使没有人把它保持下去，也不易像很多人想象的那样可以打破"。③他所说的"联盟"必须有两方面的基础：一是共同利益，用今天的话来说，就是互有需要，这是功利的、很实际的；二是共同的精神上的认同感，它不是功利的，但却比功利性的结合更有韧性，不像功利目的那样因时

① Rousseau. *Rousseau Oeuvres complètes*. H. Feret, 1819.

② Rousseau. *Rousseau Oeuvres complètes*. H. Feret, 1819.

③ Rousseau. *Rousseau Oeuvres complètes*. H. Feret, 1819.

代不同而有变化。圣皮埃尔以罗马帝国时期基督教与帝国的关系为例说，由于这种结合，"教廷和帝国便成为不同民族的社会纽带；这些民族即使毫无真正的共同利益、权利或从属关系，但是由于有相同的信条和思想，其影响甚至当原则已被摧毁时仍依旧存在。罗马帝国的古老幻影继续在其所属民族之间建立起某种联系"。①这种影响确实在欧洲一直传了下来，在国家利益对立，乃至兵戎相见、怒目而视的时候，"欧洲人还是欧洲人"！

把功利目的和欧洲人的文明认同感结合起来，圣皮埃尔把建立"联邦欧洲"的有利条件具体化为六点：

一、欧洲人分布比较平均，发展水平比较接近，各自所属的地区地理位置上比较密集；

二、欧洲水运发达，交通便利；

三、由于血缘的联系、贸易交往的频繁、文学艺术的传播、殖民地的开拓，各国君主的利益容易不断地交织融合；

四、人的流动、交往经常不断；

五、印刷术的发明和广泛流行使欧洲各地区的知识和思想不再受地区的限制；

六、生活上的多种需求使各地区人民越来越需要相互补充。

因此，圣皮埃尔认为：

把所有这些原因集合在一起，不仅仅可以把欧洲建成一个

---

① Rousseau. *Rousseau Oeuvres complètes*. H. Feret, 1819.

像亚洲或非洲那样的徒具其名的理想中的各民族的集体，而且可以建成一个实实在在的有自己的宗教、习俗、风尚乃至法律的社会，其中任何一个民族都不能脱离这个社会而不立即遇到困难。①

如果事情都按照理性的推理去发展，天下的事情就好办多了。但是，任何唯理论的或逻辑的推理，时常与非理性的、非逻辑的现实经验南辕北辙。圣皮埃尔眼前的现实，乃是持续的纷争、劫掠公行、巧取豪夺、战火连年、阴谋暗杀……是一堆无法调和的对立："漂亮的言辞与可怖的行径，如此甜蜜的宗教和如此血腥的褊狭，政治在书本里那样睿智而现实却那样严酷，如此仁慈的主上和如此不幸的人民，如此温和的政府和如此残酷的战争。"他于是慨叹："欧洲各民族的所谓手足之情妄有虚名，只是对它们相互仇视的讥讽而已。"②

所以，真正存在于欧洲各国之间的状况，是各民族国家间的战争状态，所有签署的条约与其说是为了实现和平，毋宁说只是战争间的"休战"。"各国间的接触点之多到了某些国家的任何一点点动作，都不免同另一些国家相互碰撞。"③理性终于不得不屈从于个人的利益，国家有大小强弱，国家的政治就是强权政治；这里没有道德的规范，只有直白的利害关系。崇尚理性的圣皮埃尔发现，当时欧洲的政治体制就包藏着战争的种子。例如，选帝侯其名、世袭制其实，君主国内有议会，共和国内有世袭诸侯，附属国只有表面上的有限自

① Rousseau. *Rousseau Oeuvres complètes*. H. Feret, 1819.

② Rousseau. *Rousseau Oeuvres complètes*. H. Feret, 1819.

③ Rousseau. *Rousseau Oeuvres complètes*. H. Feret, 1819.

由，同一政权统治下的人民不是由相同的法律来约束，同一君主统治下的各邦的王位继承问题经常引发冲突，等等。他喟叹道："这些都是把我们联结在一起然后又把我们毁掉的普遍、同时又很特殊的因素，使我们不得不以染有人血的手去写如此美丽的社会学说。"①

于是，圣皮埃尔对于当时的欧洲做了如下的描绘：

> 欧洲体制的真正支柱，部分地几乎一直是相互平衡的谈判术。然而欧洲体制还有另一根更坚固的支柱，即处于欧洲中心的日耳曼集团。它使欧洲各方都要尊重它的地位，甚至可以说它在维系它的邻国方面的作用比维系其自己的成员各邦的作用还要大些。它以其面积之广、人员之众和人民的素质而使外来人感到可怕；但是，由于它的建制剥夺了它进行征服的手段和意志，又对所有民族有好处，从而成为征服者的暗礁。不管帝国的建制有怎样的缺陷，但是可以肯定，只要它存在一天，欧洲的均势就一天不会打破，任何一位君主便都用不着担心会被另一个君主废黜，《威斯特伐利亚和约》就可能继续是在我们当中政治体制的基础。②

要了解近代欧洲，必须充分了解这个"日耳曼集团"的微妙的作用。所谓"日耳曼集团"，在当时就是10世纪成立的"神圣罗马帝国"，它背负着重建查理曼西方帝国的使命，却像一只伸张着

---

① Rousseau. *Rousseau Oeuvres complètes*. H. Feret, 1819.

② Rousseau. *Rousseau Oeuvres complètes*. H. Feret, 1819.

五指的手，捏不起一个拳头，直至1806年毁灭在拿破仑手里也没有建立起健全的统一国家。当欧洲已经迈进近代的门槛的时候，四分五裂的"日耳曼帝国"显得与时代非常不协调。"三十年战争"把欧洲带进民族国家时代，却确认了"日耳曼集团"这个既孱弱分散又相当庞大的名不副实的帝国。

圣皮埃尔的思想是矛盾的。因为照上面引的这段话来看，《威斯特伐利亚和约》不失为维系欧洲稳定的基础，但是17世纪的"神圣罗马帝国"早已支离破碎、病入膏肓了，因此，圣皮埃尔接下来便说：

> 但是，如果目前的体制（指威斯特伐利亚以后的体制）是不可动摇的，那本身就酝酿着更大的风暴，因为在欧洲各国之间存在着作用和反作用，而只要不消除这些作用和反作用，欧洲各国就会处在持续动荡之中，它们的努力就会像海浪一样时消时长，不断搅动着海面，却永远不会改变大海的水平线。于是，各国人民将无休止地感到沮丧，而君主们也无明显的利益可言。从欧洲各国宫廷的特殊利益，也可以得出同样的真理。因为可以很容易地看出，由于这些特殊利益是相互交织的，因此各方力量都不得不相互尊重。但是由于都要扩大贸易和多赚钱，就会产生一种政治上的偏执狂，致使君主们朝秦暮楚，谁也无法辨认什么是君主建立在真正利益上的稳定政策。因为现在一切都需取决于大臣们脑子里想出来的经济举措——其中大部分常是稀奇古怪的。总之，不管在什么情况下，逐日趋于

均衡发展的贸易，终于要剥夺一些国家取得的既得利益，同时也就剥夺了它们对别人发号施令的手段。[1]

一般的历史书叙述历史是后人写出的，圣皮埃尔写的是当代史，是"临场观察"的印象。圣皮埃尔从法国的立场出发，提出只有国家间平分了实力，才打不起仗来。他提出的"永久和平方案"就是要按照"实力平分"的原则把欧洲建成一个"牢固的和持久的邦联"，"邦联"中各成员相互依存，任何成员都不能单独地同其他成员作对；而且"邦联"必须包括所有欧洲国家，谁也不能拒绝加入。这样的"欧洲联邦"应该恪守五条通则：

第一，各国由君主缔约，结成永久性的和不允许废弃的联盟，委派特命全权大臣建立议会或常设代表会议；成员国的纠纷都在这里通过仲裁或评判加以解决。

第二，确定哪些国君应派有特命全权大臣，并决定议事的程序和轮执主席的方式、分摊经费的份额和动用公款的手续。

第三，"邦联"应保证每个成员国按现状治理自己的国家，其王位继承方式，或选侯制，或世袭制，均依各国惯例。

第四，任何成员如有违约行为，将受到全欧洲的审判，并被视为欧洲的公敌；如有拒绝执行邦联命令者，或擅自进行战争准备、违反邦联条约、对其他国家使用武力者，都将受到审判。对于受到全欧审判的国家，其他国家应以武力迫使这个国家放下武器，直至

---

[1] Rousseau. *Rousseau Oeuvres complètes*. H. Feret, 1819.

它执行议会的决定，纠正错误，偿还用费，不再进行战争的准备。

第五，特命全权大臣有权根据各自君主的圣谕在议会中制定他们认为对于各成员国有利的条款，但是这些条款必须不违背五条通则的基本内容，并需要成员国一致赞成。①

圣皮埃尔的方案虽然是"纸上谈兵"，但却是最早的、具有国际法性质的联盟条约的设想，它既消灭不了强权政治，也消灭不了各国的利益和冲突。他对自己的方案做了这样一番评论：

> 无疑，这并不是说国君们一定会采纳这个方案（谁能够猜得透别人的思想呢？），只是说，如果他们认真考虑自己的真正利益所在，他们就应该采纳。而且应该看到，我们丝毫不曾把人看作善良的、慷慨的、无私的和本着人性而挚爱公益的；而是把他们看作不公的、贪心的和嗜利胜于一切的。唯一向他们提出的事情，就是凭相当多的理智去发觉怎样做是对他们有用的，并且凭相当大的勇气去创造自己的幸福。例如，无论怎样说，这个方案就是实行不了，那也不是因为方案虚幻不实，而是因为人不够清醒，等于是妄想在疯人中充当圣者而已。②

圣皮埃尔"方案"的历史意义，在于它具有普遍性。他提出的是欧洲政治哲学中的一个"永恒问题"，至少是近代欧洲以来的普

① Rousseau. *Rousseau Oeuvres complètes*. H. Feret, 1819.

② Rousseau. *Rousseau Oeuvres complètes*. H. Feret, 1819.

遍问题。这里包含了至少三个贯穿在欧洲近代史中的问题：民族国家和国家联盟的关系；拟议中的联盟内部规则问题；最后，也是提高到哲学层面上的道德（理性，以及圣皮埃尔所说的人性）和政治的关系，或理论与实践的关系。

圣皮埃尔的"方案"传开以后，第一个做出反应的是德国哲学家莱布尼茨（1646—1716）。圣皮埃尔的"方案"成于1712年，莱布尼茨在一封通信中很快做了评论，后来莱布尼茨还亲自给圣皮埃尔写了一封恭维有加的信，并在死前一年写了两篇评述文章（1715）。圣皮埃尔反映的是咄咄逼人的统一的法兰西的声音，莱布尼茨则站在分崩离析的"日耳曼集团"里的选帝侯或扩大来说是帝国皇帝这一边。这两个人的文章都是重要的历史文献。他们从各自的立场反映出17世纪的民族国家在欧洲，特别是在德意志民族形成过程中的情况。圣皮埃尔和莱布尼茨都是从"三十年战争"的经验来探讨和平问题的，都是要通过某种"联盟"的形式探求和平的道路，也都把目光放在日耳曼的前途上。这是他们的共同点。但是不同的是，圣皮埃尔的方案是以法国为"联盟"盟主，像法王亨利四世在"三十年战争"中所提出的，在这个"联盟"里，"神圣罗马帝国"的各邦都各自作为独立的一员加入"联盟"，这当然就意味着"神圣罗马帝国"解体。莱布尼茨承认法国是当时最强大的国家，但是认为"神圣罗马帝国"应当保留，整个"帝国"作为一个成员加入"联盟"。莱布尼茨没有明说，实际上是说只有一个统一的德帝国才能和法国抗衡。莱布尼茨说，这样的"欧洲联盟"需由像亨利四世那样富有权威性的君主和"另一"具有相同权威性的君主来共同提出。这意思是很明白的了。[①]

在17世纪,(特别是针对"三十年战争")提出的各种联盟的方案还有许多(例如,法王亨利四世在1611—1635年提出的"欧洲联盟"计划;埃默里克·德·克鲁塞在1623年提出的建立"欧洲联盟法院"的计划等),最具代表性也最完整的是圣皮埃尔的"永久和平方案"。这些"联盟"方案,包括莱布尼茨的评论,说明了17世纪的一个重要的事实,即"民族国家"正在以不可遏制的势头成长着。所谓的"联盟"的思想是因民族国家势头不可逆转而发的,与今天的所谓"超国家、超主权"的邦联主义或联邦主义等,都不是一回事。

"联盟"的思想到18世纪先后为让－雅克·卢梭(1712—1778)和伊曼努尔·康德(1724—1804)所承接而大大加以发挥或评论。

卢梭在《永久和平方案的判断》中虽然认为圣皮埃尔的方案

▲ 1753年的让－雅克·卢梭,莫里斯·康坦·德·拉图尔绘

[①] 莱布尼茨青年时学习法学和政治学,一生中写了不少政治论文。对圣皮埃尔"方案"的评论是他生前最后的著述之一。莱布尼茨的政治哲学主要之点有二:一是维护欧洲在基督教文明基础上的"统一",所谓"基督教共和国";二是维护"神圣罗马帝国"的完整性,以防御来自法国的压力。莱布尼茨在这些著作里详细地叙述了"神圣罗马帝国"各邦君主和议会的情况以及帝国皇帝与各邦的关系,反映了德意志各邦趋向独立的态势。这些论文是了解德国国家形态极为有用的文献。详见帕特里克·里莱编译的《莱布尼茨政治论文选》。

是好的，但同时指出这个方案是不可能实现的。

卢梭认为，任何一个君主或者执行君主旨意的官员都负有两大职能：对外不断扩大统治，对内不断巩固统治。所谓公共福利、臣民的幸福、民族的荣光等，统统不过是为这两大职能服务的。所以一个君主正在做的和将要做的，或是"战争与征服"，或是"加强专制政治"，这两种职能是相互支持的。国君总是对外以外国为对手，对内以自己的臣民为对手。所以，国君之间如果发生了纠纷，绝不肯诉诸某种高一级的法庭，因为无论多么严厉的法律也从来不能使君主心甘情愿地屈就。任何一个国君都要根据需要使用武力和结盟手段。"如果他相当强大，他就依仗自己的武力；如果他相当弱小，他就要依靠与别国的联盟。"这就是说，任何联盟，包括圣皮埃尔的"邦联主义"，都首先为了自身的利益；一国的国君要做两件事：建立统治和增加财富。建立统治是为了增加财富，增加财富是为了巩固统治。有时他不得不牺牲两者之一，以便取得所缺少的那一个，但这样做最终仍是把两样（统治和财富）都抓到手。"为了要当人和物的主人，他同时既需要帝国又需要钱。"人民可能弄不懂，既然永久和平的方案那么好，而且又有实现的可能，为什么君主们还要没完没了地打仗呢？那是因为，"永久和平"与他们眼下的特殊利益有矛盾；如果实现了"永久和平"，也许他们会损失掉既得的利益。①

卢梭的这些意见与他的人民主权的共和思想是有联系的。所以

---

① Rousseau. *Rousseau Oeuvres complètes*. H. Feret, 1819.

要实行圣皮埃尔的方案，先需有一个前提条件，那就是各国的人民主权得到充分体现。因为如果人民没有决定战争与和平的权力，一切听由君主决定，圣皮埃尔的方案就不可能实行。于是，卢梭对圣皮埃尔的方案说了一段语含讥讽的话：

> 不要像圣皮埃尔那样以为，凭着任何君主和臣属都永远不可能有的善良愿望，就能够找到有利于实行这种体制（指邦联）的时机，以为那时单个利益的总和超不过共同利益，于是，每个人都可以在大家的福利中看到他希望取得的最大利益。要做到这一点需要把头脑里的智慧和利益结合起来。但是，谁也不该奢望，忽然有一天由于一切条件具备而轻而易举地在达成（建立邦联的）协议。如果达不成协议，那就只好仍求助于武力。到那时，再也谈不上说服，而只有压服了；再不必写什么书，而是厉兵秣马了。①

> 因此，尽管方案十分贤明，实行的方法却使人感到作者的简单化。他好心好意地设想，只要召开一个代表会议，建议写上几条，然后大家签字就万事大吉了。须知在这位老好人的全部方案里，那些东西如真能实现，是会有效果的。但是，那些实行的办法，却只不过是他像孩子一样地想出来的而已。②

---

① Rousseau. *Rousseau Oeuvres complètes*. H. Feret, 1819.

② Rousseau. *Rousseau Oeuvres complètes*. H. Feret, 1819.

卢梭比圣皮埃尔多了一个"人民的意志"。卢梭是把人民同君主划分开的，这是卢梭的民主主义因素，也是启蒙时代的一个精神特点。要打仗的是君主，而不是人民，所以只有人民享有主权，才会有和平。后来康德也认为只有实行"共和体制"的国家才会有和平，因为人民是不要战争的。今天西方有些人主张"民主和平论"，说实行"民主制度"的国家之间不会发生战争。他们的理论根据可以在卢梭和康德那里找到，但是事实远不像纯逻辑推理那样简单；而且按照事实去推理，有时甚至会令人觉得纯逻辑推理只不过是文字游戏。

卢梭特意剖析了圣皮埃尔用过的法王亨利四世和他的财政大臣苏利公爵的"宏伟计划"。这个计划说不上是"邦联主义"的计划，它无非是一项法国的策略。当时正是德意志、西班牙、法国、奥地利、荷兰、北欧等战乱一团、难解难分的时候。苏利公爵两次奉使到英国，因为英法都需要对付西班牙，瑞典梦想重温过去的盛世也插上了一手，意大利要求摆脱奥地利的控制，荷兰要摆脱西班牙的控制，法国则要在既同西班牙又要同奥地利争雄的局势中捞取利益，英国则依靠不列颠海上的有利地位参与大陆上的角逐。这时的任何"联盟"，包括法王亨利四世的"欧洲联盟"的方案，只能是促进国家分立的"联盟"，说到底是为了给法国取得欧洲霸权赢得活动地盘，何尝有一丝为了欧洲的"永久和平"而结成联盟的想法呢？

在各国特殊利益如此对立的情况下，邦联式的计划当然只能是乌托邦。卢梭的结论是："永久和平的议论在当前无疑只能是无稽之谈……让我们赞赏这项如此美妙的计划吧，但是我们却因其不能实行而窃自庆幸，因为，它只能通过猛烈的，并对人类是很可怕的办法才能实现。"[1] 为什么呢？卢梭在文章的结尾处说：

> 除非发生大变革，看不出邦联式的同盟能够建立；准此，谁敢说这种欧洲联盟是福还是祸呢？它一下子招致的祸害也许几个世纪都避免不了。[2]

圣皮埃尔并不是没有意识到卢梭所看到的问题，但是他远没有那么尖锐地提出问题，他较多地是本着基督教徒的虔诚宁可把事情想得如意一些。他的理性一半是逻辑的，一半是基督教的善心。卢梭的理性则是批判的，对欧洲当时的社会不留情面。例如，他针对波兰被瓜分的命运对波兰人说，"只要在波兰还留有哪怕是一个俄国士兵，你就永远不会是自由的""只要俄国继续干涉你们的事务，你们就永远有丧失自由的危险"。[3] 卢梭根本不相信条约和结盟在那时能够保证国家的安全，因为：

> 所有这些东西对于基督教国家都是没有用处的：它们除自身利益之外不受任何约束；当它们认为承担义务符合自己的利益，它们就去承担义务，而当违背义务是符合自己利益时，它

[1] Rousseau. *Rousseau Oeuvres complètes*. H. Feret, 1819.
[2] Rousseau. *Rousseau Oeuvres complètes*. H. Feret, 1819.
[3] 卢梭：《波兰政府论》（英译本），纽约博希斯-麦里尔出版社，第110—111页。

们也不惜去违背这些义务；不管是不是承担义务，你都可以过得挺好。①

所以，他说："既不要对你们的盟友，也不要对你们的邻国有任何信心。"②卢梭是应波兰国王的要求写这本小册子《波兰政府论》的。在卢梭的思想里不乏理想主义，但是对于当时欧洲社会的观点可谓清澈见底。

写到这里，我想一定有人要问：为什么要长篇大论地讨论与所谓"欧洲观念"没有明显关系的问题呢？看上去圣皮埃尔神父也好，与圣皮埃尔视角不同的卢梭也好，都是接着"民族国家"讲的，与"欧洲观念"何干？岂不是"文不对题"吗？不过要注意一点：前一章讲的是"民族国家"到中世纪中晚期已是欧洲的"普遍现实"，所举马基雅维利、霍布斯以及后来的黑格尔等人的论说，都是以"民族国家"的形成为根据的。而"欧洲观念"是存在于人的意念之中的，但它不是谁拍拍脑袋想出来的，它毋宁是"民族国家"的另一面。"民族国家"之间经年兵戈相见，人民是受害者，寻求和平的办法，与时人之所愿必是相应的。圣皮埃尔既是天主教神父，又亲历了战争，其体会是很自然的。他把想法很系统地写出来，可以说是第一份有理想、有理论，也有实现这些理想的十分具体的"方案"，而且把实现这方案的困难都写到了。我以为可以代

① 卢梭：《波兰政府论》（英译本），纽约博希斯－麦里尔出版社，第111页。

② 卢梭：《波兰政府论》（英译本），纽约博希斯－麦里尔出版社，第111—112页。

表时人的一般思路；不同的是普通人没有能力写出来，而这正是学者之所能。下面的叙述（康德的政治哲学和"欧洲观念"在19世纪以后的发展）都可以在圣皮埃尔的理想主义中找到影子，甚至有些用语都可寻到源头。现在很少有人注意到圣皮埃尔对后世的影响，所以特为表出之。

至于卢梭，他是从现实来反证圣皮埃尔之理想主义的。他们二人各自代表了同一问题的"正""反"两面。了解欧洲，这两面都需要了解。

康德的历史哲学

在康德的政治哲学中，可以发现既有圣皮埃尔的影子，也有卢梭的影子。他在晚年写的《永久和平论——一个哲学方案》（简称《永久和平论》）（1795）中有些内容显然来自圣皮埃尔。不过，康德在视界上和思想的深度上是圣皮埃尔所不能比的。他把圣皮埃尔和卢梭提出的主题同他的哲学观点结合起来，并且深入开掘了这个问题所必然涉及的若干二律背反问题。无论康德的意见是否可取，这些二律背反的问题直到今天仍在被讨论着。事实上，圣皮埃尔和康德的这些著作，可以说是最早的国际政治理论。康德在完成"三大批判"之外，集中精力考虑"人是什么"这个人类学问题，特别是到了晚年，他把一生中对"三大批判"的思考都归结到"人是什么"这个廓然的问题里。"永久和平"问题在康德看来既是人类社会发展中的问题，又是实践理性的终极目标。然而要达到这个终极目标，必须经过漫长曲折的历程。康德的法哲学的出发点是尊重人，但是康德时代的"人"是分成国家的人，理想主义的康德回避不了眼前的现实。《永久和平论》的"正文"绝大部分都是讲怎样处理国与国的纷争、冲突和战争，怎样维持国与国间和平相处的关系之类的很具体的建议，如"任何国家均不得以武力干涉其他国家的体制和政权""任何国家在与其他国家作战时，均不得采取在未来和平中使双方的互相信任成为不可能的那类敌对行动"，等等；好像是为一项"和平条约"设计的条款，康德称之为"禁令性的法律"。这些"条款"犹如出自国家机构的参谋班子草拟的条约草案，但是康德加上的"副标题"却是"一个哲学方案"。康德当然不是在起草"外交文件"，这些条款性的文字只是

▲ 康德与初版《纯粹理性批判》扉页

康德针对眼下的国家冲突的"权宜之计"，是康德所处时代的写照。康德一生足不出乡里，但他脱离不了社会，脱离不了他生活的时代，脱离不了理想与现实的矛盾。康德的这些晚年的著作具有特殊的光彩，是对人类前景的沉思，所以有人把他晚年这组文字称作"第四批判"，与《纯粹理性批判》《实践理性批判》《判断力批判》并列。常见有关欧洲一体化的著作或文章提到康德。我想应该对康德的这些观点做一个比较完整的介绍。我认为，康德这部分文字应该受到与"三大批判"同等的重视。特别是对国际关系理论有兴趣的人更应认真地、反复地读；不因其有些地方难读而轻易废弃。

康德在人类社会发展问题上是"合目的论"者。所谓"永久和平"，17世纪以前的哲学家们多视为"天国"里的事，康德的道德形而上学则认为"实践理性"终会通向"永久和平"。"永久和平"在康德那里就是"道德律令"成为必然的那种人类社会。然而，"永久和平"必定要经过一个十分长期的极不和平的阶段，康德所生活的时代就属于这"极不和平"的阶段。康德的"合目的论"简单说来就是：人类社会必然是从低向高发展的，即从纯粹的动物状态到野蛮状态，再由野蛮状态发展到文明的民族国家状态，最后由民族国家状态进入"普遍立法的公民社会"，即"世界大同"。这个"合目的论"的历史观也可以叫作"世界主义的历史观"。

康德的"合目的论"历史观可以用他本人的一句话作眼："一个创造物的全部天然能力都注定要或早或迟达到完全地符合其最

终目标的发展。"①这里的"创造物"就是人类，不是单个的"个人"，不是"殊相"；而且说的是人类社会历史总的发展趋势——"从低到高""从坏到好"的"进展"。既然是人类社会发展的进程，那就不是说某一个确定的时期，而是连绵不断的延续进程，历史绝不停滞在哪一个阶段的静止状态：

> ……第一，（人类的）上几代人似乎只是为了下几代人才去从事辛勤的劳作的，以便为他们准备一个新的阶段，使他们能够把自己所选择的结构向更高的水平发展；第二，也只有下几代人才会有居住这个大厦的好运，他们的全部先人曾为此付出劳动（诚然没有丝毫自觉的意图），而自己却未能享用自己正准备的一切。②

康德所说的人类的"天然能力"，就是理性的能力。这种"理性的能力"是积极的、创造性的，不仅仅是"本能"的。一般的动物有其"本能"，如饿了要吃、渴了要喝；人之所以异于禽兽者在于他有"理性"。那就是除了要生存的生理"本能"之外，还要生活得越来越好，要凭自己的主动性和理智去开辟道路、创造财富、追求幸福。有人批评康德的"合目的论"是宿命论的。这样的批评送给17世纪的某些哲学家（如莱布尼茨）倒还是可以的，送给康

---

①   Immanuel Kant. *Kant: political writings*. Reiss, Hans Siegbert. Cambridge University Press, 1971.

②   Immanuel Kant. *Kant: political writings*. Reiss, Hans Siegbert. Cambridge University Press, 1971.

德就不恰当了。康德开启的18世纪哲学与17世纪哲学最大的不同点，就是它把人类社会的发展看成是合乎规律的进程，而不论其原因可能十分隐蔽，同时又看重人的主动因素，能把隐藏着的理性力量挖掘出来。"理性的世界"必定会到来，但是它不会自然而然地到来，不是凭"本能"的机械运动就可以的，而是要经过人类的不断努力，理性才会像"道德律令"那样为人类社会所自觉接受，而没有丝毫勉强。因为在康德看来，"道德律令"像自然规律一样，将逻辑地实现自己的目标。

康德对人类历史的研究，思想源泉是他的"批判哲学"。但是他的历史研究与"批判哲学"的对象不同：前者研究的对象是人类社会的走向；后者研究的对象是人的认识规律。

康德的历史研究必须面对理性问题的一个大悖论，即人类总体的理性目的与每日每时充斥在这个世界上的非理性现实之间的关系。也就是怎样理解与人类进入文明阶段以来同步而来的各种矛盾、冲突和对抗。在这个问题上，康德和摩瑟斯·门德尔松（1729—1786）有过一次争论。门德尔松认为，个人是有理性的，但是，就人类的总体而言，则往往是无理性的，总是前进了又退回来。康德的看法正好相反，人类总体上是理性的，非理性的东西虽然是大量的，但最终盖不过总体的理性。康德批评门德尔松很像西西弗斯，不停顿地把石头堆上山，却让石头一个一个地滚下来，终于把自己埋在自己堆积的石头堆里了。康德认为，"既然人类在文化方面，作为其本身的自然目的而言，是在不断前进的，那么也就可以想象他们在自身存在的道德目的方面也在朝着改善前进，而且这一点尽管时而被打断，但却不会断绝"。①

这里所说的"时而被打断"者，就是说人类社会在从低向高发展的过程中，不可避免地会发生违背社会发展规律的曲折和倒退——康德统称为"对抗"。所谓"对抗"，就是人类在走向"普遍立法的公民社会"的进程当中时时遇到的阻力，阻力之大甚至可能使社会前进了又后退。为什么会发生"对抗"呢？康德说是因为人在群居中有"社会性"，所以能相互合作；但人与人又经常是相互排斥的，所以人又是"非社会性的"或"反社会性的"，因此不可避免要发生"对抗"。但是，从人类社会发展的长远观点来看，社会内部的"对抗"又是社会发展的推动力。到此为止，康德讲的都是人类社会的内在矛盾，是贯穿在人类进入文明阶段以来的漫长的"民族时期"的。这是康德眼中的"社会发展史"。同时，他把这一切都看作"自然"所主宰的，似乎一切社会矛盾和矛盾的解决，都是"自然"所决定的。"自然"明明知道人类的利益所在，却偏偏要制造出许多不和，然后再引导人类在充满"对抗"的社会中争取"和谐"。人类是要和平的，但不可能避免"对抗"（战争）；通过"对抗"（战争）达到"和谐"（"永久和平"）是"自然"所决定的必由之路。②

人类通过"非社会性"达到"社会性"，通过"对抗"达到"和谐"，反映了康德的辩证观点。例如，人类是要自由的，这是人的最高人生目标，但是，人类滥用自由的事又每时都在发生，人

---

①　Immanuel Kant. *Kant: political writings*. Reiss, Hans Siegbert. Cambridge University Press, 1971.

②　Immanuel Kant. *Kant: political writings*. Reiss, Hans Siegbert. Cambridge University Press, 1971.

的那种"自我探求"的动物本性，常常会使人做出非理性的事，所以人虽是理性动物，但是还要以法（理性）去制止自由的滥用。康德的"批判哲学"，从逻辑上解决了从纯粹的理性到实践理性的历程；在社会问题上，对于从"对抗"怎样通向"和谐"，康德却显得难以自圆其说。康德所憧憬的"普遍立法的公民社会"实在远在天边，可望而不可即，哲学家的思想再驰骋翱翔，也难以越出每日可见的现实：

> 战争、紧张而持续的武力准备以及每个国家因而受到的损害，是每个国家甚至在和平时期都会感受到的。这些都是自然诱使各个民族进行各种努力的手段。它们的努力开始时是不完善的，然而在经历许多摧残、动乱，直至把自己的实力耗尽之后，终于会采取理性原则向它们提出的步骤，扬弃无法无天的野蛮状态，进入每个国家（包括最小的国家）都可望得到安全与权利的各民族联邦的阶段。这种安全与权利并不是靠一国的力量或法律得来的，而完全是从这个庞大的联邦，即从一种联合起来的权力和一种联合起来的意志所作的法治决定得来的。这看来纯属非非之想，圣皮埃尔和卢梭提出时也曾被讥为无稽之谈（或者是因为他们竟以为这种想法的实现是指日可期的），但是，这却是人类把自己卷进苦境后的唯一的、不可避免的出路。①

---

① Immanuel Kant. *Kant: political writings*. Reiss, Hans Siegbert. Cambridge University Press, 1971.

这样的"出路"还不是康德所向往的最高目标，而只是一种国家间的"新关系"。国家间的关系不是一劳永逸的，每次战争都使这种关系发生变化，"通过由实体的破坏或起码是解体而建立新的实体"。①

《永久和平论》写于1795年，可以说是"三十年战争"以来的两个世纪的总结。在这期间，战争不断，国家间的关系也不断变化。为了寻求欧洲和平、避免战争，康德提出了缔结和约、裁减军备、互相尊重权利等具体建议，其主要精神直到今天仍在援用。当然更加重要的是，康德在这本书里进一步阐发了从他所谓的民族时期走向"永久和平"的世界主义历史观。

康德认为，人是生而好战的，初民时期的野蛮人为了生存要自卫、要攻击别人；有了国家以后，保卫自己、攻击别人在国家之间依然是一条通则。所以国家存在一天，就谈不上什么"永久和平"。但是康德又认为人性有善的一面，哲学家的职责在于播扬人性善的一面，依靠反映自然规律的理性，超越"实践的政治家"在国家问题上的经验局限，把目光投向"那种甜蜜的梦"（即"永久和平"）。

国家的观念与"永久和平"几乎是不相容的。从实践到理论都不能得出相反的结论来。既然如此，和平便必须由人来"建立"，而不会自行到来。怎样"建立"呢？康德构想了在国家存在的条件下的三个层次的"和平"方案。

第一，处理眼前的国家之间的争端和冲突，通过有关国家签订

---

① Immanuel Kant. *Kant: political writings*. Reiss, Hans Siegbert. Cambridge University Press, 1971.

"和平条约"来处理。这只是权宜之计,这样的条约只能起约束国家行为的作用,不能从根本上保证不再发生战争。这样的"和平条约"时常只能是准备"再战"的临时"休战"的条约。[①]

第二,欧洲各国都实行"共和体制",共和主义的来源是人的"权利观念",即所谓"人民主权"。在共和体制下的国家,决定是否打仗的是人民,而人民是不要战争的。在非共和体制下的国家,人民不能主宰国家的命运,战争无损于统治者本人,所以他可以因微不足道的理由而轻率地发动战争。如果各国都实行共和宪政,国家的行为就必须受"法"的约束。(在前几年,国际上曾出现了一阵"民主和平论",意思是说实行西方民主制度的国家之间不会发生战争。在国内研究国际关系理论的圈子里也就这个问题热闹了一阵。但我几乎看不到谁援引过康德的这个论点。)康德的所谓"共和制"是君主立宪的共和制,这样的"共和体制"必须符合三个条件:

1.人类社会成员的自由原则;

2.作为臣民,全体服从公共法律的原则;

3.作为公民,社会平等的原则。[②]

这几条原则带有很明显的卢梭色彩,康德把"社会契约论"用在了国与国的关系上。如果欧洲各国都实现了这样的"共和体制",和平方案的第三个层次,即所谓"各民族的联邦"也就水到

---

① Immanuel Kant. *Perpetual Peace: A Philosophical Sketch*. The Macmillan Company, 1917.

② Immanuel Kant. *Perpetual Peace: A Philosophical Sketch*. The Macmillan Company, 1917.

渠成了。

第三，欧洲各国在"共和体制"的基础上联合为"联邦"，并且缔结一劳永逸地结束战争的"和平盟约"。下一步就该是由欧洲联邦扩大为世界政府了。"这样的联盟目的不在于为某个国家取得哪一种权利，它的目的完全是既维护某个国家，也维持其同盟国家的安全和自由。""把这种联邦理想逐渐扩大到包容所有国家并且引向永久和平"是"有实现的可能性或客观现实性的"。"经过多种不同的联合，这种联邦就会渐进地愈来愈扩大范围"。[1]

以上三个层次的方案，都是按照逻辑推理在国家分立时期的"和平方案"，从逻辑上看没有什么不能实行的。顺着这样的逻辑继续想下去，康德得出如下看法：

> 地球上各民族间日益频繁的、相当密切的来往，现在已经扩展到这样大的规模，以至只要世界上一个地区发生了违反（别人）权利的事情，全世界就都会感觉到。所以，某种世界主义权利的观念并不是不着边际的奇想，而是宪法和国际法的尚未成文的补充，这对维护人类的公共权益是必要的，因而对实现永恒和平也是必要的。因为，只有奋力完成这种世界主义法律所提供的条件，我们才能自夸：我们正在渐进地接近那个理想。[2]

---

[1] Immanuel Kant. *Perpetual Peace: A Philosophical Sketch*. The Macmillan Company, 1917.

[2] Immanuel Kant. *Perpetual Peace: A Philosophical Sketch*. The Macmillan Company, 1917.

　　由于康德的历史观——从人类低级社会"合目的"地到高级社会——只是一种纯粹理性的推理，所以是非常理想主义的。再者，从"联邦"阶段怎样过渡到"永久和平"的境界，还属于不可知的问题。因此，康德的思想虽然比起17世纪的哲学家们在很大程度上走出了神学的藩篱，但是经过了尽可能缜密的哲学考察，仍然只是停留在概念上，最后仍然不能避免求告上帝。像纯粹哲学的二元论一样，康德的政治哲学同样也是二元论的。现在把康德的观点归纳为以下几点：

　　——人类是群居的，这决定了人是"社会性"的动物；但是人类又具有违反"群居性"的"非社会性"。

　　——人类在总体上是遵从"自然法则"即"理性法则"的。人类从发展的整体过程看，是符合"道德的法则"的，即总体的"道德律令"和个体的"意志自律性"是融为一体的；在康德的"知性世界"里存在着一种符合自然规律必然性的"定言命令"。但是，人同时又是属于"感觉世界"的成员，他在经验中总要按照自己的"希望"或"欲求"去行事（去追求"幸福"），所以，"道德"对于个体便具有"律令""命令"的性质。康德的"实践理性"的二律背反是他历史观的二律背反的哲学基础。①

————————

① 康德说："我们纵然极其严格地遵行道德法则，也不能因此就期望，幸福与德性能够在尘世上必然地结合起来，合乎我们所谓至善。"同时又指出："实践理性虽然这样在表面上自相冲突起来，可是至善仍然是道德所决定的意志的必然；而最高的目的，是这个理性的真正对象。"（[德]康德：《实践理性批判》，关文运译，北京：商务印书馆，1960年。）
　　康德还说："总而言之，在必须承认自己是一个属于感觉世界的东西的同时，我认为自己是理性的主体，这理性在自由观念中包含着知性世界的规定。所以，我必须把知性世界的规律看作对我的命令，把按照这种原则而行动，看作自己的责任。"（[德]康德：《道德形而上学原理》，苗力田译，上海：上海人民出版社，1986年。）

——应该承认"权利"的天然合理性,例如生存的权利、自卫的权利等。但是在维护一己的权利的时候,又有时侵犯了他人的权利,从而引起冲突。正义与权利本不应该互相排斥,然而在经验中却可能是相互矛盾的。推而及于国家间的关系,则任何一国、任何一个地区都在为争取自己的"权利"而损害别国、别地区的"权利",于是在学理上的"权利"的正当性在现实中便可能"无影无踪",或者成为"空洞而不切实际的理想"了。[1]

——政治和道德最终都是理性的,政治应该体现至善,与道德一致,但在现实中却往往不能两全(就像"幸福"与"德性"往往不能两全一样)。道德要尊重人的权利,只有权利得到尊重,才会有道德和正义;对人的权利的侵犯,便是不道德、非正义的行为。但是,政治又必须维护和体现一定的利益,如个人的利益、民族的利益等。在这种情况下,政治便不一定是道德的。反过来说,如果只顾道德标准,则又很可能使代表利益的政治标准受到损害。康德的困惑和矛盾是:政治的职能不可少,谁也不能坐视利益受损,但是,道德又必须是政治的基础。[2]

——人类社会发展的总趋势是从"恶"向"善"演变,但是人们每日每时所闻所见多是"恶"。康德说:"比起人类想要达到的较好境况来,现在生活在其中的境况一直是一种'恶';无止境地向最高目标渐进的观念一直同时是我们的远景,不过这期间是无尽

---

[1] Immanuel Kant. *Perpetual Peace: A Philosophical Sketch*. The Macmillan Company, 1917.

[2] Immanuel Kant. *Perpetual Peace: A Philosophical Sketch*. The Macmillan Company, 1917.

头的罪恶，即便'恶'真的被更重的'善'所超过，也还不允许
'善'占据上风；因此，人类只能这样去想：这最高的目标总有一
天会达到的。"①对于人类社会究竟能否转向"善"、克服"恶"，
康德显然不能肯定。

正像他在批判哲学中摆脱不了"二律背反"一样，康德的世
界主义历史观也同样避免不了"二律背反"。简单说来，就是"理
想"与"现实"的矛盾。

为了解决这个几乎是人世间的"永恒主题"，康德幻想找到一
种可以使方圆能周、异道相安的超越力量。这种"超越力量"最终
就是先于人，也超于人的上帝。康德为自己缜密的哲学留出一个
"保底"的"彼岸"，用以消解无法解脱的"二律背反"。于是，
人在自己的道德行为中，"可以体会到上帝的存在、灵魂不灭和意
志自由，这些都是属于本相的"。②"理性"是领会"自然"和"天
意"的能力，它是先验的，只是并不否认人可以通过经验和推理接
近它。虽然"彼岸"是可望而不可即的，但是人的认识中的"理
性"成分愈多、愈发展，就会愈接近它。康德就这样把"自在之
我"的一个大难题（永久和平）推出了现世。

因此，理性原则（有上帝做后盾）是无所不能的，它决定了人
类社会是进步的，过去和眼前的"恶"最终要为"善"所取代，其
间定然有间歇、折返，但是进程不会断绝。到头来，冲突会变为

---

① 康德：《一切事物的终结》。转引自康德：《康德历史论文集》，路易斯·怀特·贝克编译，印第安纳，1963年。
② 冯友兰：《通论道学》，中国社会科学，1986年第3期，第53页。

和谐，"所有政治必然将向权利原则屈服，所以，无论进程何等缓慢，（人类）将有望达到权利的原则永远照耀着人类的水准"。康德所谓"权利的原则"是说人人都享有应有的权利而不受干扰，到那时就有了世界大同和永久和平。

康德就这样把自己提出的难题说圆了。总之，当他在研究纯粹哲学时，他是进行抽象思维的哲学家；一旦涉及现实问题，再抽象的哲学也不能不"实际"一些，虽然他在政治哲学和历史观方面的见解是以他的纯粹哲学作为哲学基础的。

对于康德的这种"两重性"特点，黑格尔评论说："康德能回到苏格拉底的观点，转回到思维，但是这种思维具有要求具体内容的无限使命，并使内容遵循完满性的规范。"①当然这是康德无法做到的。《永久和平论》出版的那一年，俄国、普鲁士、奥地利对波兰进行了第三次瓜分，波兰灭亡。同时革命后的法国正在承受"反法联盟"的战争压力，不过几年，几乎大半个欧洲卷进了拿破仑战争。"永久和平"云云，只能是一种"哲学方案"而已。

从17世纪以来，提出各种欧洲联合设想的不止圣皮埃尔、卢梭、康德等几个思想家，②选出这几个人的言论只是作为了解这个时期政治文化的一个窗口。思想家在任何时代都是最敏于感觉的人，他们的头脑时常是时代的一面镜子。

---

① 〔德〕黑格尔：《哲学史讲演录》(第四卷)，贺麟、王大庆译，北京：商务印书馆，1978年。

② 三十年战争开启了欧洲的民族国家时代，同时由于战火不断，便有许多结成国家联盟以维护和平的呼声。例如，英国公谊教会至今是和平主义者的先驱；威廉·宾（1644—1716）在他的《走向欧洲的当前和未来和平的短论》中建议欧洲举行会议，成立欧洲议会以裁决各国争端；约翰·贝勒斯在1710年向英国议会提交了《关于建立一个欧洲国家的草案》，等等。

其中康德是个集大成的人物，对近代欧洲的国家形态和国家间联盟问题，以及对人类社会的远景前途，都是总结了前人而出以己意的。康德无法在现实中解决他自己提出的深层问题，但是他的历史观的主要思想却有着长远影响，以后的欧洲联邦主义或邦联主义，以及各式各样的欧洲统一运动，都要到康德那里去找理论根据和灵感。因为这实质上是欧洲社会的发展前景问题。康德对整个人类社会的进程——由低到高的进化的观点——为这个问题设置了一个不可能绕过的"大框架"。西方有的学者把马克思的五种生产方式的社会发展史的唯物历史观，同康德的世界主义的历史相对照，把康德和马克思的学说都放在社会发展革命论一类，因为从低一级向高一级的社会发展，就意味着一种"革命"的飞跃，是"高一级"革了"低一级"的命。这个意见，从文明发展史立意，未必没有道理。

"欧洲观念"在19世纪

用"欧罗巴"泛指"从大西洋到乌拉尔"这块亚欧大陆西部和不列颠诸岛，大约是在中世纪偏后时期。在古代只有希腊、罗马、拜占庭之类的称谓，没有"欧洲"这种笼统的涵盖性的称呼。当然在人们的心里已经有了这种地理的认同概念，以别于"非我族类"，例如以别于鞑靼人、土耳其人、阿拉伯人等。有了认同的感情，才会有表达这种感情的"代号"。"欧罗巴"最早见于希腊神话，把它认同为这种"代号"，当是几个世纪渐渐形成的。

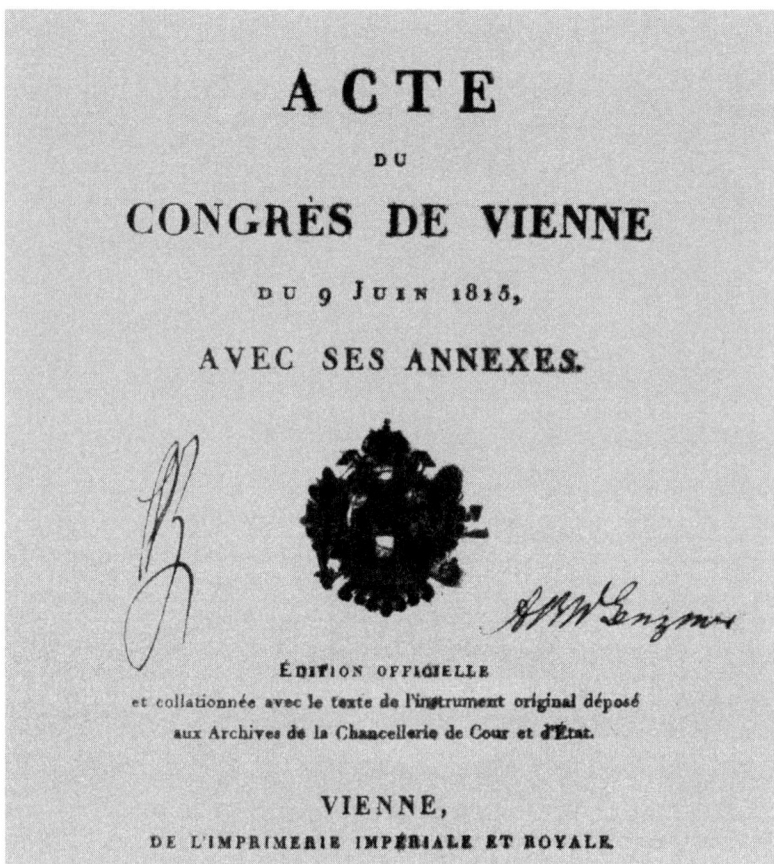

▲ 维也纳和平会议议案的卷首

在康德《永久和平论》问世以后，欧洲紧接着法国大革命进入了拿破仑战争时期，欧洲形势因此发生巨大变化，欧洲的前途命运成为人们普遍的关注点。维也纳"和平会议"重塑了欧洲的政治地理，战争停下来了，拿破仑被囚禁在一个小海岛，欧洲出现了几个强国"力量均衡"的状态。报刊以"欧罗巴"命名的，到19世纪已时有所见。例如，1817年（拿破仑战争和维也纳和会以后）伯尔尼出版了《欧洲日报》；法国哲学家、政论家菲利浦·布歇（1796—1869）于1831—1832年和1835—1838年两度出版《欧洲人》报。还有不少研究欧洲文明的著作问世，如法国史学家弗朗索瓦·基佐（1787—1874）于1828年写了《欧洲文明通史》，意大利革命家朱泽培·马志尼（1805—1872）在青年时期写过《关于一种欧洲文献》，等等。更不要说马克思和恩格斯关于欧洲社会历史发展的浩瀚著作了。

在19世纪，在"欧洲"观念这个大范畴里，随着工业革命的进展，经济因素的作用越来越重要，欧洲各国工商业的突飞猛进，打破了民族的界限和自给自足、闭关自守的状态，形成了马克思和恩格斯在《共产党宣言》中所描绘的"各民族的各方面的互相往来和各方面的互相依赖"的局面。①

欧洲在走出中世纪的时候，曾经纷纷划定了保护性的国界和种种壁垒以利于自身发展，而到19世纪，这些国界和壁垒已渐渐成为各国进一步扩张的障碍，于是人们便产生了拆除一些不利于"自由贸易"的壁垒的想法。当然还远远不是打开国界，而是要寻求一种为"自由贸易"打开通路的办法。英国首先出现了自由贸易派。这股风随即吹到西欧大陆，企业家、银行家们推动了西欧各国的经济扩张。这里可提一下英法商约的签订。

_____

① 《马克思恩格斯选集》第一卷，第255页。马、恩说："旧的、靠国产品来满足的需要，被新的、要靠极其遥远的国家和地带的产品来满足的需要所代替了。过去那种地方的和民族的自给自足和闭关自守状态，被各民族的各方面的互相往来和各方面的互相依赖所代替了。"

英法商约的意义远远超出两国的经济贸易关系，它预示资本主义的发展将提出资本的某种形式和某种程度的联合。当然这种"联合"丝毫不排斥和削弱竞争。马克思指出，这种"自由贸易"就是"资本的自由"，就是要"排除一些仍然阻碍着资本前进的民族障碍"，让资本能"充分地自由活动"。①

如果要问19世纪有什么特点，那么"自由贸易"的不可阻挡的发展该是其一。资本主义发展到这种程度的时候，便要求资产阶级做两件事：一是加速超越国界的相互往来；二是加紧超越国界的竞争。"相互往来"就要无止境地扩大通商，通商引向商约，商约再发展，从双边引向多边，便引出不同样式的"关税同盟"。"竞争"则意味着国际性的激烈争夺。这两件事既相互排斥，又相互联系，在整个资本主义发展史上都是如此，到19世纪下半叶已表现得十分充分了。

上面插进了关于经济贸易的几段话，从表面上看好像离了题。但是，这些都是为了说明，所谓"欧洲联合"问题并没有停留在哲学家的思维里，不是只表现在欧洲人的文化认同感上；政治的和经济的实际利益一旦作为迫切的问题提出，一切观念形态的东西都会跑出来为这些实际利益服务。这时的"联合"，显然已经超越了康德的历史理性批判阶段，而是开始走向实际生活了。任何关于欧洲的哲学构想，无论它们何等深邃，都不能绕过民族利益这个基本事实。民族利益是基本事实，也就是说，民族国家是基本事实；任何

① 《马克思恩格斯选集》（第一卷），中共中央马克思恩格斯列宁斯大林著作编译局编译，北京：人民出版社，1972年。

"联合"也必定是民族国家之间的"联合"。抽掉"民族"（及其国家形态的"民族国家"）便无所谓"欧洲"了。

1830—1848年的欧洲革命显然是推动欧洲联邦思想的重要契机。这几年，西欧的各种社会思潮非常活跃。一个地方出现了什么主张、观点，很快就传到别的地方。思想要干预社会了。康德式的抽象哲学思维，在新时代显得太学究气了。上面曾提到的菲利浦·布歇本是圣西门主义者，后来成为天主教社会主义哲学学派的领导人，也是法国的秘密团体烧炭党的创始人。他在1835年即曾倡导过"欧洲历史大会"，鼓吹"欧洲联邦"。他办的报纸《欧洲人》反映了他把民族原则和联邦原则结合起来的想法。对法国人来说，民族团结是第一使命，联邦是长期的艰苦斗争的远景目标。他说，当基督教的法则所宣布的平等和自由作为社会的基础得以法定地确立之日，便是"欧洲联盟"问世之时了。当时受布歇影响的不在少数。律师奥古斯特·奥特写有题为《关于欧洲联邦》的小册子。政治家、曾接替拉马丁当过法国外交部长的茹尔·巴斯蒂德在1865年著有《法兰西共和国和1848年的意大利》，提出首先在亚平宁半岛组成联邦。亨利·福格雷于1848年在《民族》杂志上著文说欧洲各国应在经济、文化和政治上团结起来，建立"邦联"或"欧罗巴合众国"。政论家爱弥儿·吉拉丹同年也提出该建立"欧罗巴合众国"，说，既然有了"美利坚合众国"，为什么不能有"欧罗巴合众国"呢？可以想见，先于欧洲在独立后实现了联邦制的美国已把自己的实践经验"反馈"到欧洲了。空想社会主义者康斯坦丁·贝格在1842年写了《和平、和平的原则及其实现》，哲学家维克多·康希德朗在1840年写有《关于总政策和法国在欧洲的作用》，戴塔尔在同一年写了《论欧洲统一》，等等，都提出了建立欧洲联邦之类的问题。这些人多名不见经传，然而唯其如此，才更表明这类想法已经相当普遍，成为舆论关注的问题。在当时的法国，已不是只有个别思想家提出了。

法国的这些以布歇为代表的欧洲主义者大都经历了1848年革命。这场革命遍及欧洲许多国家，影响是广泛的，人们不仅思索本国的问题，也想到欧洲社会将怎样发展，提出"欧洲联邦"的问题也就不奇怪了。

在意大利，"欧洲观念"的问题尤其与意大利民族解放问题交织在一起。当时的意大利还处在民族分裂的状态中，它的首要任务是建立统一的民族国家，这是不成问题的。但是，欧洲任何一个民族的问题，都离不开欧洲背景。可以用马志尼的活动为例来说明。马志尼是一个民族革命家，为了意大利的统一奔波于欧洲各国，与流亡在瑞士的各国革命青年过从甚密，他先于1831年成立了革命组织"意大利青年"，继而在伯尔尼与德国、波兰的流亡青年于1834年发表了"青年欧洲"公约，在序言里提出了"自由、平等、人道""各族人民的博爱"和"持续进步"等原则。这个文件说，每一个人都有自己的特殊使命；既然是属于人类和民族的一个个体，那就一定应有助于全人类总体使命的完成。在这份以"青年欧洲"为名的文件上签字的有"青年德意志""青年波兰""青年意大利""青年瑞士""青年法兰西""青年奥地利"。这些组织在一起发表了"关于普遍道德法的原则宣言"，最后各国的青年组织联合召开了一次以"青年欧洲"相号召的大会。在这个基础上，马志尼提出了建立"欧洲共和国联邦"的想法。虽然只是一种想法，但同他们的整个活动联系起来看，可以理解他的意思是各国先建成独立的资产阶级共和国，然后才能有各个"共和国"的联邦。

从历史材料上看，当时提出联邦主义的主张的，多是法国人、意大利人等西欧大陆国家的人。英国人未见于此时提出搞欧洲联邦的。原因之一可能是英国自认为是超然于大陆的国家，没有大陆欧洲国家那样的感受。

欧洲的联合问题在19世纪还表现为相当普遍的争取和平的运动，这与后半叶形势的紧迫很有关系。拿破仑战争后的"维也纳会议"维持了一个时期的脆弱和平，实际上战争的危机不仅是潜伏着，而且是箭在弦上，一触即发。首先还是敏感的知识界起来呼吁和平，他们把圣皮埃尔、康德当作先驱，鼓吹以联合求和平，几年间接连举行了多次和平大会，可谓极一时之盛。如1849年在布鲁塞尔、1859年在巴黎、1850年在法兰克福都举行过和平大会。在巴黎举行的和平大会最为引人注目。大会主席是维克多·雨果，他在开幕式上像朗诵诗一样呐喊：

总会有这么一天，到那时，你们——法国，你们——俄国，你们——英国，所有的欧洲国家，无须丢掉你们各自的特点和闪光的个性，都将紧紧地融合在一个高一级的整体里；到那时，你们将构筑欧洲的友爱关系……到那时，两个巨大的集体——美利坚合众国和欧洲合众国——将越过大洋携起

手来……①

和平大会于1867年再次在日内瓦举行，会后成立了"国际和平与自由联盟"，出版刊物题名：《欧洲合众国》。

维克多·雨果死后，有人在他留下的手稿中发现了他在一片纸上写下的几行字：

> 我代表一个还不存在的党：文明。这个党将塑造20世纪。首先将从中诞生一个欧洲合众国，然后再诞生一个世界合众国。

后来，有心人把这几行字作为诗人的遗言写在了诗人故居的墙上。②

"欧洲合众国"这几个字的一再出现，固然源于古老的欧洲一统的认同观念，然而现实地说，如前文所说，"美利坚合众国"的出现显然对欧洲人产生了影响。美国在宣布独立后能够组织起一个"合众国"来，为什么欧洲的民族国家就不能把古已有之的一统理念加以实现呢？阿莱克西·德·托克维尔在考察了美国的法律和美国实行"联邦"制的情况后写下《论美国的民主》，用了不少篇幅对比美欧的情况，托克维尔发现，欧洲的理想流传了好几个世纪，

却在美洲实现了！

1891年在罗马举行了国际和平大会，通过决议，敦促欧洲的所有和平团体，致力于建立一个"欧洲合众国"。一位名叫威廉·斯泰德的英国记者、《观察评论》主编，1898年在题为《欧洲合众国》一书中写道，"欧洲合众国"虽然还是一个遥远的、看不见的事物，但是它已步入实际政治的领域；到20世纪初将可能期待这个"最后的、最伟大的时刻的到来"。①

19世纪末，康德的《永久和平论》的早期英译者玛利·坎普贝尔·斯密在长篇导言中一开头就把19世纪称作"联盟的时代"（"联盟"是多数的）。她说，不仅在经济界有了不少政治性的组织，而且在法律、医学、科学、艺术、贸易、政治乃至慈善事业等领域里，都有了这类联合组织。在19世纪的欧洲，各种国际会议一个接着一个。这也是"和平运动和平结社"的时代；民族国家之间相互对峙的同时，出现了某些利益上的结合的趋势，向往"国际联邦"和"政治和平"成为不可忽视的动向。②这个英译本于1917年问世，第一次世界大战已经进行了三年，欧洲的交战国都已筋疲力尽了。

综合上面说的，对于"欧洲观念"这个欧洲的政治文化，或许可以得出如下两点看法：

"欧洲观念"首先是一个历史哲学问题，它的出发点是欧洲人

①　[英]卡尔·H.佩洛：《欧洲观念的演变：1914—1932》，北卡洛林纳大学出版社，1983年。

②　Immanuel Kant. *Perpetual Peace: A Philosophical Sketch*. The Macmillan Company, 1917.

对于历史文化的认同感，它反映了在基督教文明若干个世纪的浸染渗透之中积累起来的欧洲人特有的"思想底格"和"心性"。这就是说，欧洲人不管他们属于哪个民族、哪个地方，他们所使用的范畴必是欧洲文化中所久有的、所公同的。不同的阶级可以有不同的立场和观点，这群人和另一群人，甚至这个人和另一个人，意见可能非常分歧和对立，然而他们使用的范畴、概念却是欧洲所特有的。[1]所以欧洲人的"思想底格"与例如亚洲人的"思想底格"不同。一个民族的"思想底格"可以决定一个民族的"自性"（identity），因此也可以说"欧洲观念"是反映欧洲的"自性"的。

然而，"自性"同样应该理解为复数的，即"identities"，所以，"欧洲观念"具有欧洲的和民族的两重含义。通常在使用"欧洲观念"这个概念时，多侧重它的一致性、普遍性，例如"欧洲联盟"的一些文件常用以表示"欧洲统一"的趋向和理想，其实这个观念本身即同时含有民族的因素。事实上，西方一些涉及此问题的著作，如法国历史学家迪罗塞尔的《历史中的欧洲观念》等，即是从欧洲划分为民族国家讲起的。了解欧洲，应该了解它的"两重性格"。

"欧洲观念"既是欧洲自性的反映，则必是同欧洲以外的地区相区别而产生的。在同外界的接触、比较、冲突中，欧洲人更加认

---

[1] "思想底格"和"心性"是借用张东荪先生的两个概念。张东荪曾说："中国与西洋，思想上学说上的不同必有些是思想的底格有不同。思想的底格所以如此而又必是出于民族的心性……思想家对于概念可以创造新的，而其所使用的范畴则必是那一个文化中所久有的，所公同的。"语见张东荪：《知识与文化》。转引自民国丛书编辑委员会编：《民国丛书》（第二编），上海书店，1990年。

识了自己，加深了"自我意识"。例如与东方文明相比，无论对之如何评价，都会因有对照而对自己有了更明晰的了解：从生活方式到价值观念，他们感到欧洲自有属于自己的特点。

诚然，人们可以提问：欧洲不只是几个思想家的欧洲，几个像孟德斯鸠、康德那样的思想家能在多大程度上代表欧洲人的想法呢？这样的问题是有道理的，"欧洲观念"是融在欧洲人的精神里的东西，几个思想家怎能代表普通人的想法呢！然而，这些思想家——他们的鸿篇巨制尽管看起来可能与现实相去甚远——总是用自己的头脑升华了或提炼了同时代普通人的、零星的、不自觉的想法。

康德的批判哲学确实不是普通人的哲学，然而像《永久和平论》之类的政治哲学著作则是对现实的问题（如"三十年战争"、西班牙王位继承战争等）的反思和分析，其中某些章节、段落，虽然玄奥、晦涩而又费解，但是却非常深刻地反映了当时的欧洲人因战争和分裂而向往和平与联合的理念。对于这个问题本身所固有的种种二律背反问题，虽然他不可能解决，但其深刻的思想内涵至今仍很有理论意义。

其次，"欧洲观念"不是固定不变的东西。例如它与社会发展的水平是连在一起的，资本主义的发展使各民族国家从自身利益出发，特别是从实际利益出发，自然而然地有了某种利益的"结合"，因而产生了各种各样的组织。再如，"欧洲观念"与探索某种和平国际结构也能联结起来。结盟修好，这是古训，圣皮埃尔等哲学家的想法是把整个欧洲结合在一个同盟里。到19世纪则成为建立"欧洲合众国"一类的构想，以为欧洲普遍建立起"合众国"，就可以避免战争，保障欧洲和平。所以此时，再提"欧洲观念"时，便把本来是潜存在欧洲人心里的笼统的"认同感"具体化了。

到20世纪，"欧洲观念"随着欧洲联盟（曾名为"欧洲共同体"）的诞生和扩大，已经超越了圣皮埃尔和康德的理论阶段，也超越了19世纪的舆论和运动的阶段，而成为欧洲联合的一种精神支柱。在今天欧洲联盟的许多正式文件中，"欧洲观念"这一概念常常作为欧洲人所认同的历史人文价值观写进前言，以表示这些文件中所列的各条各款都是体现欧洲人的共同理念的。

第六章

思想解放

——人性的解放，理性的解放

告别中古：文艺复兴

近代欧洲之所以然，在政治经济上的表现是"民族国家"性格的普遍显现，和相伴而来的诸民族间在历史文化方面的认同。近代欧洲的精神因素，则是人本位的逐渐回归，并且由此导向人性的解放，从世界本身去认识世界。

为什么说是人本位的"回归"呢？因为欧洲文化传统的本质，是以个体的"人"为本位的，是从"人"出发的。古希腊思想最为诱人的一点，就是把"人"当作宇宙的中心。《荷马史诗》是最原初的"人"的史诗。希腊神话归根到底是"人"的神话。西塞罗说，苏格拉底把哲学从天上搬到了人间。柏拉图的"洞穴人"隐喻讲的是人怎样窥见理念的光芒。罗马时期通过征服把人性政治化了。而基督教文明则一方面让上帝去代表"人"，从而制造出一个以上帝为万物中心的时代；而在另一方面，基督教的本质最终是"人"的本质。但是在教会权威和经院哲学的笼罩下，"人"的本质被神本位盖住了。近代欧洲的一个精神特征，就是人经历了怎样的艰苦历程终于作为"人"，而不是作为"上帝"的一部分去认识自己、认识世界。所谓认识自己，就是马克思在《神圣家族》里说的把人当作人。认识世界，就是认识独立于人之外的物自体，马克思说，要根据世界自身的特质去认识世界。这也是人和理性从中世纪神学强大影响下解放出来的问题。如果人还不能独立自主地去观察和思考，如果人还是把"理性"寄托在"上帝"身上，那么，人的行为就不可能是自由的。然而，神学在欧洲牢牢地统治了太长的时期，根深蒂固地渗入每家每户，渗入每个人的行为和思维当中，使生活方式和习惯、社会关系都在它的浸润之中。而另一面，人的本质又时不时地表露出来，毕竟世俗社会是凡人的社会。所以在"人和上帝"的问题上的觉悟，必然要经历复杂的长期过程。我们无法说出这个过程确切的起止时期，只能从众，即从"文艺复兴"的两三百年来看看在这期间问题是怎样展开的。

从15世纪起的二三百年的变化，是恩格斯称之为一次"人类从来没有经历过的最伟大的、进步的变革"，是一个"需要巨人而且产生了巨人"的时代，在这个时代，"有的人用舌和笔，有的人用剑，一些人则两者并用。因此有了使他们成为完人的那种性格上的完整和坚强"。[①]

"Renaissance"，本意是"再生"，中国人译为"文艺复兴"，据说可能是有两方面的原因。一来最早是从日本译词搬过来的；二来"再生"一词最早是16世纪一位意大利艺术史家乔治奥·瓦萨里（1511—1574）首先使用的，英译为"艺术的再生"（Renaissance of Arts），Arts中文译为"文艺"，取义于广义的文

---

① [德]恩格斯：《自然辩证法》，于光远等译编，北京：人民出版社，1984年。

学和艺术，还是比较恰当的。日译可能也是从这里来的。

用"文艺复兴"来表示这个时期，有它的合理之处，因为从15世纪起，在人们日常生活中最容易表现出来的新气象是在文艺方面，其中最突出的又是集美术与科学于一体的建筑，在那一座座宏伟而具有生气的建筑物上体现出了人的精神的飞动。那些视觉艺术品，活生生地使今天的人感触到这个时代怎样从古典文化中找到创造的灵感，并且因此把自己的时代与中世纪区别开来。

"文艺复兴"最伟大之处，在于它既是古典的，更是创新的。它是古典的，因为它使罗马帝国衰亡以前的古希腊、罗马鼎盛时期的光辉璀璨的文明重新获得了生命。这些古典文化是那样富有理性精神，那样厚重有力。这个时期的艺术巨匠们向世人证明，神权统治并没有把欧洲同它的文化源头隔绝，而是让圣母、圣子都焕发出人性的光泽。历史记载着，西欧怎样从大约13世纪起，就经由与东方的接触，特别是与阿拉伯人的接触，重新发现了希腊。欧洲的远古文化本来就是渊源于东方的；代数学、天文学、哲学，从古埃及影响了希腊，而这一次又是阿拉伯人从北非，经过西班牙以及地中海一带，把代数学和亚里士多德带进了西欧。西欧人不会忘记阿维洛伊和他的门徒们在这方面的功绩。处于分裂状态的意大利人比任何民族都更加认为自己是古罗马帝国的当然继承人，日耳曼人建立起来的"神圣罗马帝国"不过是罗马帝国的赝品，真正代表罗马精神的是那些庞贝城废墟里挖掘出来的地下宝藏，这些宝藏内含着昔日的繁华和光荣，同时也感召着一千多年以后的子孙们去建立一种新的生活。西欧确实是块得天独厚的土地，集纳和汇通了希腊、罗马和东方希伯来、阿拉伯古典文化，并推陈出新。

然而，如果是简单的"复古"，那就不是"再生"了。"文艺复兴"之所以具有开辟新时代的意义，就是因为它体现了一种富于创造力的"时代精神"。它具有一种把中古时期远远甩在后面的前进冲击力。

恩格斯这样说：

> ……拜占庭灭亡时抢救出来的手抄本，罗马废墟中发掘出来的古代雕像，在惊讶的西方面前展示了一个新世界——希腊的古代；在它的光辉的形象面前，中世纪的幽灵消逝了；意大利出现了前所未有的艺术繁荣，这种艺术繁荣好像是古典的古代的再现，以后就再也不曾达到了。在意大利、法国、德国都产生了新的文学，即最初的现代文学；英国和西班牙跟着很快达到了自己的古典文学时代。[①]

这类"古典的古代的再现"已经够伟大的了，然而整个时代的文艺繁荣所折射出的社会和思想变革，才是更伟大的，由此，欧洲的命运、前途确定无疑地有了新方向。紧接着前引的话，恩格斯便进入了这个伟大时期的历史意义：

> ……旧的 ortis terrarum 的界限被打破了；只是在这个时候

---

① ［德］恩格斯：《自然辩证法》，于光远等译编，北京：人民出版社，1984年。

才真正发现了地球，奠定了以后的世界贸易以及从手工业过渡到工场手工业的基础，而工场手工业又是现代大工业的出发点。教会的精神独裁被摧毁了，德意志诸民族大部分都直截了当地抛弃了它，接受了新教，同时，在罗曼语诸民族那里，一种从阿拉伯人那里吸收过来并从新发现的希腊哲学那里得到营养的明快的自由思想，愈来愈根深蒂固，为十八世纪的唯物主义作了准备。①

所以，"文艺复兴"所代表和所引发出的意义既不限于"文艺"，也不限于"古典"，而是具有开启新时代意义的一种象征。于是每当提起"文艺复兴"的时候，人们的脑海里便会叠现出古希腊罗马的建筑和雕像、诗歌和戏剧、哲学和史学、伦理学和物理学，在中世纪（尤其是中世纪的后半叶）逐渐形成的市民社会、工商业及市镇，生产力的发展所引来的技术进步……古老的欧洲从几个世纪的困惑与斗争中挣扎出来，就要去迎接新的考验和挑战了；从此，欧洲一个世纪一个世纪地接近今天这种样子，所以倒过来看不妨说今天的基础，是在这两三个变革的世纪当中奠定起来的。所以，"文艺复兴"是欧洲文明史中所特有的；它预示的，是时代的进步与变革。

在这两三个非常关键的世纪里，欧洲人开始"发现"本来是未知的世界，哥伦布和达·伽马本人，未必知道他们的行动是一个新

---

① ［德］恩格斯：《自然辩证法》，于光远等译编，北京：人民出版社，1984年。

时代的开始。任何看来似乎是偶然的、技术性的成就，如航海技术的进步，一旦与历史命运结合起来，就有可能刻上里程碑的印迹，而且随着这成就的连锁影响向纵深扩展，不仅引发其他类似的行动，而且推动人的思维方式的更新，孕育出不同于以往的、开创性的、拓展性的宇宙观。

许多划时代的事情在发生的时候，只是平常的不自觉的行为。哥白尼在他临终的那一天（即1543年5月24日）拿到了刚刚印好的《天体运行》，当时他并没有意识到它竟会是"天体革命"的开始，况且这本书一出来便立即被列为禁书，直过了三百年之后才得见天日。而在"地理大发现"中，从事这些探险活动无论有着多大的盲目性和偶然性，带来的却是科学性的结论，成为人类以自己的行为实践了解地球、真正认识地球的开始。历史上发生的事情成千上万，只有那些对人类文明的发展起着推动作用的事，才具有历史意义。

这个时期的一个特点，既然是向古典文化寻取创造新世界的源泉，那么，我们可以重提雅各布·布克哈特提出的问题："是谁使他们自己的时代和一个可尊敬的古代调和起来，并使后者在前者的文化当中成为一个主要成分呢？"①布克哈特说是14世纪在佛罗伦萨出现的一个远远具有独立性而实质上不外是民族文化的萌芽。他举出但丁（他主要生活在13世纪）、彼特拉克、薄伽丘等为例。正是这些"萌芽"为以后一两个世纪羽翼丰满的人文主义铺平了道路。

---

① ［瑞士］雅各布·布克哈特：《意大利文艺复兴时期的文化》，何新译，北京：商务印书馆，1979年。

　　这里，我们是把人文主义作为欧洲文明史中一个很宽泛而久远的概念提出的。它不是突然出现在某一个人身上的，而是延续在好几个世纪里的针对神本主义的一种人本主义的思想"亮点"。它的种子播于古希腊，而它在中世纪的来源之一非常可能是与神学院里增加了神学以外内容的课程有关，如数学、逻辑学、修辞学等。也就是说，在"铁板一块"的神学里出现了一些不一定受神学控制的"空隙"，一些人本主义的因素就在这些"空隙"中藏身。哲学作为"神学的婢女"的处境并没有改变；但是这些许"松动"却意味着一种期望，孕育着布克哈特所说的14世纪出现的"萌芽"。所以，早期的人文主义还是神学内部的一种"异己"思想——从不自觉到自觉地要求以人为本位去观察世界，以人的情感去对待周围事物，"人"渐渐地独立于神的主宰。这样的思想比较容易融会希腊哲学和自然科学，从而形成一种冲决旧禁锢的力量。

　　最早比较生动地代表这道夜色中的曙光的，是但丁（1265—1321）。这已是一个普遍共识了。恩格斯的名言，但丁是"中世纪的最后一位诗人。同时又是新时代的最初一位诗人"[1]，对此，没有人有不同意见。布克哈特认为，但丁是首先把古代文化推向民族文化的最前列的人，[2]也是同样的意思。

　　在但丁之后有彼特拉克（1304—1374）和薄伽丘（1313—1375），人本的色彩更明显了。彼特拉克素来被认为是人文主义

---

[1]　《马克思恩格斯选集》（第一卷），中共中央马克思恩格斯列宁斯大林著作编译局编译，北京：人民出版社，1972年。

[2]　[瑞士]雅各布·布克哈特：《意大利文艺复兴时期的文化》，何新译，北京：商务印书馆，1979年。

▲ 但丁

的始祖，这是一种象征性的说法，表明彼特拉克的时代，"人"的观念比但丁时期更加进了一大步，更加面向现世，向往人的幸福；他在宗教信仰上受早期基督教教父派学者圣奥古斯丁的影响很深，同时又认为哲学（其实是神学）应该研究人的目的、人的命运。彼特拉克大声疾呼鞭挞中世纪的经院哲学，就是因为它抹杀了人的本性和生命的目的，以致使人不知道该到哪里去。薄伽丘以他的《十日谈》等著作著

称于世，尤其是《十日谈》无情和尖锐地揭露了"神圣的"教会下面所掩盖着的贪淫和虚伪；神学在人的精神里的支配作用和教会作为教权组织和种种腐败现象，都同时反映在薄伽丘的头脑里。薄伽丘代表了这样一种矛盾的心理：一方面他是属于"神"的，他希望一切美好的东西都属于"神"，"神学不是别的，正是上帝的诗"；但是另一方面，代表"神"来管理、领导和组织教务的教会，却越来越堕落。这种矛盾不仅对人文主义者的思想产生影响，而且也构成后来宗教革命的重要诱因之一。

但丁、彼特拉克、薄伽丘等，这些早期人文主义者，为"文艺

复兴"做了准备。这些人文主义者都无例外是受过良好教育的文化人，都是或官或商的子弟，或者本人也从政从商，没有相当的物质基础，他们是无法从事这种精神领域里的大量工作的。所以能够称得上人文主义者的必是少数"精英分子"，同时，小小的意大利分裂得几乎是一城一国，这些"精英分子"，与群众接触并不是很难的事，所以他们能与

▲ 1492年威尼斯版本《十日谈》的内文插画

群众的心声相应，并在他们的看法中融进普通市民的情感。

这种普通市民的情感，对未来欧洲社会的发展是有长远意义的；可以归纳为两点，即民族的认同性和反映这种民族认同性的民族语言。但丁的《神曲》是用意大利文写的，《论俗语》是用拉丁文写的，但用意却都是要引起对于民族语言的注意。"民族语言"是时代的要求，语言是民族性的一种表象。但丁说："就我们作为意大利人的行为来说，我们有某种很简单的举止、衣饰、语言的标准，就是据此来权衡和计量我们作为意大利人的行动。这些行动的至高标准，按其从属来说是全意大利的，不是专对意大利某一个城

的，而是普遍对一切城市的；从这些中间我们可以识别出我们在上面猎寻的俗语，它的香气在每个市镇，但它的巢穴却不在任何一个城镇中。"①所以，语言问题（所谓俗语）不只是限于语言问题，它代表的是民族和民族统一的一种半自觉的向往；这应该是那个时期的人文主义的一个重要特征。

在文艺复兴的鼎盛时期，在以达·芬奇（1452—1519）、米开朗琪罗（1475—1564）、拉斐尔（1482—1520）、马基雅维利等一大批文艺复兴的代表人物为标志的鼎盛时期，出现了古典文化和现实完美结合的新的时代风格。宗教还是神圣的，然而由于广泛吸收了希腊罗马的古典美、世俗的对美好人生的渴望，这一时期的美术、雕刻、建筑、音乐、文学，表现出迥异于肃穆、苦涩、古板的中世纪特征。宗教题材的作品鲜活地反映了人间的关怀，这样的例子是举不胜举的。凡是驻足欣赏达·芬奇的《蒙娜丽莎》、拉斐尔的《西斯廷的圣母》等一批举世皆知的传世之作的人，都能感受到一种新时期脉搏在跃动。拉斐尔笔下的"圣母"与中世纪绘画中的"圣母"相比，使人们感觉到人性的光彩。

文艺复兴时期的巨人们特别看重直接的美学体验。达·芬奇说："对一件东西的爱好是由知识产生的，知识愈准确，爱好也就愈强。"再如说："你们历史学家、诗人或是数学家如果没有用眼睛去看过事物，你们就很难描写它们。"再如说："画家的心应该像一面镜子，永远把它所反映事物的色彩摄进来，前面摆着多少事

---

① [意]但丁：《论俗语》，柳辉译。转引自伍蠡甫主编：《西方文论选》（上卷），上海：上海译文出版社，1982年。

▲ 达·芬奇《最后的晚餐》细部草稿

物，就摄取多少形象。"①读着这类朴素生动的句子，不是会感觉
到说这些话的人离我们很近，而离中古极远吗！

---

① ［意］达·芬奇：《笔记》，朱光潜译。转引自伍蠡甫主编：《西方文论选》(上卷)，上海：
上海译文出版社，1982年。

文艺复兴发源于意大利，但它很快就成为欧洲现象。在文艺复兴的影响不胫而走的同时，北方也有产生人文主义的土壤。例如在不列颠，差不多与但丁、彼特拉克、薄伽丘等同一个时代，出现了与经院哲学"托马斯主义"相对立的罗吉尔·培根（1214—1294）、邓斯·司各脱（1265？—1308？）、奥卡姆的威廉（死于1349年？）等。他们没有但丁等那样神采飞扬、才华横溢，然而他们的"唯名论"倾向，使他们在本质上成为中世纪神本精神的反对者。在他们之后确实有过一两个世纪的沉寂，但到16世纪，一种充满生机的空气已经在西欧从南到北地流动起来了。

这可以肯定是得益于教育的发展和印刷术的应用。从15世纪末起，威尼斯等地便成为北方学者前来观光、学习的地方；许多本来是神学院的大学，从巴黎大学到牛津大学的基督教圣体学院和剑桥大学的基督学院及圣约翰学院，都成为传播人文主义思想的场所。可以说，文艺复兴在相当大的程度上改造了原来的神学院。欧洲许多"名牌"大学都从此时兴旺起来。印刷术在此时的发展，推动了出版业的发展。如伊拉斯谟曾于16世纪初在威尼斯的阿尔丁出版社工作，从而使他的著作得以广泛流传。

文艺复兴的精神在这几百年当中渗透到几乎所有人文领域；文艺、美术、建筑、哲学、宗教、教育等无不受到这种精神的影响和感染，以极大的威力把社会的各个阶层（首先是从事脑力劳动的知识阶层）都卷进来了。人们从此开始学着用新的眼光看待世界，并由此发现理性是属于"人"的。大写的"人"字重新获得了尊严和光辉。"理性能力确实是一切人类活动的固有特色。"①

今天我们在遥远的东方去远观几百年前发生在西方的文艺复兴时，一定可以感受到它对于使西欧告别中世纪所具有的精神力量，也定然会对这几百年的绚丽多姿产生羡慕之情；这里只想突出它最具历史意义的贡献，那就是它意味着、昭示着人性的解放和理性的解放已经提上日程。它必将顺理成章地、水到渠成地为信仰领域的革命、理性哲学和新科学的诞生鸣锣开道。

向教会权威挑战

整个16世纪几乎被宗教革命的浪潮所占据了。文艺复兴和宗教革命是先后交错的两篇"文章"；在这以后，西欧社会面目真的改观了。文艺复兴是人性与理性的解放，宗教革命的冲击力则在于对社会性的愚昧发起了攻击。欧洲人几乎没有不是基督徒的，所以席卷欧洲的宗教大分裂就涉及了每一个人，要他们做出选择。

宗教革命是指马丁·路德（1483—1546）发动的宗教改革运动。但是在这以前，早已出现了对教会权力的明显不满和抗议，如英国的威克里夫（1330—1384）抨击教皇权力至上，以致人被幽居，书被火焚。最著名的如捷克的宗教革命家扬·胡斯（1372—1415），发动抗议"赎罪券"的示威游行，终以"异端"罪名，被判火刑处死，随后引发了反对德国封建主和天主教会的"胡斯战

---

① [德]恩斯特·卡西尔：《人论》，甘阳译，上海：上海译文出版社，1985年。

争"（1419—1434）。当然运动规模最大，来势最猛，对欧洲社会和历史都具有划时代影响的，还是马丁·路德所发难的运动。马丁·路德的时代已是中世纪尾声，欧洲政教陷入分崩离析的局面，德意志各社会阶层对罗马教廷有着强烈的不满情绪。新世纪正在向欧洲招手。马丁·路德的个人行动为时并不长。他34岁那年贴出了《九十五条论纲》，反对教廷发售"赎罪券"，这是路德对罗马教皇开的"第一枪"。其后三四年间在神学辩论中，进而表示不与教廷妥协，抨击教权统治，还焚烧了教廷谴责他的"通谕"。宗教改革运动如森林野火般燃烧起来。路德被捕。经萨克森选侯斡旋，路德改变了态度，主张采取"和平方式"改革宗教，随即获释。对于路德本人，后世评说不一，或说他激进、革命，或责他最终退缩了。但无论怎样说，他点的这把火没有因他的态度转变而熄灭，确实动摇了罗马教廷的威权。天主教起了大变化，由此引发了宗教大分裂，新教诞生。马丁·路德是神学教授，著述不少，而对后世最具影响力的是他主张在宗教仪式中以民族语言代替拉丁语，并且身体力行，把《圣经》译成了德文。因此又有人说他是一个"民族主义者"。

宗教分裂到处引起激烈冲突，流血事件、教派迫害，直至大规模屠杀，宗教史上颇多记载。法国的"胡格诺派"与天主教派的"宗教战争"竟持续了三十年之久。而从它的社会意义讲，则是以极大的震撼力松动了思想束缚，教廷神权一统天下的局面从此被打破了。

在宗教革命轰轰烈烈地进行的时候，有一位没有卷入运动的

▲ 1523 年的伊拉斯谟

核心，而且不赞成路德派的激烈的革命行为的鹿特丹人文主义者——伊拉斯谟（1469—1536）。他在宗教革命史上往往被忽视，但却不可不提他对改革的精神作用。伊拉斯谟是一个理想主义者，他认为单凭理性的力量足可以在教会内部战胜愚昧、清除弊端，而不必像路德那样对教皇采取决绝的暴烈行动。所以他主张不遗余力地对教会口诛笔伐，痛加揭露，同时大力宣传理性与信仰的一致性；认为只要基督徒都恪守基督教义的理性精神，则教会的统治终会改弦易辙。为此，他以特有的笔触、讽刺的口吻把教廷的虚伪和堕落揭露无遗，他说："基督教会是在血的基础上建立的，依靠血而壮大的，依靠血而扩大的。现在他们用刀剑来继续行善，好像用他自己的方式来守护他所有的东西的基督已经毁灭了一样。"还说："主教们公开抛弃了他们的法衣，丢掉了祝福式和其他的法事，当起军事领袖来了。"（《愚神颂》）[1]伊拉斯谟的批判直指教廷及其神职人员，是清楚明白的。所以，伊拉斯谟虽然与马丁·路德殊途，但对于教会的病入膏肓，是看得很透的。他所做的全部工作就是通过艰苦的说理，唤起基督徒的良知，遵循《圣经》的原文本意去改造教会。为此，他在整理、校订《圣经》上做了大量工作，他把这件事当作他不能推诿的"天职"，凭着对希腊文和拉丁文的造诣，伊拉斯谟终于搞出了个希腊文的《圣经》校订本和拉丁文的新译本。这两个文本趁着印刷术的广泛应用而传遍欧洲，使十几年后路德在把《圣经》译成德语时有一可靠的定本可循。有

---

[1] 北京大学哲学系外国哲学史教研室编译：《西方哲学原著选读》，北京：商务印书馆，1986 年。

人说，只凭这一点就可以说伊拉斯谟为宗教革命做了开拓前景的工作，或者说为路德的革命性行动铺平了道路。[①]但是，历史上常有这样的情况：当一个新事物以排山倒海、扣人心弦之势来临的时候，人们常不免忘掉了那些比较平凡的、默默无闻的但却为之进行了准备的工作。马丁·路德领导的宗教革命，以及更为猛烈的加尔文革命，人所共知，无须重说；这里特意补充几句伊拉斯谟的贡献，并不是出自偏爱，只是因为忘掉了伊拉斯谟式的工作，甚至由于他没有赞同路德派的行动而被置于宗教改革的对立面，不仅是伊拉斯谟的悲剧，而且是历史的不公。

把文艺复兴和宗教革命做一番比较，有一点是共同的，就是都促进了欧洲社会的前进。恩格斯说，从15世纪起的这两三百年发生的事情，在各国有不同的表现：法国人称作"文艺复兴"，德国人由于民族的不幸遭遇称为"宗教革命"，意大利人称作"五百年代"。[②]所以两者都是思想革命的不同表现：文艺复兴提倡人文主义，使宗教及其哲学"人化"和世俗化；宗教革命是"护神"的，要回归本原的基督教义，马丁·路德反对的是教廷包办教务，主张直接与上帝沟通，而不是通过炙手可热的各级神职人员。从这个意义上讲，也可以说，宗教分裂后的新教比旧教更忠于上帝和《圣经》。因此，从神本论的意义上看，宗教革命的发端是反对教权压迫，所以一开始便具有政治的和社会的革命意义。

---

① ［奥］斯·茨威格：《一个古老的梦：伊拉斯谟传》，姜瑞璋、廖綵胜译，沈阳：辽宁教育出版社，1998年。

② ［德］恩格斯：《自然辩证法》，于光远等译编，北京：人民出版社，1984年。

文艺复兴和宗教革命使欧洲社会越来越远离中世纪了，欧洲历史面貌从此一变。新教把宗教的教派统治打破了，代表了德意志民族摆脱罗马教廷控制的民族愿望，在这点上，人文主义和新教在精神上是相通的。

贝特兰·罗素说："新教牧师至少像旧教教士冥顽不灵，尽管如此，在新教国家不久就比旧教国家有了大得多的思想自由，这是因为新教国家中牧师的权力较小。新教的重要一面不在于树立异端，而在于分裂教派；因为教派分裂造成国家教会，而国家教会的力量够不上控制俗界政权。"①

罗素当然是以英国为例的。伏尔泰到英国旅行，脑子里装着的是法国等地所见所闻的宗教迫害所造成的流血冲突、宗教裁判所对异教派所加的酷刑，到了英国发现英国的教派的"容忍度"相当大，感触极深，使他有一种意外的轻松的印象。罗素的这段话可以在伏尔泰的见闻中得到"印证"。伏尔泰在《哲学通信》里共收入了25封通信，其中谈英国宗教情况的，有7封之多。例如，他说："这里是一个宗派林立的国度。一个英国人，作为自由人，可以沿着他所喜欢的道路进入天堂。"②还说："要是英格兰只有一种宗教，怕的是可能要闹专制；要是在那里有两种宗教，他们自己相互之间可能要相互扼杀；但是，那里有三十多种宗教，而他们却能和平地与幸福地生活着。"③伏尔泰容有美化英国之处，但英国宗教

---

① 〔英〕罗素：《西方哲学史》（下卷），马元德译，北京：商务印书馆，1976年。
② 〔法〕伏尔泰：《哲学通信》，高达观等译，上海：上海人民出版社，1986年。
③ 〔法〕伏尔泰：《哲学通信》，高达观等译，上海：上海人民出版社，1986年。

斗争之激烈程度远不如法国，则是事实；特别是国教成立以后，教派之争显然和缓得多了。

沉思的 17 世纪

16世纪发生的宗教革命在欧洲人当中引起的震动是深刻而久远的，它比文艺复兴的冲击力要猛烈得多，好像是给迷惘和半醒半眠的人猛击了一掌，欧洲人的精神为之一振。然而，使西欧（通过思想界）进入精神领域里的深入反思，则是由17世纪开始。这个世纪的一个方面的事实是，教会分裂了，但作为意识形态的基督教神学的思想统治还十分牢固，起着镇压作用的教会组织仍炙手可热；它的宗教裁判所的气焰仍然令人不寒而栗，（想想伽利略的事例！）另一方面的事实则是启蒙的晨光已经开始闪亮了。从弗朗西斯·培根（他是跨16、17世纪的人）起，霍布斯、洛克、笛卡儿、伽桑迪、斯宾诺莎、马勒伯朗士、莱布尼茨等这一连串名字，都在这一闪亮中做出了自己的贡献，这贡献的特征，就是独立的、科学的思维——对神学或经院哲学的反思。

哲学家们的反思，带有浓重的学究气，既不像达·芬奇那个时期的花团锦簇、色彩瑰丽，也不像马丁·路德和他的同伴们那样迅猛、激烈，沸沸扬扬。这是一个沉思的世纪。黑格尔有一段话颇能概括这个沉思的世纪的精神特点：

我们在这里应当考察近代哲学的具体形式，即自为思维的出现。这种思维的出现，主要是随同着人们对自在存在的反思，是一种主观的东西，因此一般地与存在有一种对立。所以全部兴趣仅仅在于和解这一对立，把握住最高度的和解，也就是说，把握住最抽象的两极之间的和解。这种最高的分裂，就是思维与存在的对立；要掌握的就是思维与存在的和解。从这时起，一切哲学都对这个统一发生兴趣。因此思想是比较自由的。所以我们现在把思维与神学的统一抛开。思维与神学分开了，有如过去它在希腊人那里与神话、与民间宗教分开，最后到了亚历山大里亚派的时候，才重新找出那样一些形式，用思想的形式把神话观念充实起来……①

这段话，是我们了解17世纪的精神状态所必须反复琢磨的钥匙。"自为思维的出现"，"思维与存在的对立"与"和解"，"思维与神学分开"等都与黑格尔下文所讲的"思维独立地出现"同义。"独立"于什么？就是"独立"于神学。但是这个任务却不是一蹴而就的；神学对欧洲人的精神控制时间那么长，那样深，那样牢固，要在思维上跨出这一步，没有几个世纪的体验、努力、争论是不可能的；何况其间还免不了种种阻难和曲折。"宗教革命"并没有解决这个精神领域的问题，它松动了一下思想禁锢，由此推动人们动脑筋，功绩是很大的，但它不能直接造成"独立思维"的局面。"独立思维"可以从革命中得到启发，却不能在一次革命的运

---

① [德]黑格尔：《哲学史讲演录》(第四卷)，贺麟、王大庆译，北京：商务印书馆，1978年。

动中"完成"。思维独立地对待存在，是人在认识上的革命。经过宗教革命的西欧思想界，还不能不在神学的笼罩下磨炼自己的独立思维能力。

17世纪不能回避的一个头号问题，就是"神"的存在。"神的存在"本来是天经地义的事，但在宗教革命后，人们的思想禁锢刚刚松动一点点，就对信仰问题产生了某些动摇，以致"神"的存在居然成了需要论证的问题了，这是自从基督教在西欧生根以来没有的事。那时的哲学和神学完全没有分开，哲学家和神学家没有严格的分工，所以维护上帝本体是他们的题中之义和不容推却的任务。弗朗西斯·培根（1561—1626）粗粗地把哲学分成神的、人的和自然的哲学，预示了哲学与神学分离——形而上学与神学分离、形而上学与伦理学分离等——的前景；但"神是存在的"，是无可怀疑的。

使对于"上帝的存在"问题的讨论大大推进一步的，应推号称"近代哲学之父"的笛卡儿（1596—1650）。他在写《第一哲学沉思录》时给巴黎神学院院长写了一封信，解释他为什么写这部书。他说，上帝和灵魂的存在与否，对于信教的人来说，根本不成问题，光凭信仰就足以使他们对上帝的存在确信无疑，并相信人的灵魂是不随肉体一起死亡的。问题是对于不信教的人，光凭信仰便不够了；就需要哲学家们用"自然的理由"来说服不信宗教的人。什么是"自然的理由"呢？他解释说："如果从哲学的角度上，出于好奇心并且仔仔细细地再一次找出一些最好的、更有力的理由，然后把这些理由安排成一个非常明白、非常准确的次序，以使今后大家都能坚持不移地确认这是一些真正的证明，那么在哲学里就再也不可能做出比这更有好处的事了。"①怎么又叫"哲学的角度"呢？那就是他屡次说的坚定可靠的科学方法，他特别指的就是"算学、几何学"这类性质的科学。由于这类科学是最基本的，最准确无误的，所以，凡经科学证实的东西，便一定是百分之百确切的。例如2+3=5，是非常简单的、根本的、完全确切的"真理"。如果用这样的办法论证神和灵魂问题，使任何人都丝毫没有怀疑，对上帝的信仰就不会产生问题了。归结为一句话，要用几何学那样精确的方法去处理形而上学的神学，这就是笛卡儿提出的方法。笛卡儿用的是"于无疑处生疑"的办法。"怀疑"是求知的根本前提，什么都明白透顶了，还求什么知呢？所以要"疑"到无疑处，才能得到真知。大家都知道笛卡儿的名言"我思故我在"；在这句话之前还应概括一句"我疑故我思"，就完整了。再引他一句话，说明笛卡儿的方法的彻底性："如果我想要在科学上建立起某种坚定可靠、经久不变的东西的话，我就非在我有生之日认真地把我历来信以为真的一切见解统统清除出去，再从根本上重新开始不可。"②于是他进行了艰难的工作，既要表示他绝对忠于宗教，又要用"科学的方法"去驱散世俗对宗教的怀疑。这是笛卡儿为自己出的一道极大的难题，并且把难题留给了后来者。斯宾诺莎（1632—1677）、莱布尼茨（1646—1716）等17世纪哲人都沿袭笛卡儿的

---

① ［法］笛卡儿：《第一哲学沉思录》，庞景仁译，北京：商务印书馆，1986年。
② ［法］笛卡儿：《第一哲学沉思录》，庞景仁译，北京：商务印书馆，1986年。

▲ 笛卡儿

方法而有所损益。斯宾诺莎用几何学的公理和绎理方法论神，莱布尼茨则试图用数字符号去解决形而上学的神学问题。

但是，用哲学（或科学）的办法论证上帝问题，实在是"缘木求鱼"。因为神的问题压根儿就不是科学能论证的问题，结果越是用科学的办法论证神学，越显得捉襟见肘。上帝的存在终于没有在科学里得到证明，从笛卡儿到莱布尼茨，最后都只能把上帝问题归于"天启"。这个问题一直到18世纪，启蒙运动时期的大师们也没有彻底解决。伏尔泰说宗教属于信仰问题，认识属于哲学问题。康德晚年则认为应该把神学和哲学分开，学校里神学系和哲学系各司其事。费希特也遵循康德的路子主张"天启"应受理性的检验。然而，用科学来验证上帝，虽然没有找到答案，但是在反复"论证"的过程中却为思想解放、理性解放开了路。

上面的这些叙述是想说明17世纪以来欧洲的一种精神状态，就是以"人"为本位、以世俗的观念为推动的"人"的本位，在曲折但顽强地表现出来，一点一点地在摆脱旧的精神枷锁。笛卡儿的"新方法"只能在宗教革命以后、在自然哲学不断取得进展的情况下出现。如果环境更宽松、宽容一些，没有"宗教裁判所"之类对伽利略等的迫害，也许笛卡儿的大胆怀疑精神会走得更远些。但无论如何，人的思想已开始发酵，这是思想解放的开端。培根和笛卡儿未必自觉地意识到他们已经为通向新的觉醒开启了一条必定要延伸下去的通道。

顺着这条思路寻思下来，会清晰地发现近代欧洲精神领域的一个带有根本性的走向，就是一步一步地摆脱神的束缚。这个进程当然是不自觉的，而且不能说这个进程确切地始于何时，因为任何思维的运动只有笼统的阶段性，某一阶段的思想状况必是以前的思想活动积累推进而成的。从"人"从"神"的束缚下获得解放，或从人性的解放的社会意义来看，17世纪的哲人们的确起了为新时期报晓的作用。

17世纪也可以说是方法论觉醒的世纪，此前的形而上学关注的问题，归根到底是本体论问题，几乎不存在认识论、方法论的问题。17世纪则开始由论证神的存在问题入手进入了认识的领域。黑格尔说，17世纪在方法论上有两大流派，一是英国的经验派，一是大陆的从思维、从内心出发的理性思辨派。这两派都各有自己久远的历史渊源，到17世纪而形成气候。一般说来，经验主义重感官知觉、重亲身经验；理性思辨重心智推理。然而在发展过程当中并不是相互没有影响，只是出发点和侧重点有明显的区别。重要的在于，无论是经验主义还是理性主义，对经院哲学来说，都意味着方法论的觉醒和革命；就是说，不再是以"神"为本位、用"神"的眼光去观察世界，而是自觉或不自觉地以人的体验、人的独立思维为本位，自觉或不自觉地用"人"的眼光去从世界本身认识世界。

斯宾诺莎说，人的"清晰的知识"，"不是由我们理性的确信而产生的，而是通过我们对事物自身的感受和享受产生的"，他进而说，"这种知识远超过其他知识"。①（所谓"理性的确信"指的是无须论证的信仰。）这些话非常浓缩地概括了一种具有时代特征的认识论。但是这样明确的语言常常被浸没在曲折而繁复的思辨论证的汪洋大海里，很容易被忽视；哲学家本人也经常"只缘

---

① ［荷兰］斯宾诺莎：《神、人及其幸福简论》，洪汉鼎、孙祖培译，北京：商务印书馆，1987年。

身在此山中"而不能自拔。但是，他们既然要用"科学的办法"（如几何学的方法）去追求认识的准确性，那就不可能脱离感性世界。"两点之间直线最短"之类的常识只能是从感性得出的，与"天启"之类毫不搭界。而且他们自己就是被物理学、天文学、数学、生物学等自然科学成长的氛围所包围，自己也是参与其中的一员。

人们从感性世界汲取知识却不自知；他们使用"科学方法"论证神的存在反而使"神的存在"更成为问题；因此，他们的论证不仅没有如他们所预想的那样使不信教的人转而相信上帝的存在，反倒暴露出论证本身的矛盾（因为，"上帝"的存在本身就是反科学的）。这些矛盾，在笛卡儿提出新方法的时候就已存在，到莱布尼茨、马勒伯朗士（1638—1715）这些17世纪最后的形而上学大师，这个矛盾就愈加无法说圆；在诸如莱布尼茨的《神正论》、马勒伯朗士的《真理的探求》等著作中，上帝问题和科学方法愈加分为两橛了：上帝问题仍回到神本主义去，几何原理、数学演算依然走着自己的路。

问题固然没有解决，但是人的认识要从神的束缚下解放出来、要从世界本身去认识世界的大门，从此渐渐打开了；培根、笛卡儿以来的世纪像一面镜子，反映出独立思维怎样从这扇门挣脱出来。哲学家们本人是否相信有神，可以另做专门探讨；这里想要指出的是，欧洲的精神世界在这一百年当中发生了非常重要的但是悄悄的变化，这就是：愈来愈摆脱神学在精神世界中的至上地位，使哲学进一步脱离神学，和在对自然界——物自体——的探索上向前迈进。从此通向"启蒙"乃是自然的趋势；因此可以说，这一百年是在宗教革命基础上深入反思的一百年，是为"启蒙运动"在思想上铺垫道路的一百年。

启蒙运动：理性之光

"启蒙"，这是一个应该大写的词语！17世纪是方法论觉醒的时代，18世纪该是理智的时代。什么叫"启蒙"，英文是Enlightenment，法文叫Lumière，就是光芒、光亮的意思。柏拉图的穴居人在洞穴中见到的就是那一道光，划破了重重黑暗的光。

西欧的"启蒙"有它社会的、精神的意蕴，有它的时代特征。1784年，康德在《答复这个问题："什么是启蒙运动？"》里讲得最好：

> 启蒙运动就是人类脱离自己所加之于自己的不成熟状态。不成熟状态就是不经别人的引导，就对运用自己的理智无能为力。当其原因不在于缺乏理智，而在于不经别人的引导就缺乏勇气与决心去加以运用时，那么这种不成熟状态就是自己所加之于自己的了。Sapere aude! 要有勇气运用你自己的理智！这就是启蒙运动的口号。①

---

① ［德］康德：《历史理性批判文集》，何兆武译，北京：商务印书馆，1991年。

▲ 伏尔泰

"Sapere aude！" 出自贺拉斯《诗论》，德国启蒙运动重要组织"真理之友社"于1736年用来作为该社的口号。

启蒙运动最盛是在18世纪的法国。孟德斯鸠、伏尔泰、达朗贝、狄德罗、卢梭、孔多塞、毕封、博马舍等人们所熟悉的各个领域的杰出人物都出在这个世纪的法国。他们有的是哲学家，有的是科学家，有的是文学家；是一批思维敏捷、眼界开阔、对社会持批判态度的人。与17世纪相承接的是，他们吸收了前人最有光彩的成就；其中既有笛卡儿以来的唯理主义思辨哲学的影响，又有从英国来的培根、洛克经验主义的影响。"17世纪也是具有天才的，他们将世界上的复杂思想界清除了一番，18世纪接着又以无情的手段继续进行那种清除工作。"①

与17世纪不同的是，18世纪的天才们不单是哲学家或某个方面的学者，最重要的是他们极其关注社会，更加具有批判的精神和意识。读着诸如孟德斯鸠、伏尔泰、卢梭等人的传世之作，

① ［英］A.N.怀特海：《科学与近代世界》，何钦译，北京：商务印书馆，1959年。

自然而然地会感觉到没有丝毫笛卡儿、斯宾诺莎式的沉闷而玄奥的书斋气，而是表现出一种崭新的、鲜明的风格。普通人也能看懂，并且会觉得同他们所关心的问题十分靠近。"风格就是人"，同时风格也代表着时代的精神面貌和个性。最能代表这种时代精神的，莫过于伏尔

▲ 孟德斯鸠

泰，他一生做得最多的，就是剖析和批判社会。他无论写什么，基调总是或汪洋恣肆，或热烈轻盈，嬉笑怒骂有之，冷嘲热讽有之。他在反对宗教迫害的小册子《论宽容》里，如同战斗檄文一般写道："难道耶稣基督曾经制定过嗜杀的律令？难道他曾授人以不宽容之权，曾命人修建宗教裁判所黑牢，曾领授过火刑刽子手的'圣职'？"[1] 锋芒直指迷信、愚昧和压迫。这些人就如恩格斯说的，不承认任何外界的权威，宗教、自然观、社会、国家制度，一切都受到了最无情的批判；一切都必须在理性的法庭面前为自己的存在做辩护或者放弃存在的权利。在这些启蒙学者的眼中，以往的一切社会形式和国家形式，一切传统观念，都被当

---

[1]　Voltaire. *Traité sur la Tolérance*. G-F-Flam-marian, 1989.

作不合理的东西扔到垃圾堆里去了。恩格斯说："只是现在阳光才照射出来。从今以后，迷信、偏私、特权和压迫，必将为永恒的真理，为永恒的正义，为基于自然的平等和不可剥夺的人权所排挤。"①

启蒙运动在法国是批判现实的，在德国则表现为建构从莱辛，特别是从康德到黑格尔、费尔巴哈的德意志古典哲学的大厦。德国的情况和法国大不相同，德国的启蒙运动还只能曲折地，甚至于隐蔽地进行。或者用康德的话，"公众只能是很缓慢地获得启蒙"，而且还不得不在"开明"君主的宽容下取得些许运用理性的自由。康德很生动地描述了当时普鲁士的情况：

> 然而，这一启蒙运动除了自由而外并不需要任何别的东西，而且还确乎是一切可以称之为自由的东西之中最无害的东西，那就是在一切事情上都有公开运用自己理性的自由。可是我却听到从四面八方都发出这样的叫喊：不许争辩！军官说：不许争辩，只许操练。税吏说：不许争辩，只许纳税。神甫说：不许争辩，只许信仰。（举世只有一位君主说：可以争辩，随便争多少，随便争什么，但是要听话！）到处都有对自由的限制。②

---

① 《马克思恩格斯选集》（第三卷），中共中央马克思恩格斯列宁斯大林著作编译局编译，北京：人民出版社，1972年。
② ［德］康德：《历史理性批判文集》，何兆武译，北京：商务印书馆，1991年。
引文中的"君主"，指普鲁士的腓特烈大帝。

但是，启蒙时代毕竟已经到来了。德国的学者用的是与法国学者不同的办法，从康德起，几乎每个有成就的哲学家都建立起自己的哲学体系，启蒙运动在当时的德国更具有理论的色彩。

当谈到"启蒙"时期时，往往把英国排除在外，在英国的思想史上，也确实没有一段像法国那样的"启蒙时期"。然而实际上具有"启蒙"意义的思想家，在英国是最早就有的。英国在对待宗教和王权的态度上早就与大陆不同，很早便有了自由主义、经验主义的萌芽，并一直延续下来形成具有英国特色的经验主义。所以，英国的精神世界在循序渐进当中，不需要也不可能产生伏尔泰式的思想运动。到18世纪，虽有休谟、巴克莱、亚当·斯密等人的不同，但是主线都是系在从中古的"唯名论"到培根、洛克的传统上的。再者，英国的思想家由于重视感觉、不重视唯理的思辨，所以也产生不了德国那样的"纯粹"哲学。当然英国经验主义对大陆的理性主义有影响，反之亦然，并不是河水不犯井水。讲区别，是讲主要色调不同。

但是启蒙运动，作为开启民智、推动人们自觉地把理性原则作为观察宇宙、自然和人类社会的最基本原则的运动，在欧洲各地都是相同的。它从17世纪晚期开始，至18世纪达到高潮，一直延续到19世纪，极大地促进了欧洲精神面貌的变化。

可以说，"启蒙运动"是文艺复兴、宗教革命的逻辑延伸，或说是它们的不可缺少的，也是不可避免的"续篇"。"文艺复兴"好像是一个酣睡的人在慢慢苏醒；"宗教革命"进一步表现在"上帝"问题的一种突破；在引起笛卡儿以来整个世纪的沉思后，西欧进入了自觉地运用理智的阶段。所以"启蒙运动"是文艺复兴以来思想运动不断深化、不断让理性脱离神学羁绊的渐进、积累的必然结果。

这是一个商业革命、产业革命、思想革命相互推动的时期。没有一定的物质条件，精神领域不可能有这样的变化。在这些世纪里，西欧社会从重商主义启动，产业革命为之插上翅膀，物质文明大为改观，生产和消费非常活跃，近代市民城市已经出现，文化教育开始有了欣欣向荣的气象，发明创造迭出，欧洲人的日常生活质量和生活环境，到18世纪与以前大有不同。布罗代尔在他的名著《15至18世纪的物质文明、经济和资本主义》中，详细地记载了这一切。此处不详及，提一下以示精神领域的变化绝非孤立现象。

"启蒙运动"对于欧洲历史的推动之功，是无论怎样估计都不为过的。敢于使用理智去观察世界，这是最关键的。试想一个人的精神如果还处在被某种迷信的奴役状态之中，他怎能迈开双脚走路呢？马克思说，在这个时期，"人们用哲学来对抗形而上学，这正像费尔巴哈在他向黑格尔作第一次坚决进攻时以清醒的哲学来对抗醉醺醺的思辨一样"。①

"以清醒的哲学来对抗醉醺醺的思辨"，说得真是形象至极！"清醒"可以包含两点内容：一是人性比较彻底地从神的权威阴影下摆脱出来，这就是人性的解放。对于这一点所具有的社会意义，

---

① 马克思，恩格斯：《神圣家族，或对批判的批判所做的批判》，中共中央马克思恩格斯列宁斯大林著作编译局译，北京：人民出版社，1958年。

必须有充分的认识。因为在很久一段时间里，"人性"在我们国家成了资产阶级所专有的，因此，曾经有过一种观点，把人性同人的阶级性对立起来，好像一说"人性"便是否认了人的"阶级性"，似乎只要一提"人性"，便是"超阶级的"；在"斗争哲学"风行的时候，人人讳言"人性"，贻害之大、之深，毋庸赘述。对"理性"也曾持否定态度，指为"唯心主义"。"理性"在欧洲历史上确曾寄在上帝身上，但经过从文艺复兴到启蒙运动的淘炼，"理性"早已还给了人的理智。马克思下面这段话是非常值得再三体味的：

> 并不需要多大的聪明就可以看出，关于人性本善和人们智力平等，关于经验、习惯、教育的万能，关于外部环境对人的影响，关于工业的重大意义，关于享乐的合理性等的唯物主义学说，同共产主义和社会主义之间有着必然的联系。既然人是从感性和感性世界的经验中汲取自己的一切知识、感觉，等等，那就必须这样安排周围的世界，使人在其中能认识和领会真正合乎人性的东西，使他能认识到自己是人。[①]

"使他能认识到自己是人"，这是人类在认识上的何等伟大的飞跃！这是欧洲到了近代从"回归"希腊，并经过文艺复兴又猛然一跃而发扬光大起来的"认识革命""思想革命"。

---

① 马克思，恩格斯：《神圣家族，或对批判的批判所做的批判》，中共中央马克思恩格斯列宁斯大林著作编译局译，北京：人民出版社，1958年。

　　"清醒"包含的第二个内容是，欧洲人进入了"从世界本身认识世界"的新世纪。欧洲直到莱布尼茨的时期，实验科学还是和形而上学，甚至神学绞在一起的；或者说，神学和科学是混在哲学里的，任何科学家一方面千方百计地去观察和认识客观世界，另一方面又都绕不开神的阴影。哥白尼、布鲁诺、开普勒、伽利略、吉勒贝尔、哈维等近代科学的开山人物，无一不是在神学的干扰下从事其科学发现的。牛顿、笛卡儿、莱布尼茨在他们作为物理学家、数学家时，他们的兴趣是自在之物，但却不承认它们的实存，仍要把第一推动力归于"神"。直到18世纪的上半叶，自然科学还深深地

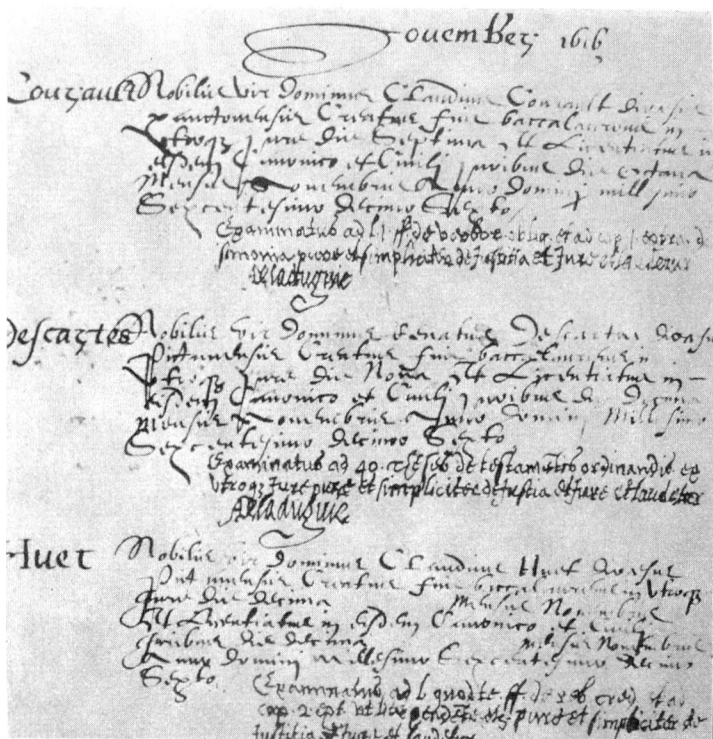

笛卡儿手稿

禁锢在神学之中。事实是，实验科学与形而上学的分离是在启蒙运动过程中渐渐成为现实的。培根、伏尔泰等都曾说信仰是宗教的事，真理是哲学的事。这固然反映了把哲学、科学从宗教分离出来的趋势，但是还必须等到1755年康德发表《自然通史和天体理论》才算第一次取消了"第一次推动"的问题。

现在再回顾一下这一章开头时提出的主题，即"人与上帝"的关系问题，它好比一团线的线头，抓住线头牵拉开去，把线团打开的整个过程，就是这三百来年（比如说从16世纪到18世纪，或者用布罗代尔的说法，从15世纪到18世纪）所发生的思想革命，或叫作精神领域里的革命。这些革命重复地说，就是文艺复兴、宗教改革、启蒙运动相继联系、承接起来的"链条"。通过这个"革命"链条，"人"一步一步地从"神"的迷信中解放出来。不是一下子和"上帝"一刀两断，而是在认识客观世界时，愈来愈不受宗教信条的约束，愈来愈把客观世界当作客观存在去认识。因此，不妨把认识和信仰的关系的变化，分成以下四段：第一段中世纪的时候，认识是完全服从于信仰的，上帝决定一切，认识没有独立于信仰的功能。到中世纪后期，开始了第二段，渐渐地，认识脱离了信仰；起先是不自觉地脱离，这个过程很长，像哥白尼、布鲁诺、伽利略这类科学家都是不自觉地使认识脱离信仰。笛卡儿向前迈出了一大步，是第三段。在这一段里，物理学和神学实际上分开了，马克思说笛卡儿搞物理学时是唯物的，讲神学时又是唯心的。列宁说莱布尼茨是通过神学接近了物质和运动有着不可分割的联系的原则。马克思和列宁这样说，都是要说明，笛卡儿和他的继承人比哥白尼等更进一步使认识脱离了信仰。不过，他们也还没有达到自觉的程度。比较自觉地把认识和信仰分开的，是启蒙运动时期才有的事。这是认识历程的第四段，就像康德所建议的，在大学里把宗教教育交给神学系，而另立哲学系"作为神学系的反对派"。[①]康德因此受到了官方的谴责，不许他再议论"神学"。

所以，人的认识脱离信仰而独立出来，使人的思维科学化，完全从物自体出发去认识世界，在人类思想史中是一件很了不起的事情。

这种思想领域里的革命，至少在两个方面产生了不可估量的影响。一是推动了社会革命，最昭著的事例，就是1789年的法国大革命；再是进一步推动了实验科学的发展，使技术发明建筑在日益完整的科学体系的基础之上。

"启蒙"是人类文明发展史中具有动力的精神。时代是在不断前进的，总有新的事物、新的变化迫使人去认识它、去理解它，在必要时走在它的前面。所以，当一种新的事物、新的变化已在萌发，而我们还没有认识它的时候，我们就仍处在"童蒙"状态，也便需要"启蒙"。"启蒙"的内容可以不同，"启蒙"的精神对于排除不文明、推动文明的进步，永远是需要的；因为人对于世界的认识永远不会终结。"要有勇气运用你的理智！"这是任何时候都需要的。

---

① ［德］康德：《康德书信百封》，李秋零编译，上海：上海人民出版社，1992年。

第七章

革命

Bastille façade orientale

荷、英革命

讲欧洲的文明史不能绕过16—19世纪的政治性革命。因为它终其极是文明的产物。上一章讲的是思想家们的精神活动，这一章涉及的则是社会性的改革，新的制度取代旧的制度的那种变革。这里讲的是荷兰革命（又叫尼德兰革命）、英国革命、法国革命，以及19世纪发生在法国和中欧的群众革命运动。这些革命的活动形式各有不同，但都反映了这几个世纪社会、经济和人文的变化，倒过来说，正是这些社会等方面的变化，成为革命的"催生剂"，所以是必要的条件。

在我们谈到17世纪的精神世界的时候，如果不理会欧洲在那些世纪还发生了什么值得一提的事情，那么我们真的钻进了"象牙之塔"。现在先讲"荷兰革命"。"荷兰革命"又叫"尼德兰革命"；尼德兰在16世纪由荷兰、泽兰、乌得勒支、格尔德兰、奥弗赖塞尔、弗里斯兰和格罗宁根七省组成，成立共和国后又称"低地共和国"。

尼德兰革命的表现形式是反对西班牙统治的独立战争。当时尼德兰经济正在增长势头上，海外贸易出现起色，新成长起来的工商资产阶级要进一步发展，就必须彻底摆脱西班牙的控制。荷兰是继葡萄牙、西班牙踵后，大约与英国前后挤进印度洋海域的。荷兰法学家格劳秀斯在《自由的水域》中提问："辽阔无边的大海是某一个王国的采地而不为大家所有吗？单独一个国家就有权禁止其他国家出卖商品，进行交换，与别国发生关系吗？一个国家能够将从不属于自己的东西给出，将已经属于别人的东西视作自己的发现吗？明目张胆的不公正行为久而久之会形成特殊法吗？"[①]当时西班牙在尼德兰统治的支柱是天主教，所以又有当地路德教派和加尔文派对旧教的宗教战争的性质。这场独立战争从1568年起时断时续地进行到1648年即三十年战争结束这一年。一般把1572年北方人民起义到1581年北方各省宣布独立，建立了北方联省共和国，1609年被迫停战，称作尼德兰革命时期。这次西班牙受挫，英国的参与起了重要作用；当时英、西正在争夺海上霸权，英国海军于1588年大破西班牙"无敌舰队"，客观上帮了尼德兰革命的忙。后来与西班牙的战争又起，无敌舰队再度受挫，最后《威斯特伐利亚和约》确认尼德兰为独立主权国家，并成为17世纪的欧洲强权之一。对西班牙封建统治的胜利，为荷兰的新兴资产阶级登上政治舞台、为推动荷兰海上贸易的发展，扫清了道路。

作为七省联合的北方"低地"，在欧洲是块独一无二的地方，例如它没有像法国那样高度的君主集权制，由贵族、教士和平民组成的各地"三级会议"很早就发挥着政治领导的作用，几乎像英国

---

① [法]德尼兹·加亚尔等：《欧洲史》，蔡鸿滨、桂裕芳译，海口：海南出版社，2000年。

那样早便有了"议会制"形态。又不像德意志民族那样分裂，"低地"把它们拢在了一起。在它与海上大国西班牙、英国等争雄时，荷兰表现出了很大的机动性，特别是在西班牙势衰后，荷兰如日中天，在荷属东、西印度公司的支撑下，在东南亚、拉丁美洲和非洲建起了一个"殖民帝国"；在海上贸易方面，荷兰的商船起了东西海域的运输队的作用，控制了印度洋、大西洋的航运。早熟的荷兰一时间成为国际贸易和金融中心。在这点上，它的先行者葡萄牙和西班牙远比不上它。1672年出版的唐普勒《论联合省国家》论及阿姆斯特丹银行时说："这家闻名世界的首富银行坐落在阿姆斯特丹城。人们观察这家银行时就会想到这是一个大宝库，里面有金条和银条，以及装满金钱的无数口袋。"[①]可见荷兰之富庶。

自由贸易给荷兰带来了国内经济和社会气氛的自由、宽容，与君主专制国家如法国形成鲜明的对照，一时集中了当时许多思想家、科学家、艺术家。到此避难的笛卡儿、本国的斯宾诺莎，为欧洲的精神世界做出了非常卓越的贡献。伦勃朗等著名的画家以静物、风景、市民生活为题材的作品反映了社会的平静和繁荣，形成荷兰画派。伦勃朗留下了一幅油画，画的是当时毛纺工业的职员们在检验样品的质量，表现了17世纪新资产阶级的生活面貌。然而荷兰毕竟太小，竞争不过比它强大的对手；到18世纪已不可能称雄海上，英国和法国先后超过了它，伦敦取代了阿姆斯特丹的位置，成为世界贸易和金融的中心。荷兰为什么到18世纪突然"衰落"，滑

---

① ［法］德尼兹·加亚尔等：《欧洲史》，蔡鸿滨、桂裕芳译，海口：海南出版社，2000年。

到边缘去了，史家说法不一：一说是由于发生内讧，一说是由于法国入侵而导致分裂。但无论如何，荷兰从独立起，一天天成为拥有优异的科技、繁荣的经济和先进的文化的民族，则是事实。

　　提起17世纪的英国革命，在我国近好几十年不承认那叫"革命"，因为参加者根本没有劳动阶级的人，说它是"温和"的，不流血的（其实是流了血的；内战要"流血"，克伦威尔把查理一世送上了断头台，也是"流血"的）；内战双方是王室和议会，而"光荣革命"迎来的居然是荷兰人做了英国的国君！其实，英国革命要解决的问题，在欧洲大陆各国都存在，从根本上说，与尼德

▼ "光荣革命"期间，奥兰治亲王率领荷兰军队在英格兰南部的托贝登陆

兰革命的目的没有什么不同；所以马克思说尼德兰革命是英国革命的原型，都是要为新兴的资产阶级开创事业，扫清道路，清除障碍物；从此议会民主和人的权利走入了一个新阶段。只是英国的工商业资产者要克服的障碍不是异国的统治，而是国内的王权。贵族——尤其是商业贵族——向王权争取权力的斗争，是由来已久的，13世纪的《大宪章》可以说是贵族取得的第一个成果。《大宪章》所体现出的与王权分权的精神和原则，在历史发展中即成为一种英国的民族传统。国会实际上成为贵族据以向王室争权的工具。盎格鲁－撒克逊政治文化的一个重要表现，就是即使在王权专制时期，也要承受贵族（通过议院）的压力；到17世纪，王室与国会便分成了敌对的两派，国会甚至拥有自己的武装，以致发生了王室与国会间的内战。内战的结果是国王被送上了断头台。以后经过"护国"和复辟时期，保住了王室的"体面"，并于1688年从荷兰迎来了信奉新教的新君。这就是众所习知的"光荣革命"。从此，商业贵族更加确立了自己的权益和地位，国会成为制衡和限制王权的力量。"光荣革命"后通过的《英国权利法案》（1689）第一条便规定："凡未经国会同意，以国王权威停止法律或停止法律实施之僭越权力，为非法权力。"[①]国王虽是一国之尊，也必须服从法律和国会。法高于王，而不是王高于法；"权利法案"连国王也必须遵守，从而保证了贵族（即资产阶级）的各种权利。

英国资产阶级（即正转变为资产阶级的贵族）在17世纪进行

---

① 蒋相泽主编：《世界通史资料选辑——近代部分》（上册），北京：商务印书馆，1964年。

的是"实打实"的工作，他们从维护和发展自己的利益的需要出发做着非常实际的事情，一步一步地冲破旧制度的束缚。他们发展了商业，开拓了海外贸易，成立了东印度公司，然后取得国会和国王批准，并要求国家派遣海军推进他们的事业，进而依靠国会并且与国会一起向国王提出他们所需要的条件，所以以内战的形式"摊牌"，表明英国的资产阶级的力量已经到了足以和国王分庭抗礼的程度。英国的商人给大陆的商人做出了榜样；英国革命使早已开始的商业革命更加活跃起来，为18世纪的产业革命开了路。

英国革命是没有理论做准备的，这与一个多世纪后的法国大革命之前有那么多启蒙运动思想家的情况不同。如果说有的话，那是英国传统中的经验主义对英国人的思维习惯和作风不知不觉地起了作用。所以有人说，英国整个革命都是"实用主义"的。特别是从一度的共和制转为君主立宪制，从荷兰"引进"相对意义的"虚君"，然后国会又迫使新君批准一系列限制王权、有利于资产阶级（或者叫作"新贵族"）的法律，处处都显示出高度"实用主义"的特色。

然而这种"实用主义"却为政治科学提供了理论质料。最重要的表现便是约翰·洛克总结英国的实践经验而写出的理论著作《政府论》。君主立宪制该是怎么一回事，这本著作是讲得最完整的；在整个欧洲的国家都是君主专制制度的情况下，像《政府论》这样的著作，是一种启蒙读物，特别是在破除"君权神授"的迷信上，是颇具振聋发聩之力的。他所提出的"人类天生都是自由、平等和独立的，如不得本人的同意，不能把任何人置于这种状态之外，使受制于另一个人的政治权力"①，尔后一直是欧洲民主所依据的原理。至今联合国的人权公约还可见洛克这一原理传下的影响。洛克还写了《关于公民政府的两篇论著》，抨击专制主义，主张限制政府权力。洛克对于18世纪欧洲思想界的影响是非常巨大的。培根创造了"实验哲学"，洛克则贡献了"政治哲学"。

法国革命

18世纪，革命危机向欧洲大陆转移；君主专制制度已到了无法照原样继续维持统治的地步。不满情绪到处迸发出来；特别是到18世纪后半叶，在欧洲的许多地方，都发生了群众性骚动、示威，有的是针对着旧政权，有的则是反映了强烈的民族情绪和要求，如爱尔兰（1782—1784）、比利时（1787—1790）、荷兰（1783—1787），以及苏格兰（1779）等，都发生了不同程度的风波或动荡。形势最严峻而突出的，是法国；革命来势之迅猛，规模之广泛，斗争之激烈和复杂，影响之久远和深刻，前此的以及同时的任何其他地区的革命都不能与以1789年7月14日攻陷巴士底狱为信号的法国大革命相比。

阿列克西·德·托克维尔在《旧制度与大革命》中说，法国发生这些重大变化的原因很多，其中主要的原因是，欧洲的古老民族几个世纪以来积存起来的沉重的社会不平等；当其他国家还在怀疑

---

① ［英］洛克：《政府论》（下篇），叶启芳、瞿菊农译，北京：商务印书馆，1964年。

中摸索的时候，当它们只是对那样的形势有所感觉的时候，法国率先清楚地看到了想要做什么，并且急促促地发动了革命。[①]

法国的经济情况从表面上看，是相当"繁荣"的。进出口贸易增长很快，手工业的发展也相当迅速，采矿、冶金、纺织、奢侈品工业都发展起来；有些生产技术，如冶金方面，在欧洲是属于先进水平的。法国还参与奴隶贩卖的活动，为法国的奴隶贩子们带来巨额利润。法国工商业的繁荣，使金融资本家在整个资产阶级当中属于最富有、资金最雄厚的人，金融资本的飞跃发展，是法国资本主义早期发展的最突出的特点之一。

工商业的发展，使从中世纪以来的君主集权制统治下的社会结构受到了很大的冲击。例如，法国的贵族向来都是站在王室一边的，它不像英国贵族那样具有"独立性"，在英国的贵族早已与国王争夺权力的那些世纪里，法国的贵族还只是"朕即国家"的朝廷臣属。然而，随着工商业资本和金融银行业的发展，那部分工商业化了的贵族从贵族中分化出来成为资产阶级化的贵族，因此在革命临近的时候，便同工商业资产阶级一起提出了自己的要求，并在议会里有很大的发言权。法国的资产阶级在政治觉悟上至少比英国晚了一百年。从这个角度讲，英国革命也可说是法国革命的"预演"。

经济增长是事实。但是另一方面的事实，又起了抵消作用。经济增长使工商资本家们发了财，但政府的经济财政危机却使政府到

---

① Tocqueville. *De la Démocratie en Amérique, souvenirs, L'Ancien Régime et la Révolution*. Robert Laffont, 1986.

了难以承受的地步。几个世纪以来，法国就实行国债制度，路易十四时代号称法国封建王朝的盛世，但他身后留下的大额国债则是极难处理的难题，而且以后的国债还有增无减；加之穷兵黩武，只要有战争，如西班牙王位继承战争、波兰王位继承战争等，法国都有一份。尤其是七年战争，耗费了大量军费，结果是损兵折将，相当一部分在北美的殖民地，在印度的利益几乎全部转到了英国的手里。北美战争，法国趁机插上一手；为报英国的"一箭之仇"，封建王朝的法国与民主革命的美国站在了一起，战后虽然收回了若干"失地"，但是国库却因而更加匮乏了。再如税收制度，法国采取的是包税制度，养肥了一批包税人，于国家则毫无裨益。农村的制度变化甚少，农民处境十分艰难。农奴制虽从13世纪至15世纪已逐渐解体，代以农民土地占有制，但是土地主要是属于新旧贵族、教会资本家领主，农民并无所得，自耕农身上还重压着各种封建权利，如贡赋等负担。农业生产力得不到解放。地产问题非常严重，贵族和教会的土地所有制仍是旧制度的，需要进行重新分配。

这些问题都表明封建制度已经捉襟见肘，濒于崩溃，这是工商业的增长和金融银行业的发达所挽救不了的，因为它是体制本身的问题。其间曾屡屡求助于小修小补的改良措施，但最著名的如重农学派经济学家、财政总监杜尔哥的粮食自由贸易法令等一系列改革，也解决不了根本问题，反而引起从贵族到平民的普遍不满。贵族觉得限制了自己的既得利益，而农民则强烈地感觉到他们的要求丝毫没有得到满足。

几个世纪延续和积累的社会"不平等"，"朕即国家"的极权制，没有议会，没有宪法；取消"南特赦令"把新教享有的有限自由权利也给剥夺了；人民各阶层的日益强烈的不满酿成了接连不断的抗议运动。一切矛盾在18世纪下半期到了不能不"摊牌"的极限。法国成了一个火药桶，只要有一点火花，就可以使它爆炸。

具有最大的革命冲击力的力量，当然是包括工人、农民、城市贫民、小本经营的小商小贩等生活最贫困、最没有政治权利的下层民众。攻陷巴士底狱的，以及后来陆陆续续的起义，直至冲击王宫的，都是民众发自激情和愤怒的猛烈行动。民众起初是无组织、无秩序的，他们既没有一个政党组织领导，也没有行动的纲领，而主要是一种群情激愤发展到忍无可忍的爆发。社会上出现了各种各样共济会式的"俱乐部"，议论风生，訾议时政；启蒙思想家的言论政见在这里集散流传，各种新思想新观点不胫而走。在革命进行的每一阶段，都有不同的政治倾向、不同色彩的派别出现。在制宪议会和其后的立法议会、国会公会、"巴黎公社"委员会、救亡委员会等权力机构中，几乎在所有重大问题上——如对"反法联盟"的战与和问题，是否处死国王、王后，等等——都有左中右的立场对立；它们之间的派系斗争从未休止，而且势不两立。国王和王后被送上断头台后，各派革命者在外敌压境下也不曾稍微放松一下相互攻击和戕害，称得上残酷斗争，无情打击。到雅各宾专政时，早先宣布的原则精神已荡然无存。习惯于服从一个主宰者的法兰西民族，在以暴力推翻王室的统治之后，虽然立即有立宪之举，却无法克服彼此间的派系分歧和冲突，以致从一个极端走向另一个极端，从多头派系的"无政府"走向新的专制，经由督政府到第一执政官，进而发展到黄袍加身的拿破仑·波拿巴，从无政府的暴力行动到一人独裁，几乎是一步之遥。在革命高潮中风云一时的人物如罗伯斯庇尔在专政时期残杀异己，殃及无辜；不仅是"保皇派"，即使是赞成共和思想的温和派人士也难免受到各种各样的整肃和迫害。狄更斯写的小说《双城记》那样的故事，不是没有事实依据的。

但是，在另一方面，法国大革命从一开始到拿破仑成为第一执政，完全是前此欧洲历史上所未曾有过的各种政治哲学的大实验室。本来连君主立宪的影子都很缺少，在几年时间，立宪共和主义一下子成了最时髦的东西；人人生而平等，人与人互称"公民"；法律在革命中建立起来，立宪成为普遍的意志；农民背上的封建枷锁被革命冲开；人民公意和主权与法兰西民族主义在外国干涉威胁下一致起来；平等和自由成为国民的崇高理想；"革命"成为全民族的"大众口头禅"（Catchword），以致波拿巴都是以"革命"的名义戴上皇冠的。法国这场猛烈的大革命把全社会都卷进来了，毫无疑问，它对旧制度的冲击是致命性的，正像恩格斯说的，"法国在中世纪是封建制度的中心，从文艺复兴时代起是统一的等级君主制的典型国家，它在大革命时期粉碎了封建制度，建立了纯粹资产阶级统治，这种统治所具有的典型性是欧洲任何其他国家所没有的"。[①]其中应当包括波拿巴主义式的资产阶级统治。法国大革命的原则从此成为不仅是法国的，而且是欧洲的政治伦理观念。人权

---

① 《马克思恩格斯选集》（第一卷），中共中央马克思恩格斯列宁斯大林著作编译局编译，北京：人民出版社，1972年。

和公民权的神圣性经过法国大革命达到了最高点；从英国的《权利法案》（1689），到美国的《独立宣言》（1776）和法国的《人权宣言》（1789），一脉相承而屡有增益，近代欧美西方社会的基本价值观均本于此，成为普遍认同的政治伦理传统。

英、法革命的比较

马克思在谈到普鲁士1848年"三月革命"只不过是欧洲革命在一个落后国家里的"微弱的回声"时，认为它甚至比不上1648年的英国革命和1789年的法国革命：

> 在1648年，资产阶级和新贵族结成了同盟反对君主制度，反对封建贵族和反对统治的教会。
>
> 在1789年，资产阶级和人民结成了同盟反对君主制度、贵族和统治的教会。①

英、法在不同时期、不同历史条件（不同国情）下发生的革命之异同，都概括在这两句话里了。在英国，贵族的相当一部分很久以来便渐渐"资本化"了，他们是资产阶级的前身，而且在几个世纪当中，一直同国王发生"分权"的冲突，对于社会的改造早在革命前就"静悄悄地进行"了（恩格斯），在这个意义上讲英国革命

---

① 《马克思恩格斯选集》（第一卷），中共中央马克思恩格斯列宁斯大林著作编译局编译，北京：人民出版社，1972年。

表现为"渐进"过程，倒也是不错的，英国革命的对象是王权。贵族对王室的分权斗争，从13世纪的《大宪章》起已很明显了。《大宪章》也称《自由大宪章》，是封建领主于1215年迫使英王约翰签署的，其中特别规定非经领主代表会议同意，国王不得向领主征派款项、增加税收；非经贵族们的同意，国王不得逮捕或监禁任何"自由人"（即领主）或剥夺他们的土地、财产，等等。1255年，英国贵族又在牛津通过限制王权的决议，并迫使国王亨利三世接受，规定由15个大贵族组成会议，执掌国家政权；并组成"国会"，讨论重大国事。从《大宪章》和《牛津条例》来看，似乎真正管事的是相当于今天的"国会"和"政府"，国王只能服从。"虚君"的根苗当始于此。当然条例在实行过程中，曾发生国王与贵族的冲突；但是，制定法律的权力不属于国王则从此成为英国的传统。《大宪章》限制了王权，保证并扩大了贵族与国王抗衡的权利，普通人民当然没有份儿；重要的是它为限制王权开了头，这就决定了英国历史上的王室也须置于法律之下。这一层政治意义是很重要的。如果把四个世纪以后的《权利法案》（1689）拿来与《大宪章》比较一下，不难看出它们之间的传承关系。不同的是，17世纪的贵族与13世纪的领主已不是同一类人了；他们已成为工商业资产阶级的代表，即马克思所说的"资产阶级和新贵族"了。英国的贵族领主们就这样渐渐地随着历史的进程成了大商人，成了近代意义的资产者。

法国资产阶级成为反对王室革命力量则比较晚。法国贵族对王室的"依附性"要大得多。它没有英国那种以立宪形式限制王权的传统。资产阶级到18世纪才随着资本主义经济的发展而成为与王朝对立的力量，贵族的分化也是到这个时期才发生的，而且总有相当一部分贵族坚守"保皇"的立场。再如农村和土地问题，英法的道路也不同。英国通过几个世纪的"圈地运动"使大批土地与资本挂钩；法国则维持了长久得多的封建土地制度，小农经济占有相当大的比重，只是在革命中才击一猛掌，通过政令使农业开始转向资本主义。

英法两个社会的气氛不同。总的说来，英国社会比较宽松；用恩格斯的话来说，"英国无疑是地球上（北美也不除外）最自由的，即不自由最少的国家。因此，有教养的英国人就具有在某种程度上说来是天生的独立自主权利，在这点上法国人是夸不了口的，德国人就更不用说了"。[①]这是历史上形成的。英国有个"得天独厚"的条件，就是除了古罗马人曾经入侵过，诺曼人入侵过，11世纪以来英国人一直可以"不受外界干扰地"自己发展，自治性比较强；13世纪以后社会就在一点一点地变化，物质上、精神上都在向近代社会挪动。宗教革命后英国也有新旧教之间的斗争，有时是很激烈的，但是相对说来，要"温和"得多。从这两种革命进行的表面现象来看，英国革命好比是"文火炖"，虽然也发生了内战和流血，但一直在那里用"文火"，炖得比较透，终于没有发生雅各宾式的极端行动和极权专政。法国革命好像是用"猛火烧"，在条件还不够成熟的时候，先一举摧毁了旧堡垒，然而，一把火是烧

[①] 《马克思恩格斯全集》（第一卷），中共中央马克思恩格斯列宁斯大林著作编译局编译，北京：人民出版社，1956年。

不尽整个旧世界的，以致虽然在革命爆发前已做立宪准备，并在人民起义后即迅速宣布了第一部共和宪法，但它的精神却很快便被制定它的人践踏了。革命专政和拿破仑称帝，以及以后发生七月王朝复辟，都是不可避免的反复。英国持辉格党立场的史学家马考莱在评论两个革命时说，英国革命是"维持性"的，因而"我们在19世纪便没有一次破坏性的革命"。①这话未必没有一定道理。

但是，这些现象上（或者叫方法上）的不同，绝不能掩盖这几个世纪的革命的共同任务，是反对中世纪以来的君主专制制度。所以马克思特别指出，英国革命和法国革命都是"欧洲范围的革命"：

> 1648年的革命和1789年的革命，并不是英国的革命和法国的革命；这是欧洲范围的革命。它们不是社会中某一阶级对旧政治制度的胜利；它们宣告了欧洲新社会的政治制度。资产阶级在这两次革命中获得了胜利；然而，当时资产阶级的胜利意味着新社会制度的胜利，资产阶级所有制对封建所有制的胜利，民族对地方主义的胜利，竞争对行会制度的胜利，财产分配制对长子继承制的胜利，土地所有者支配土地制对土地所有者隶属于土地制的胜利，教育对迷信的胜利，家庭对宗教的胜利，进取精神对游侠怠惰的胜利，资产阶级法权对中世纪特权的胜利。1648年的革命是十七世纪对十六世纪的革命，1789

---

① ［英］阿萨·勃里格斯：《英国社会史》，陈叔平译，北京：中国人民大学出版社，1991年。

年的革命是十八世纪对十七世纪的胜利。这两次革命不仅反映了它们本身发生的地区即英法两国的要求，而且在更大得多的程度上反映了当时整个世界的要求。[①]

透过这两次革命看欧洲所处的时代，这两次革命，特别是法国革命，不仅因其或曲折或激荡而引人入胜，更加重要的，是它们使人切实地感受到文明和社会进步的脉搏跳动的频率在不可遏止地加快，一个新时代正在逼近整个欧洲。据传说，蛰居哥尼斯堡的康德在得知法国发生的大变故的时候，或者由于过于惊讶，或者由于过于兴奋，竟然忘记了早已形成习惯的每天下午准时四点钟的户外散步。康德没有把法国革命看成一个孤立的事件，而是用历史哲学的大眼光从中窥见到人类历史前进的远景；他所看重的是法国革命在文明史中的意义。在这场革命告一段落的时候，康德写下了如下一段话：

> 但即使是这一事件所着眼的目的现在并没有达到，即使是一个民族的革命或体制改革到头来遭到失败，或者是改革经历了一段时间以后，一切又都回到从前的轨道上去（正如政治家们现在所预告的那样），那种哲学预告也不会丧失其任何一点力量的。——因为这一事件是太重大了，和人类的利益是太交织在一起了，并且它的影响在世界上的所有地区散布得太广泛

---

① 《马克思恩格斯选集》（第一卷），中共中央马克思恩格斯列宁斯大林著作编译局编译，北京：人民出版社，1972年。

了，以至于它在任何有利情况的机缘下都不会不被各个民族所想念到并唤起他们重新去进行这种努力的；因为那时候一桩对人类是如此重大的事情，就终将在某一个时刻会是人们瞩望着的体制，在所有的人的心灵之中获得经常的经验教诲不会不唤醒的那种稳固性的。①

这是何等乐观主义的历史观呵！显然康德是着眼于它的历史意义，他的历史哲学目的是借以阐发一个"在最严谨的理论上仍然可以成立的命题"，那就是，"人类一直是朝着改善前进的并且将继续向前"。因为，"我们不仅是看到某一民族可能发生的事，而且还看到大地上所有慢慢会参加到其中来的民族的广泛程度"。②康德的这些话写于1797年；如果再粗略回顾一下这些年发生的事情，便会感觉到康德具有何等深邃而长远的洞察力：1793年雅各宾专政开始，吉伦特党人被处决；第二年，丹东、罗伯斯庇尔先后被彼此的政敌处决，"热月政变"；1795年成立督政府；1796年拿破仑战争开始，攻陷米兰进军奥地利；同年，巴贝夫被捕，"平等派密谋"失败……这就是说，康德并不是在大革命顺利前进和高潮情况下，而是在法国革命的各派领导人陷于彼此杀戮，在国内造成"白色恐怖"，并已开始对外战争的情况下，做出这种判断的。伟大的哲学家对人类历史发展的前景的预见性，总是常人所难

---

① 〔德〕康德：《历史理性批判文集》，何兆武译，北京：商务印书馆，1991年。
② 〔德〕康德：《历史理性批判文集》，何兆武译，北京：商务印书馆，1991年。

企及的。

现在可以概括几句话了：法国大革命是近代欧洲文明史中一场里程碑式的政治革命，是对旧秩序的一次总批判；在长期的酝酿中，多种因素促成了它。除王室和贵族与全民族的矛盾越来越尖锐这个基本情况外，17世纪的英国革命和18世纪70年代的美国革命的影响，经验主义与理性主义相结合的启蒙思想对民众各阶层觉醒所起的作用，使这场革命成为近代政治科学（特别是民主共和制、人民主权和民族独立、立法司法制度、人民代表的代议制等）的"实验室"，尔后欧洲的，乃至世界其他地区的民族，只要取得了独立的主权国家的资格，都不能不从中借鉴经验和教训。

1848年革命

1830—1848年，法国再次成为欧洲革命的"火药桶"。

在这期间，法国出了一位非常杰出的历史学家，他就是贵族出身的阿列克西·德·托克维尔。在他不长的一生中，他完成了两件相互有联系的富有深邃思想内涵的"调查研究"，也是史学工作。分别地说，第一件是在1830年"六月革命"之后到美国去考察"监狱"管理和司法制度，回国后写了《论美国的民主》。这本书在当时没有马上引起太大的反响，后来才渐渐使人感到它的价值。直到今天它仍然是欧洲人甚至美国人了解美国政治社会史的必读书。第二件是他对欧洲形势，特别是法国形势——主要在制度方面和几次革命——做了认真和深刻的反思，这也成为他的第二本传世之作《旧制度与大革命》的基本内容。

托克维尔在回忆他决定去美国考察时的心情时说，他是受了"六月革命"和尔后大金融资本王朝的文恬武嬉的刺激和震动而下决心做这次旅行的。当时法国政界已埋伏着种种危机，托克维尔在司法界工作，感到没办法认真做事，于是便趁当时有改革监狱管理的议论，主动向政府争取准他去美国考察。他回忆说，其实考察监狱制度只不过是一个借口，只要拿到一本护照，他到美国就可以做自己想做的事情了。事实上，《论美国的民主》不仅相当全面地介绍了美国的制度，而且把美国作为参照，对欧洲，尤其是对法国的各方面制度和政治文化进行了深入的剖析。这后一方面应该说对于了解欧洲更有意义。

托克维尔在撰写《论美国的民主》的时候，法国的"七月王朝"政府已是危机四伏了。那时法国的大工业已经起步，资本主义经济已有很大发展，法王路易－菲利浦出身奥尔良财阀豪门，实为金融资本家的政治代表。1850年，托克维尔开始写他的回忆录，说"六月革命"被镇压后，法国竟又是一片"太平景象"，一派纸醉金迷、花天酒地了——"中产阶级"满脑子权欲和私利，徇私害公，只图享乐而把"民族的荣光"置诸脑后；这样的人只能造出一种"既无德行又无荣光的政府"，社会矛盾已十分尖锐，冲突一触即发。[1]

基佐解散改革派的"宴会"运动像导火索一样促发了1848年

---

[1] Tocqueville. *De la Démocratie en Amérique, souvenirs, L'Ancien Régime et la Révolution*. Robert Laffont, 1986.

的"二月革命"。在这以前，托克维尔已经预感到风暴将至了。他说："从1789年到1830年的历史，从远处和整体看，无非是一幅激烈斗争的图卷，一方是旧体制、旧传统、旧记忆、旧期望以及贵族所代表的人们，另一方是中产阶级所牵引的新法国。"①国家分成了两部分，或叫两个"不平等的圈子"：在统治着全部政治生活的上层里，笼罩着一片怠惰、无能、停滞、厌倦的气氛；相反在下层的政治生活中，已开始不时地表现出细微的反抗征候，细心的观察者很容易就能够感觉到。托克维尔说，他本人就是这种细心的观察家。②

在"上层"浑然不觉的时候，托克维尔在1月29日在议会上发出警告："……我认为我们现在正在火山口上睡觉……你们没有感觉到……欧洲大地又在颤动了吗？你们没有感觉到一阵革命之风已在空中振荡吗？这阵风，谁也不知道它起于何处，来自何方，也不知道它将把谁席卷而去……"他认为根源就在于"社会风习的蜕化"。他说，政府的精神状态如不加纠正，很快就会引发新的革命。他大声疾呼："看在上帝的分上，改掉政府的精神状态吧，因为，我再说一遍：这种精神状态正把你们带向深渊。"③

托克维尔讲这番话不出一个月，从2月22日至29日就爆发了"二月革命"。群众连续三天的示威运动摧垮了"七月王朝"政

---

① Tocqueville. *De la Démocratie en Amérique, souvenirs, L'Ancien Régime et la Révolution*. Robert Laffont, 1986.

② Tocqueville. *De la Démocratie en Amérique, souvenirs, L'Ancien Régime et la Révolution*. Robert Laffont, 1986.

③ Tocqueville. *De la Démocratie en Amérique, souvenirs, L'Ancien Régime et la Révolution*. Robert Laffont, 1986.

府，法王路易-菲利浦弃位逃跑。形形色色的鼓吹革命的"俱乐部"在法国各地出现，大量报纸、刊物如雨后春笋，新思想、新观点到处流传，街谈巷议，没有谁不关心政治。以民主、立宪、平等、自由等为基本内容的共和主义，1789年革命时期提出而在"复辟"时期被压制的那些原则和理想，又一次像火山一样喷射出来。不同的是，由于工业的发展，资产阶级和工人阶级都成长起来了，所以代表劳动者利益的各种社会主义思潮也竞相流传。在革命后组织起来的"临时政府"里，第一次有了工人的代表（阿尔伯特），第二共和国宣告成立，在11月21日制宪议会通过的"宪法"里，重申建立民主的、统一的与不可分割的共和国，口号是"自由、平等、博爱"，基础是"家庭、劳动、财产、公共秩序"；议会会议对外公开；任何人，包括总统在内，不得解散议会；总统为国家与行政首脑，任期四年；总统有权谈判条约，但必须经过议会批准。《宪法》对公民权利做了很多规定，如任何公民不得被逮捕和拘留，私有财产不受侵犯；重申废除政治犯死刑，公民享有信仰自由、结社、集会、请愿等权；言论自由，报刊不受官方检查。宪法还宣布尊重别国民族权益，对外不进行侵略战争，宣布废除殖民地奴隶制，等等。

这份宪法表明，资产阶级民主和公民权利等比较完整地条理化了。它体现的精神尔后广泛地为欧美等西方工业化国家所普遍接受。1848年的革命作为迅猛的群众性运动来得快，去得也快，终于被拿破仑三世再次把共和国变成帝国。这种情况又被托克维尔不幸而言中，他把欧洲的历史和现状与美国相对照，欧洲——主要讲法国——一直有两种"革命"同时进行，但却走向相反的方向：一种"革命"在不断地削弱权力；而另一种"革命"却在不断地培植和强化权力：革命如洪水般汹涌澎湃冲击着旧制度，接着是混乱的无政府状态，然后物极必反，因此在革命之后总出现新的权力集中。①托克维尔对于欧洲旧体制的根深蒂固是体会极深的，"一场革命可以倾覆一个旧皇族，让一些新人物率领这个民主的民族，得以在一时削弱了中央权力；但是，无论革命在开始时表现得多么无政府，任何人都应当毫不犹豫地预见到，它的最终和必然结果一定将是更加扩展和确保这同一权力的存在条件"。②他的这种印象在访美之后更加牢固，因为美国根本没有欧洲历史上积下的成堆的问题，以至美国是"唯一能见到的社会自然而平静发展的国家"③；在美国，从一开始就可以确知它的起点对各州未来的影响。法国从1789年到1850年走过的路要曲折得多；然而有一个趋势是大体上可以肯定的，那就是体现资产阶级民主的宪政和依据宪法所设置的国家机器，经过这半个多世纪的反反复复，已经完备起来了。

从19世纪30年代到50年代，是"革命"和"反革命"反复较量的时期。特别是1848年的革命，可以说是标志着欧洲文明史（社会史）发展到了又一个新的阶段。正是在这个时期，马克思和

---

① Tocqueville. *De la Démocratie en Amérique, souvenirs, L'Ancien Régime et la Révolution*. Robert Laffont, 1986.

② Tocqueville. *De la Démocratie en Amérique, souvenirs, L'Ancien Régime et la Révolution*. Robert Laffont, 1986.

③ Tocqueville. *De la Démocratie en Amérique, souvenirs, L'Ancien Régime et la Révolution*. Robert Laffont, 1986.

恩格斯在《共产党宣言》里发出了惊世骇俗的名言："一个幽灵，共产主义的幽灵，在欧洲徘徊。"①资产阶级因大工业的发展而更加成熟，但同时无产阶级也从1789年时的附着于"第三等级"的地位成为独立的政治力量。

这次革命，法国再次为欧洲做出了榜样；在欧洲，任何一个民族发生的大事都会成为欧洲的大事。同样，1848年革命一发动就具有欧洲的规模和意义。以下是一个粗略的时间表：法兰西第二共和国于2月24日宣告成立，3月2日德意志西南部发生革命，革命运动迅速扩展到巴伐利亚（3月6日）、柏林（3月11日）、维也纳和匈牙利（3月13日）、米兰（3月15日），随后几乎是整个意大利。革命遍及从哥本哈根到帕尔摩，从布拉索夫到巴塞罗那所覆盖的欧洲大陆。

上面说的这一时期充满了"革命"和"反革命"，是一种简单化的极为概括的说法。当时的情况十分复杂，有各种各样的政治派别、政治思潮。例如，以"社会主义"的名义出现的思潮、观点便是五花八门的；《共产党宣言》里就举例分析了这些各种类别的社会主义和共产主义，马、恩统称为"社会主义的和共产主义的文献"。托克维尔所说的"中产阶级"，成分就更复杂；君主立宪主义还有相当大的力量，有的人，例如基佐，就主张实行英国式的宪政，即保存王朝制度的"宪政"，但就总体而言，激进些的人越来越多了；认为应该实行共和主义的宪政。根据议会通过的宪法来治

---

① 《马克思恩格斯选集》（第一卷），中共中央马克思恩格斯列宁斯大林著作编译局编译，北京：人民出版社，1972年。

理国家，占据了主流的地位。制宪的工作是在"七月王朝"政府垮台后成立了"共和国"的形势下进行的。那时的制宪议会议长是共和党的温和派代表人物马拉斯特·阿尔芒，也是参加起草的主要人物之一，并由他在十一月的制宪会议上提出了这份包括一百三十六条的第二共和国宪法草案。应该说这个宪法是那个时候的广泛共识，表明君主制度在法国已是过时的制度。虽然法国又有马克思称之为"闹剧"的拿破仑第三的"帝国"，而且许多欧洲国家依然实行着君主制，但是民主共和的体制和思想已是不可逆的趋势。从19世纪50年代开始，欧洲的资本主义制度便进入了全面发展的时期。

1848年革命在法国是反对君主制；在许多欧洲国家则表现为民族解放的斗争，如匈牙利、意大利等一些分裂的民族，出于种种原因，建立统一的民族国家的任务还没有完成。这些地方的革命，由1848年的法国"二月革命"引发出来，其范围、内容都不同于法国；而且革命的风暴在法国告一段落之后，这些地方的革命还一直持续下去。有些民族，如意大利、德意志等后来实现了统一，并迅速走上了先进的工业化道路。其他主要是欧洲的东部国家，特别是巴尔干地区，复杂的民族和边界问题始终没有得到很好的解决，一直留到今天。东西罗马帝国时期留下的东西之别，到1848年以后，在新的形势下以新的形式更加分明了。在西欧，政治、经济的发展道路已跃进到一个新的阶段，而东部却刚刚开始消灭农奴制，并且继续承受着民族分裂和异族压迫的沉重负担。

1848年革命虽然有劳动者参加，并且提出了自己的要求，但是革命的结果则是更加巩固了资产阶级的政权。随着工业革命的继续深入、资本权威的确立、商品经济的统治，资本主义作为社会、经济制度到此时已经成熟。与之相应，以立宪共和为基础的政治制度和法国大革命所体现的自由和平等以及公民权利的价值观，越来越成为欧洲的（以及美国的）共同的理念。

1871年"巴黎公社"

1848年革命后二十年，1871年又是在巴黎发生了工人起义；这回可真的是工人的起义了。走上街头打"巷战"的，冲锋陷阵的，是劳动者。起义的导火线是头年爆发的普法战争。法国在色当一役被普鲁士打得惨败，第二帝国倾覆，帝国国王拿破仑三世被押送到威廉堡。临时拼凑起来的"国防政府"不得不与普鲁士签订"城下之盟"。巴黎被普鲁士军队围困了一百三十多天。小拿破仑为了收复老拿破仑在1814年的失地，对普鲁士先开了枪，不料兵败如山倒。普法战争的结局坚定了普鲁士统一德意志的决心和信心；在普丹战争、普奥战争之后，为俾斯麦统一德意志帝国创造了绝好的时机。在法国，则极大地激发了民族沙文主义的情绪，爱国主义遍及法兰西各社会阶层。都德、莫泊桑等著名的文学家，许多作品都是以法兰西民族反抗普鲁士入侵为主题的。诸如都德的《最后的一课》、莫泊桑的《两兄弟》等流传至今，成为世界文学著作中的名篇。

本来主要是反抗外国侵略的法国人转而把愤恨集中在法国政府

身上，至1871年3月在巴黎爆发了工人的武装起义，趁势一举占领了巴黎，法国政府措手不及，"偏安"凡尔赛，伺机反扑。对外战争变成了"内战"。巴黎的起义工人成立了"巴黎公社委员会"，起着"临时政府"的作用。在两个月后被镇压这段短暂的时间里，"巴黎公社"急促地采取了大量的非常激烈的革命措施。

"巴黎公社"社员们边战边退，最后在五月底被凡尔赛法国政府军逼到无路可走，最后一批战士退到伯利维尔斜坡一带，遭到残酷的屠杀；公社社员们的殉难情况是非常惨烈的。他们壮烈牺牲的事迹一直流传了下来，"巴黎公社"虽然寿命不长，但是这段短暂的历史却反映和见证了19世纪后半叶欧洲资本主义社会（包括制

▼ 巴黎公社掌权期间，旺多姆圆柱被摧毁

度）发展的状况和程度。这里，我只讲我以为是最重要的两点。

第一点是欧洲（主要是西欧）的社会结构的变化。从这个世纪初起，商业、科技、金融、大工业便逾出大不列颠向西欧大陆普及了。举一个例子，以1870年为度，法国的铁路网已长达20000公里，而在二十年前还只有3200公里。法国在19世纪有两个时期是发展的高峰期，一是路易－菲利浦王朝时期，再一个是拿破仑三世的"第二帝国"时期，大工业大大发展起来了，随之大规模的商业、金融资本也大大发展起来了。

到1870年左右，除法国外，比利时、德意志、瑞士、瑞典、挪威、意大利的北方等也都成了当时的工业化地区；西班牙、葡萄牙相对来说差一些，但交通、钢铁等工业也初见起色。总之，整个西北欧工业化了。

工业和金融资本的大踏步发展，既使资产阶级成熟了，同时也使无产阶级成熟起来了。在1848年革命时期，工人还只是不成规模的参与者，在"巴黎公社"时便作为一个阶级力量登上了政治斗争的舞台。法国更由于有1789年革命的传统，工人的各种形式的罢工、怠工等斗争已成为"家常便饭"，直到今天法国仍是工人罢工最频繁的国家之一。当然内容和形式都不一样了。

第二点，与第一点相联系，各种政治社会思潮在19世纪因时而起。这些思潮不再是启蒙时期限于"思想启蒙"的样子，而是"行动性""实践性"的了。法国的表现是最突出的；一是"共和主义"大普及，英国的自由主义、经验主义与大陆的理性主义既相激荡，又相融合，汇成近代民主的道统。保皇主义因而式微，即使是君主国，国王也变成了"虚君"。另一面是代表社会中下层劳动者的要求和利益的"社会主义"出现。"社会主义"名下的派别很多，其中最具影响力和号召力的，是在这个时期形成的马克思主义。（马克思和恩格斯为了把自己的"主义"同其他"社会主义"做一区别，特意声明他们所提倡的是"共产主义"。）

那时马克思正在为推动和组建国际工人组织而奔走，"巴黎公社"无论成败都为马克思主义的形成提供了重要契机。马克思早就预期到"巴黎公社"必败，但还是急急忙忙地为国际工人协会起草了《法兰西内战》，总结出工人夺取政权、必须打碎旧的国家机器、建立无产阶级专政等理论，并一直传到了列宁、斯大林等俄国革命领袖们手里。确实地，如果没有马克思的那些著作，"巴黎公社"真不过是偶然发生的迅猛事件而已。

"革命"是19世纪欧洲每日每时出现的词语，折射出这个社会的繁荣和发展、冲突和斗争，超过此前任何时期所不能臆想的惊人变化。人们的生活习惯、思维方式，以及时空观念，一切的一切，都换了面貌。

第八章

无商不富

商业的重要性

前几章所叙述的是从中世纪进入近代史期时所发生的重大变革。特别是宗教改革和文艺复兴，使人的精神获得了大解放，而以后17世纪对神学的挑战则进入哲学反思的深度，至18世纪的启蒙运动不仅把人的思维空间大大打开，而且以一种明快尖锐的批判精神将矛头直接对准了旧制度，为更广泛而深入地与旧世纪做彻底决裂的革命浪潮准备了精神的和道德的条件。

但在同一时期，甚至在更早时期已开始发生的经济生活的变化，尤其是把中世纪欧洲带向现代的必要条件。毫不夸大地说，如果没有经济生活的巨大变化，中世纪的根基便动摇不了，欧洲人便可能仍然生活在封建农业经济的条件之下。

这里的经济生活的巨大变化，指的就是从12世纪开始的商业领域的变化，或者叫"商业革命"和16、17世纪接下来的"重商主义"。说它是"商业革命"是因为它带来了绵延几个世纪的经济变革，把本来是停滞的地方分割的小农业、小生产的中世纪经济，一步一步地推上比较有活力的、开放的、打破地方界限的"民族经济"的发展道路。

这是一个以世纪计的漫长过程。西欧的商业活动在13世纪已显现有南北两片之别，各自形成了自己的中心城市。南部的一片是沿地中海文明地带的热那亚、威尼斯、佛罗伦萨等，主要活动覆盖了葡萄牙、西班牙、北非、拜占庭这一条长线。在这条长线上，活跃的阿拉伯人活动频繁，对这个地区的经济、文化生活的影响是很久远的。北部有布鲁日、安特卫普、阿姆斯特丹，以及汉萨同盟势力所及的波罗的海、北海、英吉利海峡。这两个南北大商业网相互也有交通往来。日耳曼的影响散布在北部广大地区。因此，商业活动以城市为枢纽，遍及环地中海、大西洋和波罗的海南北各处。这些商业活动以星罗棋布的城市为依托，每个城市都既是商品转运站，又是手工制造业的中心。各地发展是不平衡的，那些具有舟楫之便的地方便更有活力。南方的威尼斯、北方的安特卫普，都显然起着比较突出的作用。中世纪后半期的经济带有相当大的"自发"性，后面没有"国家"的依托；"汉萨同盟"是一种从汉堡和吕贝克之间的地区出发而广泛联系的没有组织的通商"组织"。随着商业中心的增多，交易中心的移动，渐渐地突出了几个作用特别显赫的中心，它们轮番地发挥辐射作用。临近近代世界的时候，商业中心遍布地中海沿岸和大西洋、波罗的海沿岸；与东欧的贸易，与阿拉伯世界的贸易，也十分活跃。"地理大发现"为欧洲的"商业革命"提供了新的机会。15世纪末，哥伦布的西航、达·伽马的东航，分别为欧洲人开拓海外市场开了路。在随后的若干世纪里，西班牙先建立起庞大的殖民帝国，它包括全部中美洲，除巴西以外的南美洲，还有北美洲的西南部。随后，英国、法国和荷兰跟踪而至，分别在美洲建立了自己的殖民地。同时，这些西欧大国也先后在葡萄牙之后到了东南亚和一些非洲港口。这些早期的殖民地的商业目的是十分明显的。在"地理大发现"后的一两个世纪里，欧洲贸易已经从地中海和大西洋两岸，延伸到东方的印度洋、太平洋地区，成为具有"世界性"的经济活动。

经过"商业革命"（或者叫作"商业扩张"），欧洲已经大大富裕起来了。相应地，贵金属的需求和供应空前增加；有了早期的银行信贷业务；出现了经过政府批准的各种股份公司、商业机构；每个国家都建立起自己统一的货币，以适应贸易和工业的需要。

"商业革命"的持续发展，与近代民族国家在欧洲成为普遍现实，几乎是同步的。所以，在"商业革命"后期，所有民族国家都把"商业"抓在自己手里。一些大公司成为政府的特许公司，每个国家都有自己的货币制度，政府干涉和管理经济事务的制度已经从"商业革命"的自发自为的经济行为转变为国家的、政府的中央集权下的经济政策。所谓"重商主义"已经应运而生了。

"重商主义"不是一个现成的理论，它毋宁是"经验主义"的产物。这是民族国家，或还没有建成统一的民族国家的政治实体，为了增强自己的实力所不能不采取的政策。"重商主义"实质上是一种保护主义政策，到18世纪各民族间的经济贸易的发展开始冲击民族界限，贸易自由主义逐渐取代"重商主义"。从中世纪的"商业革命"到18、19世纪的"自由贸易""自由竞争"之间，不同程度的"重商主义"是欧洲迈进近代史期时所不能避免的。

对于所谓"重商主义"，可以归纳出以下几个共同特点：

一、"重商主义"必是民族国家统一政权形成之后才能趋于完备的国家干涉经济活动的政策。换言之，只有民族国家的政权是统一的和巩固的，这个国家的工商业者才能以国家为后盾去开辟市场。在中世纪的封建分割的城市经济，纵然城市之间也连成了商业网，但并不是"民族"的经济，所以作为"民族经济"的"重商主义"只能是近代时期初期的特点。这是一个一般性的道理，具体到某一个国家，实现的程度和表现自然有所不同。

二、"重商主义"的一个关键性的支柱是以贵金属为基础的货币主义。所以，"重商主义"的盛行是与美洲贵金属流入西欧联系在一起的。银行金融的发展，有赖于金银块的支持；谁掌握了最大数量的金银块，谁成为大量贵金属储藏库，谁便成为金融中心。伦敦取代阿姆斯特丹的最根本原因即在此。

三、"重商主义"鼓励出口大于进口的对外贸易，因此，各强国都必定要争夺市场，到海外广设交易站，进而千方百计地开拓殖民地，至18、19世纪分占完毕。

四、为了活跃商业的需要、刺激出口，必须生产越来越多、质量越来越好的物品，所以制造业得到了很快发展的机会，因而推动了技术的进步。一见于机械的日益改进，二见于使机械获得人手劳动以外的动力。这两种技术的创造，为18世纪作为"发明的世纪"掀开大幕。

五、"重商主义"不曾离开过战争。"三十年战争"是欧洲范围内争夺领土的战争，后来的战争便都带有争夺海外殖民地的性质。葡萄牙、西班牙、荷兰海上权力的式微，都是在战争中吃了败仗的结果。

我们不打算重述经济史，而只是试图把16世纪以来的西欧商业的发展作为走向工业化的不可逾越的通道来描述。"重商主义"是西欧的重要历史现象，它的影响是久远的，即使在贸易自由主义大行其道的时候，即使各民族经济之间不可遏止的相互依赖时期，"重商"也一直是西欧建设现代国家的不能须臾或离的思想。

"商业帝国"尼德兰

在16世纪中叶以前，西欧和北欧地区的商业活动多以安特卫普为中心。尼德兰反对西班牙的战争使安特卫普受到严重破坏，从此，尼德兰的联合省便作为一个国家出现在西欧，它的商业活动远播欧洲各地；到17世纪，联合省的经济成就已使整个欧洲刮目相看。

可以把尼德兰分为南北两半，北方四省佛兰德、布拉邦特、泽朗德、荷兰，商贸和制造业相对说来比尼德兰的以农业为盛的南方各省要发达些。在北方四省中又以佛兰德最富，北方各省都以商贸、船业、捕鱼和手工制造业为经济基础。

在尼德兰的历史上，1579年是个很关键的年份，这一年，新教徒占多数的北方各省签署了争取独立和宗教自由的乌特勒支声明，从此南北分治；北方联合省于1581年宣布独立，这就是前面提到过的所谓"尼德兰革命"。现在所说的荷兰的历史，毋宁说就是北方联合省的历史。反对西班牙统治的战争是在南方进行的，北方几乎没有被波及，相反，吸收了大量来自南方的移民，阿姆斯特丹成为商人集中的地方，其商贸联系一直扩展到波罗的海广大地区；到16、17世纪时，阿姆斯特丹已经成为最富有、最有活力的地区，而曾领一时风骚的安特卫普则失去了原有优势。同时，许多南尼德兰商人为了逃避战争，除移至北方外，还移居到伦敦、斯德哥尔摩、汉堡、但泽等地，把原来的贸易关系带到了那里，而这些人又多与在阿姆斯特丹定居的老相识或亲友有着各种各样的天然的联系，这自然对阿姆斯特丹之成为西方的商贸中心产生了重要影响。

阿姆斯特丹的"黄金时代"是在16世纪末到17世纪的半个多世纪，因而使荷兰成为西欧经济和金融强国之冠。之所以如此，有多种原因，除了西班牙在军事上的失利和大量移民的贡献外，还有两个因素不应被忽视，这就是：第一，1589—1598年西欧需要进口波罗的海的物品，这刺激了荷兰商人的开拓精神；第二，美洲白银大量涌进西欧，使西欧普遍受惠，经济发展走在最前列的阿姆斯特丹受惠最多。商业刺激了制造业的发展，如造船工业需要木材，而荷兰木材不敷应用，需从其他地方特别是从波罗的海购进；商业和制造业的发展又推动了技术的进步。阿姆斯特丹的人口在这期间大为增长，从1585年只有三万人增至1622年的十万多人。

荷兰人在波罗的海一带的港口遍设贸易站，存放和运转货物；这些贸易站还承担信用业务和与"汉萨同盟"的各个城市保持商务联系。17世纪前半叶的阿姆斯特丹，依靠贸易的发达，发展成为一个综合性的市场，具有西方最大的储存仓库和金融设施。荷兰的

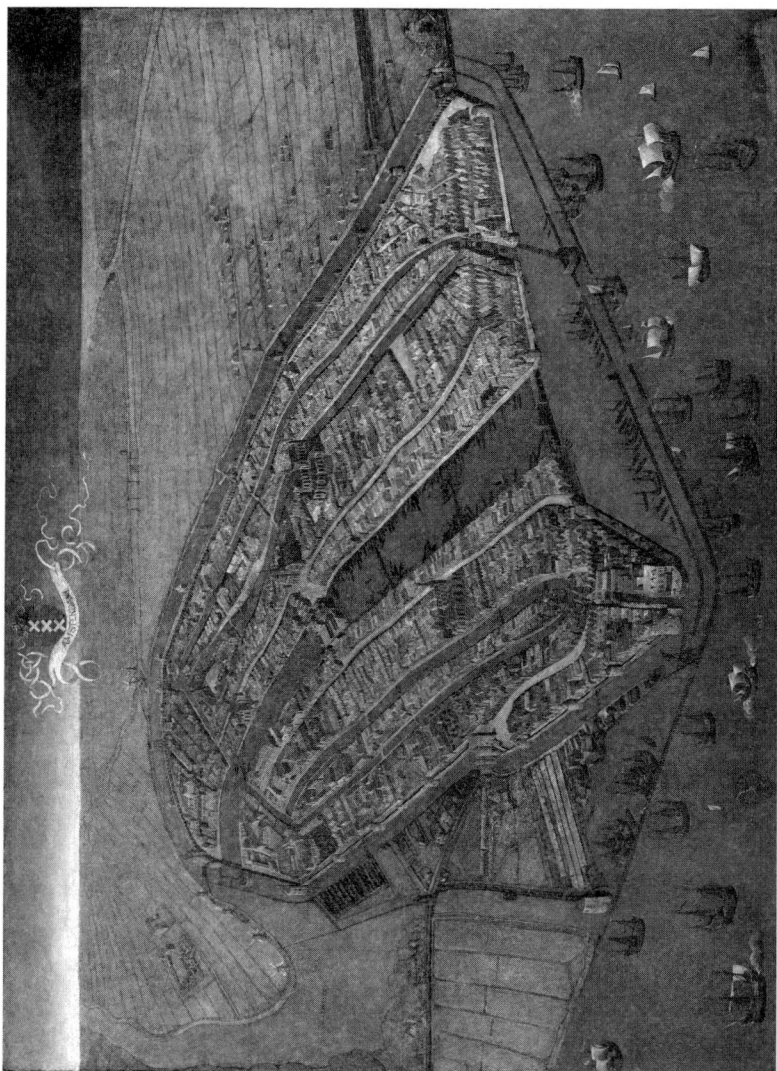

▲ 科内利斯·安东尼斯（Cornelis Anthonisz）于1538年创作的一幅画作，展示了阿姆斯特丹的鸟瞰图。当时著名的运河区尔尚未建立，但阿姆斯特丹的繁华已然可见

船舶不仅为己所用，而且租给其他欧洲商人。阿姆斯特丹自然而然地起了欧洲货物的仓库或转运站的作用：荷兰的船每年把酒、盐、香料等从南方运到这里，在波罗的海冰封以前再从这里运向北方；同样，把北方的玉米运到南方。因此，阿姆斯特丹常年物资丰富，交通繁忙，几乎西欧各水道都有荷兰的商船往返不绝。直至17世纪中叶，法国西海岸和波罗的海地区的大部分商贸还一直控制在荷兰人手里。当时西班牙和葡萄牙所需的北方玉米也完全要靠荷兰商船运载；而西班牙在美洲所获取的白银则大量涌进阿姆斯特丹，致使它在17世纪中叶成为欧洲主要的金银块市场。荷兰商人不仅活跃在波罗的海和英吉利海峡一带，而且在英国、法国和意大利船舶聚集的地中海一带港口也常见荷兰船的行踪。他们还从上莱茵河水域通向科隆和法兰克福，再由此把荷兰和英国的布匹以及从殖民地运来的糖、香料、烟草等运至中欧，换回酒、麻、铁、锌等物。

荷兰人的触角还远伸到亚洲、美洲和非洲。16世纪末，荷兰商船首航取道好望角于1595年抵达爪哇，以后又陆续有更多的商船进入印度洋海域，与先于荷兰人大约一世纪立足于此的葡萄牙人展开竞争。经政府批准，荷兰东印度公司于1602年成立，于是东印度公司便成为荷兰在亚洲的垄断性贸易机构。

荷兰商船是有武装做后盾的。葡萄牙经过在大西洋的海战实力已渐衰落，而且在亚洲的葡萄牙船很久以来即几乎是不设防的，因此荷兰人比较容易得手，葡萄牙人不得不让出久占的势力范围，荷兰人遂得以在印度洋地区建立起荷属殖民地。荷兰作为海上的新霸主进而从印度洋进入红海和波斯湾。当然从贸易额上看，东印度公司还赶不上在波罗的海的贸易额。但是如果荷兰继续保持这种扩张势头，则东印度公司对荷兰的重要性至少可望与波罗的海相当。

然而，荷兰人在美洲却没有那么顺利，主要是因为南美几乎都牢牢地掌握在西班牙的手里。荷兰商人把手伸向葡属巴西，因为巴西的蔗糖种植园的产品要靠荷兰船舶运往欧洲。1621年，荷兰西印度公司在政府的支持下成立，荷兰总算凭借西印度公司在"新大陆"取得了几块殖民地，如库拉索和圣·尤斯塔提亚岛等，荷商活动及格哈逊河流域北部地带，号称"新阿姆斯特丹"。荷兰商人以这些地方为据点与美洲其他国家通商。

同时，荷兰的影响也渗入非洲。巴西的殖民地化需要劳动力；荷兰奴隶贩子在17世纪以前即从几内亚沿岸跨过大西洋，先是向巴西，继而向西属、法属和英属西印度运送非洲奴隶。于是荷兰逐渐把葡萄牙在西非的许多据点据为己有。在那些年代，荷兰商人的行踪从阿姆斯特丹出发向外延伸：在欧洲北向波罗的海，南向地中海和西非，东向印度洋，西向大西洋，成为遍及欧、亚、美、非的"商业帝国"。

荷兰商贸的发展带动了银行、信贷业的建立和发展。阿姆斯特丹不仅是商业中心，也成为金融中心。随着东印度公司业务的开展，阿姆斯特丹市于1609年建立了汇兑银行，1614年建立了信贷银行。这是两家最大、最有影响力的银行。在鹿特丹等比较小的城市也有了比较小的银行。

商业刺激了技术进步。这是商贸发展的第二个结果。例如，航海需要造船，需要木材，需要木材加工，因此就需要锯木厂和技师。在别的方面的工业也是如此。在那个时候，荷兰的技师是有名的巧匠，他们不仅在本土发挥作用，而且把熟练的技术传到西欧各地。例如，北方曾有相当多的沼泽地，不宜于农耕，荷兰从西班牙的统治下独立出来以后便着手整治那里的沼泽地，因而发展了排水的技术；稍后，一些排水技工就到英国和法国去帮助整治那里的沼泽地；这项技术也传到了德国和意大利中部。此外，在农副产品的加工方面，畜牧业以及纺织业等，荷兰的技术也是一时领先的。

但是，荷兰并不是"一枝独秀"，北方其他国家和地区也都很快发展起来，荷兰商贸在其中的影响自不待言。瑞典、丹麦、挪威、"汉萨同盟"的汉堡等，都在波罗的海地区保持着广泛的商贸业务。瑞典等国在织染、制糖、烟草加工、渔业等方面，都是荷兰的竞争对手。商贸发展到这样的地步，绝对需要国家的支持，在这

▼ 英国和荷兰为了争夺海上贸易路线的控制权而进行了战争

一点上，荷兰便显得底气不足。阿姆斯特丹仅仅是一个很活跃的工业商业的"点"，与其他许多的"点"保持着联系，它的背后没有强大的国家。英国和法国比起荷兰来虽是后来者，但它们有强有力的国家政权和作为后盾的军事力量。英国经过1652—1673年的几次与荷兰的战争，便完全取代了荷兰的海上霸主的地位。英国在1651年和1662年通过的《航海法案》，法国在1664年和1673年通过的法令，在很大程度上是为了把荷兰的商贸活动和商船运行赶出美洲殖民地。而1652—1654年的英荷战争则使英国势力占据了印度洋的要津。同时，长期而多次的法荷战争（1672—1678，1689—1697和1702—1713）的结果，同样使荷兰受损，法国得利。一时间，几乎所有的目光都盯住了阿姆斯特丹。"商业帝国"虽有余威，到17世纪末已有式微的明显征兆。就像荷兰以前的意大利人、葡萄牙人、西班牙人一样，轮到荷兰从欧洲经济的顶端跌下来了。历史是无情的。正当尼德兰共和国肥得流油、阿姆斯特丹成为世界交易场所和国际股票市场中心的时候，厄运已经悄悄地来了。荷兰的银行家们从英国、法国、西班牙、俄罗斯、瑞典以及几个德意志小国获得了大量"荷兰盾"；无奈几场同借贷国的海战，就大大削弱了债权国的元气。荷兰的两个最强劲的对手，英国和法国，将大摇大摆地走上舞台的中心位置。

英国式"重商主义"

英国在荷兰称雄海上的时候，已是实力雄厚的统一的君主制国家了。但是它与法国不同，贵族把持的议会从《大宪章》时期起就是国王权力的制衡力量；国王与议会间的争斗断断续续，一直是英国政治的一个重要内容。议会里贵族兼为巨商的很多，在海外经济和贸易中，时常是这些大商人先干起来，形成一种势力，取得议会的支持，并经由议会变成国家支持的行为。"东印度公司"就是先做起来，然后由议会和国王批准从而成为国家企业的一个典型事例。在同西班牙、荷兰以及后来同法国争夺海外市场和殖民地的战争中，皇家海军是立了汗马功劳的。法国贵族基本上是和国王站在一起的，新兴的资产阶级是它的对立面，"第三等级"更是到后来革命临近时才露出头角。英国的贵族则本身就是资产阶级的前身，在政治上属于同国王对立的一方，对立到最尖锐的程度时便爆发为内战。"光荣革命"一向被说成是"妥协"的产物；所谓"妥协"，是国王向贵族的让步，是贵族对王权的制衡；结果是使贵族们赢得了政治权力，并为商业资本打开通途；英国的资产阶级脱胎于贵族，它作为一种经济的，也是政治力量，比法国资产阶级早熟了一个世纪。所以恩格斯说，英国革命是法国革命的"预演"。

英国史学家克里斯多夫·希尔说："在法国，经济与政治的分工大略与社会的分工相当：无权的第三等级反对贵族和王室；贵族不参与贸易和工业。而在英国，投放市场上的羊毛、织布和农产品，造成了统治阶级自身的分化：许多乡绅甚至贵族都卷进了经济活动，这对于一个名门贵胄的法国人是不大可能的。陶奈教授得出的结论是：靠商农地租和利润生活的土地占有者们和同时也是土地占有者的商人或财东，代表的不是两个阶级，而是同一个阶级。贵胄也好，暴发户也好，他们交好运都是出自同一类原因，从他们的进账来判断，他们一体都是资产者。在英国，不仅在第三等级和乡绅与贵胄之间画线，而且在国民与宫廷之间画线。宫廷和政府把经济优惠权赠送给一些商人（包括垄断家、农业家，伦敦和其他城市的寡头），并许土地占有阶级以特殊权利。而在另一方面，那些被排除在经济优惠权之外的乡绅和商人——其中不乏巨富和在这些社会阶层以及中等富有者当中名列前茅者——便感到，经济发展越有较大的自由，便越对他们和国民有利。于是他们便把目光投向议会和公众律师，争取其帮助他们取得自由。他们向不受宫廷待见的贵族群中寻找带头的人。在17世纪的法国，卖官鬻爵占去了生产投资的资金，从而延缓了贸易和工业的发展，并扩大了贵胄和资产阶级之间的鸿沟。如果英国的旧体制仍继续下去，则相似的社会后果也会发生。"①

　　这是英国的特色：那里的英国贵族最抱有商业意识，很早便卷进了大规模的商业革命，成为近代经济活动的主力。英国的商业历史与东印度公司的海外贸易活动是分不开的。东印度公司是一个很典型的例子，集中地表明英国的"重商主义"是大商人、议会、王室"三位一体"的产物，把金银货币主义、掠夺殖民地、争夺海外市场等结合在一项帝国的政策里。马克思下面这段话，生动地描述了东印度公司是怎样发家的：

---

① 　Christophe Hill. *The Century of Revolution, 1603—1714*. T. Nelson,1961.

▲ 伊丽莎白一世

东印度公司起初在伊丽莎白女王时期得到特许，每年可以运出总值3万英镑的白银、黄金和外国钱币，同印度进行有利的通商。这打破了很久以来的成见，所以托马斯·曼在他的《英印贸易论》一书中，就不得不在阐述"重商主义制度"的原则，承认贵金属是任何国家唯一真正的财富的同时又证明，只要国际收支差额对输出贵金属的国家有利，也可以安心地容许输出贵金属。因此他才断言，从东印度输入的货物，大部分都输出到其他国家，从这些国家得到的金银大大超过在印度购买这些货物所需的金银。根据这样的精神，约瑟亚·柴尔德爵士就写了《论东印度贸易是最利于国家的对外贸易》一书。逐渐地，东印度公司的拥护者就愈来愈大胆了。在英国首先鼓吹自由贸易原则的人居然是垄断印度贸易的人，这可以说是奇怪的印度史上一段有趣的插曲。①

这段话当然远远不能概括东印度公司的全部历史，但是简括地描绘了英国"重商主义"的特点。金银通货主义是实力的基础，各国总要千方百计地强化它，而取得贵金属又绝离不开对外贸易。东印度公司无疑便是这类贸易点的一个缩影。当时荷兰还是海外贸易的劲敌，是英国战胜西班牙海上霸权之后的主要竞争对手之一（当然还有法国），并且先于英国建立了自己的东印度公司。所以，形势摆得十分清楚，英国为了垄断海外贸易，就必须扫清道路，因此

---

① 《马克思恩格斯全集》（第九卷），北京：人民出版社，1956年。

需要皇家海军的支持。总之，东印度公司的发展，可以说是大商人（引文中的托马斯·曼、约瑟亚·柴尔德，都先后当过东印度公司的总裁、董事长）、议会、国王、皇家海军的共同事业。马克思说，这些垄断企业"并不是根据国王的特许建立起来，像伊丽莎白和查理一世时代那样，而是由议会核准，得到法律的承认，并且被宣布为国家的企业"。[①]这里要插一句。"东印度公司"并不是突然间从天而降的。在它诞生之前，英国早期可称之为"企业家"的人们，还在16世纪就已经看到商业的前景必须跨越遥远的海洋，当阿姆斯特丹取代安特卫普在欧洲贸易网的优越地位时，英国即开始与摩洛哥贸易。1553年，英国商船首次抵达几内亚和白海，并且有人从陆路到达莫斯科。1555年王室特许，成立了马斯科维公司。同一时期，英国推进了同波罗的海和地中海地区的贸易。东方公司于1579年成立，两年后成立了土耳其公司，它于1592年成为地中海东部公司的一部分。1588年，非洲公司成立。实验哲学家的鼻祖弗朗西斯·培根冲出经院哲学传统，正在写作《新大西岛》，以预言的方式构想未来的世界地图。他认为早期的"地理发现"和早期殖民者，本意并不是宣扬"基督信仰"，而是为了"黄金、白银、世俗利益和荣誉"。[②]

在这个时期，关于自由贸易的主张已经浮出水面了。事实上，英国的"重商主义"一开始便带有自由贸易的色彩。这些大商人把

---

① 《马克思恩格斯全集》（第九卷），北京：人民出版社，1956年。

② ［英］阿萨·勃里格斯：《英国社会史》，陈叔平译，北京：中国人民大学出版社，1991年。

他们的经验和主张写成了书，这些书固然都是些"生意经"，但是正是这些"生意经"在英国的垄断加自由贸易的传统中起了很重要的作用。例如，柴尔德认为，为了增加贵金属，应该把贵金属也看作其他商品一样，既要限制金银块的出口，也要为了换取更多的贵金属而不排斥金银块的必要贸易。他还认为，应该保持出口大于进口的进出口平衡，但这需靠保持相当的进口额来取得。但是这些主张只适用于英国本土，并不能用于英国殖民地，对殖民地的贸易必须是垄断的，它只是完全从属于本土的需要。

在谈到英国的"重商主义"的主要表现的时候，绝对不能忽视英国的"英镑史"。布罗代尔说，英镑的稳定是英国强盛的一个关键因素。[①]16、17世纪的西欧大国没有不重视自己的货币的，然而，无论是"太阳埃居"，还是"马克埃居"，都无法与英镑的优势相比。英镑的历程也始自伊丽莎白时代，关键的一招是为克服1543—1551年的严重通货膨胀而在1560年和1561年间实行的"货币改革"。其中起关键作用的是伊丽莎白的财政顾问格雷欣·托马斯（1519—1579）。此人号称王室在安特卫普的商务代表。在英国通货膨胀引起经济衰落时，英镑的含银量锐减，引起英镑汇价在安特卫普下跌，国内物价上涨。这种局势迫使英国政府重铸流通银币，以提高英镑的固有价值。当时，美洲白银已开始大批运进欧洲，英国的货币改革得承其利；所以可以说，美洲的白银挽救了英镑。白银为这次货币改革提供了信用基础，至17世纪下半叶，英

---

① ［法］布罗代尔：《15至18世纪的物质文明、经济和资本主义》（第三卷），顾良、施康强译，北京：生活·读书·新知三联书店，1992年。

镑在阿姆斯特丹的标价便已经回升，英国公债在伦敦和阿姆斯特丹市场上的发行量激增。

17世纪，无论对于英国，还是对于西欧大陆，在政治上都是多事之秋，宗教战争进行了三十年，把绝大多数国家都卷了进来；在英国本土，在伊丽莎白之后，议会与王室的冲突日渐激化，其间穿插着长短议会、内战与共和、革命和复辟、宗教教派的纷争……及至以从荷兰迎来新君为标志的"光荣革命"。英国虽然要为战争付出代价，但是，英镑银本位货币体制以及海外贸易却并没有受到影响，说明当时的英国经济和商业活动是独立于政局之外的；60年代，包括克伦威尔统治时期通过的两次关于航海的法令，都从法律上保证了对殖民地贸易的垄断。例如，1651年通过的第一个《航海法案》，时正值克伦威尔统治时期，为了在航运方面打破荷兰的优势，法案规定，从殖民地运往英国的物品必须只能由英国船只运载。1660年通过的第二个《航海法案》，时值共和体制与查理二世复辟的交替时期，法案不仅规定殖民地的出口品必须由英国船只运载，并且禁止把某些"列举的物品"，特别是烟草和白糖，直接运向欧洲大陆口岸；它们首先必须运到英国，付了关税，然后再运往别处。这样的法令实际上是柴尔德的主张在法律上的体现。英国的商业，特别是海外贸易在从伊丽莎白一世起制定的一系列法律的保证下，获得了早期的繁荣。

"重商主义"主要是经济行为，但是它的影响及于社会生活的各个领域，英国由于贵族分裂为"金钱贵族"和"门阀贵族"，并且前者战胜了后者，一个新兴的资产阶级便在17世纪经济生活的各个领域里取得支配权，从而产生了社会意义的变革。恩格斯多次说英国革命的特点是它的"社会性"，而法国革命的特点是它的"政治性"。又说，英国和法国都重视经验主义，但英国的倾向是"个人利益"，法国则具有"民族倾向"，从来都是民族的活动，这正是英国的"社会经验主义"和法国的"政治经验主义"的区别所在。所以"只有英国才有社会的历史"，正是由于经济活动及其影响是通过"作为个人、有意识地不代表普遍原则的人们"而促进了民族的发展的。[①]他用下面这段话总结了英国在这二百年的进展：

> 十六世纪和十七世纪创造了社会革命的一切前提，消灭了中世纪制度，树立了社会的、政治的、宗教的抗议派思想；这两个世纪为英国建立了殖民地、海军和贸易，并使新兴的而且已经相当强有力的资产阶级和贵族并列。在十七世纪的浪潮以后，社会关系逐渐建立了起来并采取了固定的形式，这种形式一直到1780年或者说1790年。[②]

法国："重商主义"的重镇

当西欧各国拥塞在从中世纪后期转向近代世纪的"路口"的时候，约略可以看出几类不同的国家。意大利诸邦、西班牙、葡萄牙

① 《马克思恩格斯全集》（第一卷），中共中央马克思恩格斯列宁斯大林著作编译局编译，北京：人民出版社，1956年。

② 《马克思恩格斯全集》（第一卷），中共中央马克思恩格斯列宁斯大林著作编译局编译，北京：人民出版社，1956年。

等地中海国家，它们曾经对欧洲经济的繁荣做出过贡献；威尼斯、佛罗伦萨、热内亚等一批城市都是最早出现的商业十分活跃的城市；西、葡两国为开拓海外贸易起了"打前站"的作用。而后随着经济重心从地中海逐渐移向大西洋，居于前列并具有全欧影响的，应属尼德兰、英国和法国。其中实行"重商主义"最典型、最彻底的，是集权制最甚的法国。

这里有一个政治的和社会的因素是不容忽视的。即法国是一个有共同语言文化、政治权力高度集中的民族国家；在欧洲大陆，在俄罗斯迤西，没有一个国家像法国那样是个完整的、民族向心力如此之强的民族。它的人口在西欧是最多的，占了西欧人口的一半左右。这是法国在进入近代史期的得天独厚的政治文化条件。有几个影响很大的人物值得一提。亨利四世时的拉玛菲，巴特勒梅·德（1545—1612），曾当过商务总监，他可算早期"重商主义"者。他在加拿大、塞内加尔、加勒比海地区、圭亚那和马达加斯加进行了广泛的贸易活动，开辟殖民地区，建立海外商行。

当然"重商主义"最有代表性的人物，要算路易十四时期的重臣让·巴蒂斯特·柯尔伯（1619—1683）。他做的事其实就是继续黎塞留的政策，不同的是，路易十四时期是法国君王集权统治的鼎盛时期，以前奠定的基础发挥了作用，这大有利于柯尔伯制定更系统、更全面的国内外经济政策。这个政策集中到一点，就是利用国家的权威和手段，增长国家财富。为此，柯尔伯的政策要尽可能多地取得贵金属以支持本国货币，为此，他禁止出口钱币，对进口品课以重税，大力鼓励出口，发展航运。越来越多的法国人到加拿大和路易斯安那居住，到非洲、印度建立贸易点，把西印度群岛据为己有，渐渐地一个一个的殖民地建立起来。法国还依据柯尔伯的计划，创办了制造业，组织起公司一类的商务机构，这些公司实质上是"法国的"国家公司。柯尔伯还起草了一项振兴王国制造业的计划。稍后有安托瓦·德·蒙特克里斯蒂安（1575—1621），他在避居英国回到法国后建立了一座制造日用器皿的工场。他在1616年写了一篇政治经济论文，指出国家应该鼓励财富的生产和交换，因为这些经济活动在社会生活中具有决定性的重要意义。

把"重商主义"作为国家政策体现出来的第一人应是黎塞留——阿尔芒·让·杜·普立西·黎塞留（1585—1642），他是路易十三时的一代名臣。他的政务活动不仅限于经济，但他确实是"重商主义"政策的实行家。法国在生产、贸易、航运方面的发展都与他颁布的政令有关。"重商主义"的一项重要举措是尽可能地增加出口、减少进口。为此，法国依据黎塞留的政策，鼓励贵族经商，发展航海，兴修水道，以便使商船能够直接开进大西洋而不必取道直布罗陀海峡。黎塞留为了打开通往波斯、中国和印度的陆上商路，与土耳其和俄国进行了谈判，同荷兰和英国开展了贸易竞争。在这期间，法国的商人在政府的支持下，只生产法国需要的产品。为了捍卫和争夺海外殖民利益，柯尔伯的经济计划还包括建立强大海军以增强国家政治实力等措施。

然而，如果以为只是靠了这些有才能的谋士就造成了一个强国，那就会曲解历史。柯尔伯不过是在历史中应运而生的人物。而法国在走完中世纪的路程之后，还经历过使城乡经济生产遭受了重大打击的天灾和人祸。"天灾"指的是多次遍及西欧的流行瘟疫，"人祸"指的是各种战争。因此人口几起几落，经济时升时降。有些史家说，法国的情况在16世纪属于经济"恢复期"，因为百年战争结束后曾有几十年的休养生息的年月；但到17世纪又遇上了兵燹战乱，所以又呈疲敝之势。例如，1562—1598年的宗教战争给法国人造成的灾难，后来的启蒙学者如伏尔泰一提起，便使人谈虎色变。战争发生在胡格诺教派与天主教教派之间，其间还有尚有余威的西班牙也插了一手支持天主教派。那是一场血流成河的战争。局势的动乱，反映出国家还没有稳定的控制力。直到1594年亨利四世就位，才建立起强有力的王权，他把人民的民族情绪调动起来，把矛头对准西班牙的干涉。宗教分歧虽然没有解决，大规模的战争总算告一段落。亨利四世颁布了有名的"南特敕令"，既宣布天主教为法国的国教，又承认胡格诺派有存在的自由。直接冲突停下来了，教派斗争却以另一种方式进行下去。亨利四世治下的法国经济，虽有早期重商主义者拉玛菲的运筹，但还没有显著起色。亨利四世的主要业绩是建立起强有力的君主专制的基础。然而他还来不及做更多的事，即于1610年被狂热的天主教分子刺杀。路易十四冲龄继位，太后摄政。黎塞留以枢机主教身份于1624年进入王政会议。但不久法国又卷入了"三十年战争"。

"三十年战争"大大削弱了西班牙，这对于法国本是重新振起的转机，但紧接着又陷入了与"投石党"的战争（1648—1653），有的历史学家说，此时的法国经济已降到最低水平。1661年路易十四开始亲政，强化了王权的集中统治，延续和发展了黎塞留所制定的富国强兵、大举开拓"天然边界"的政策，废除"南特敕令"，加强天主教的教权地位。1665年柯尔伯出任财政总监，比较完整的重商主义政策才得以形成和有效的推行。伏尔泰对柯尔伯的政绩，有大段的描写如下：

　　……柯尔伯在任期间，几乎一切都得到恢复和兴建。1665年，国王和私人放款的利率减至五厘。这充分证明资金流转迅速。他立志使法国富有，人口繁衍。农民结婚受到鼓励，二十多岁成家的农民免交人头税五年，子女多达十人的家长终身免税，因为他通过子女的劳动交付给国家的，要比缴纳的税还多。这项规定理应坚持执行，永不违反。在柯尔伯任职期内，从1663年到1672年，每年都要新建几个工场，从前需从英国和荷兰进口的细呢，现在在阿布维尔制造。国王除了发给工场主一笔可观的奖金以外，还为每架开工织机预付两千利弗。1669年王国拥有毛纺织机达四万二千二百架之多。设备完善的丝绸工场的产品投入市场，贸易额按当时货币计算达五千多万。这不仅比向国外购买必需的丝绸更为有利，而且由于国内广植桑树，制造商可以不必向国外购进蚕丝来织丝绸。从1666年起，法国制造的玻璃已经可以和供应全欧的威尼斯玻璃媲美。不久以后法国生产的玻璃既宽又美，其他国家始终无法仿制。土耳其和波斯的地毯被萨次内里的地毯所超过。佛兰德尔的挂毯也让位于戈贝兰的出品。当时戈贝兰宽阔的圈围起来的工场有八百多个工人，其中三百多人住在厂内。优秀的画家在工场里指导工作。他们或者自己设计图案，或者取法古代意大利的大师。戈贝兰工场还生产镶嵌制品。这是一种令人赞叹的镶嵌艺术。细木镶嵌也臻于精美。①

伏尔泰去柯尔伯时期不远，他的这些具体而细致的描写可谓实录；它告诉人们，法国在17世纪下半叶的经济已十分活跃了。不仅商业出现了繁荣景象，而且带动了制造工艺的进步。下面是柯尔伯在治理金融财政方面取得的成绩：

柯尔伯以他的学识和才华精通了财政管理……税收办法尽量简化。由于他施展惊人的理财本领，他一面减免人头税，一面又使御库收入增加。从令人难忘的1664年的敕令可以看出，每年拨一笔相当于当时货币一百万的巨款专门用于奖励制造业和海外贸易。在他掌管财务之前，农村听任贪得无厌的税收承包人肆意掠夺。柯尔伯任职后，十分重视农村，以至1667年英国商人向他的兄弟、法国驻伦敦大使柯尔伯·德·克罗瓦西先生提出，要向法国提供爱尔兰牲畜，还要出售腌腊食品给法国的殖民地，这位财政总监回答说："这四年来，我们自给有余，还可以卖给外国。"

国家治理这样成功，建立特别法庭和进行重大改革这两项措施起了必不可少的作用。柯尔伯曾不得不削减八百多万以低

① ［法］伏尔泰：《路易十四时代》，吴模信、沈怀洁、梁守锵译，北京：商务印书馆，1982年。

IVPITER APPLAVDENS LODOICO FVLMINA CESSIT.
IAMQVE NOVVM MVNDVS SENSIT ADESSE IOVEM

▲ 少年时代的路易十四

价购进的市政厅公债，现在则按购价偿还。进行这些改革，必须由政府颁布法令。自从弗朗索瓦一世在位以来，高等法院有权审核敕令。当时有人建议敕令只由审计法庭登记即可。但结果还是旧的惯例占了优势。国王于1664年亲自去法院使敕令审核通过。[①]

　　上面是说，法国"重商主义"的比较有系统的推行，很大程度是由于它是彻头彻尾的政府行为；但是却不能由此得出结论，以为那时的法国经济已经很不错了，或者说路子已经走顺了。事实上，法国在政治上是早熟的民族国家，在经济上却受着各种因素的制约。柯尔伯诚然出了很好的主意，可是，在路易十四和路易十五的统治下，工业、商业和金融都还滞后于荷兰和英国。政治上的"优势"，不等于经济上也具有相应的"优势"；法国到1789年已具有现代国家的形式，但却还没有建成完善的"民族市场"，和英国"光荣革命"以前的情况很不一样。

　　法国在进入近代时，是一个既统一而又"分散"的国家。说它"统一"，是因为它在大革命以前有比较牢固的王权；说它"分散"，是因为虽然比英国和荷兰地域较大、人口较多，但正像布罗代尔说的，法国却有如"若干色彩不同的小块地区拼成的镶嵌画"，[②]不容易形成天然的整体的"民族市场"。各地发展很不平

① 〔法〕伏尔泰：《路易十四时代》，吴模信、沈怀洁、梁守锵译，北京：商务印书馆，1982年。
② 〔法〕布罗代尔：《15至18世纪的物质文明、经济和资本主义》（第三卷），顾良、施康强译，北京：生活·读书·新知三联书店，1992年。

衡；主要是濒临海洋的城市和内陆城市（巴黎例外）条件相差太大，各地区居民贫富不均的现象相当严重。而且法国的社会结构表现出的不同阶层的差异，也比较复杂，路易十五时期出任财政总监的奥利·菲里贝尔做了一个"社会调查"，根据居民贫富状况把法国各省划分为五个等级："富裕""小康""小康和贫困兼而有之""贫穷""赤贫"。布罗代尔补充说，第三等级（"小康和贫困兼而有之"）与第四和第五等级（"贫穷""赤贫"）之间的界限，也就是贫困地区与相对富裕地区之间的界限。[①]这样的情况，甚至到18世纪也还没有很大的改观。英国式的"革命"不可能发生在法国，而卢梭式强调"平等"和"公意"的政治哲学之只能产生在法国，这是一个重要原因。再者，从总体的物质文明情况讲，法国比荷兰、英国的农业比例要大得多。

但在向海外扩张方面，法国却并不落后于人，它在美洲、非洲、印度洋都有大片的殖民地。法国在同意大利、尼德兰的竞争中或许是"优胜者"；但和英国的较量，却总是差一截。特别是在经济世界里，曾处于中心位置的阿姆斯特丹，只能把中心位置让位给伦敦，而不是巴黎。当1795年法国军队占领尼德兰联合省时，伦敦已经稳执世界经济的牛耳了。

当然，法国的这些不利因素，并不妨碍它经过16、17世纪，到18世纪时建立起近代经济的规模。法国的"重商主义"在君主集权的统治下最为典型；以至在法国大革命后"重商主义"的影响

---

① [法]布罗代尔：《15至18世纪的物质文明、经济和资本主义》（第三卷），顾良、施康强译，北京：生活·读书·新知三联书店，1992年。

还延续下来，直到19世纪自由贸易成为欧洲经济生活的主流，法国才在认识上跟上来。

与尼德兰、英国、法国相比，欧洲其他地区显然比较落后；但到处都处在商业的强制性影响下。正是商业的进步，把技术的不断更新和发明带动起来，才有18世纪的"工业革命"。换言之，商业发展是近代欧洲走向工业化的序幕。

可见西欧先进国家之所以先进，商业繁荣是必不可少的条件；商业能不能活跃起来，关系到制造业的发展，否则工业化的革命无从谈起，19世纪也不可能适时地转向广阔的自由贸易空间和组成资本主义"大经济"。

第九章

工业化、科学与近代欧洲

"工业革命"与近代欧洲

造就欧洲近代社会的关键因素，是从中世纪的封建的农业社会经过"工业革命"走向近代的工业化社会。"走向工业化"离不开商业繁荣的刺激，所以商业的发展是"工业化"的前提。在欧洲是先有"商业革命"，商业带动了工业的进步，才有所谓"工业革命"。"工业革命"又绝对不能没有科学技术的支持；否则，便只能停留在手工业或简单机械工业的水平上。所以当提到"工业革命"时必定是联系着科学技术的革命。

欧洲的"工业革命"，按一般的共识，从18世纪中叶起分为两个阶段。第一段从18世纪中叶起到19世纪中叶，特征是以蒸汽为动力的机械普遍应用于各工业部门，结束了单纯用手工操作工具和简单机械的中古生产方式。它表现为生产工具的技术进步。第二次"工业革命"则进入大规模发展时期，自动化机械的发展促进了大企业生产和生产过程的专门化；工业的各个部门全面发展，而且产生了许多新的工业；工业的进一步发展带动了科学技术的进步，反过来又推动工业化进程；同时农业开始实现彻底的改造，成为"工业化"的大农业。在第二阶段的"工业革命"中，资本主义的生产关系和社会结构已趋完备。总之，"工业革命"奇迹般地改变了欧洲社会的面貌，使生产各部门、交换机制、市场、金融信贷等，都相应地跃进到一个新的时期。可以说，"工业革命"是近代欧洲经济发展的绝对不可缺少的条件。

"工业革命"是中世纪以后早期的"欧洲现象"。从技术改造，即生产劳动的工具开始的"工业革命"不像政治性革命那样有个时间上的"爆发点"，而毋宁是技巧经验的积累。因此，在此一段时间内是某国先采用了某种技术，而在另一段时间里则可能是另一国率先采用了另一种技术。而且一种新发明从此地传播到另一地，在西欧是很自然的。所以，英国的领先地位是在欧洲各地几个世纪的技术创造的积累中实现的。因此，英国"工业革命"很快就成为西北欧的"工业革命"，而不只是英国一国的现象。

布罗代尔说："18世纪50至60年代在英国发端或崛起的工业革命是个极其复杂的过程。工业革命可说是若干世纪前早就开始的'工业化'进程的终点。但它不断获得新生，至今还始终在我们周围徘徊。它可以被认为是一个新纪元的开端，未来的时代仍将长期属于它。"[①]

这段话无疑表达了历史学家们的共识。霍布斯鲍姆认为，"工业革命"真正有了自己的表现，应是在18世纪的80年代。这个开端，只是一个象征意义的说法；如果以此为"开端"的话，则这"开端"作为一种"结果"，还该有它的来源。

---

① ［法］布罗代尔：《15至18世纪的物质文明、经济和资本主义》（第三卷），顾良、施康强译，北京：生活·读书·新知三联书店，1992年。

根据布罗代尔的考察，欧洲在13世纪已开始从停滞状态向前挪动了。而13世纪的"因"还可以再往前推，例如，欧洲在11世纪，即在鄂图大帝的"小复兴"以后的一两个世纪后，生产便从最黑暗的年代的"低谷"逐渐有些起色；主要是开始使用水磨、风磨作为简单机械的动力了。这也可算是一次技术上的"小革命"了。当然进展是十分缓慢的；但无论如何，"在生产方面，在工农业生产率方面，以及在商业和市场扩展方面确实曾发生了一系列相互关联的进步"。①因此，"地理大发现"作为历史发展一个突破性的标记，是前此几个世纪物质生产率积累的结果。这些物质文明的成果，启发了欧洲人把眼光投向更远的地方。哥伦布、麦哲伦们当然绝对想不到他们做的事不仅仅是一种冒险的英雄主义行为，而且为人类历史掀开了新的一页。当哥伦布在五百年前率领三条帆船在无边无际的海洋上漂向远方的时候，东西两个半球已不知不觉地开始连在一起了。先是新旧大陆有了交流，旧大陆的小麦、水稻运到新大陆，新大陆的玉米、薯类运进了旧大陆；更重要的是新大陆的白银和黄金流入欧洲，使欧洲的货币经济取得了有力的支持；随着向印度洋的开拓，航海者沟通了欧洲与东南亚，以及日本和中国南方沿海地区的贸易，并为东印度公司的成立准备了条件。于是开启了殖民地时期，在而后的两三个世纪里，美洲、非洲、大洋洲以及亚洲的大部先后成为欧洲国家的殖民地。此外还不能漏掉奴隶买卖养肥了贩奴商人，美洲的印第安人的原始公社制度开始瓦解……

---

① [法]布罗代尔：《15至18世纪的物质文明、经济和资本主义》（第三卷），顾良、施康强译，北京：生活·读书·新知三联书店，1992年。

刚才提到"地理大发现"也不是无因之果。航海之成为可能，是因为有了一定的物质条件。例如，至少要有船。欧洲人是有造船的悠久历史的，可以追溯到希腊、罗马时期。地理条件决定了沿海地区的人要有船才能在近海地区开展贸易，古代的威尼斯商人、北部的汉萨同盟的商人，都要有商船；不列颠人同大陆来往也需要有船。地中海迤东、爱琴海一带，北方的斯堪的纳维亚一带，都需要

▲ 威尼斯制图师弗拉·毛罗绘制的弗拉·毛罗地图（1459年）。这幅地图是第一批绘有欧洲、非洲与亚洲的地图，现藏意大利威尼斯的马尔恰那图书馆

船。除了做生意，打仗也需要船。布罗代尔对于欧洲人自古以来的造船技术的改进，有着很细致的叙述。据他说，从15世纪起，热那亚的大帆船载重量已达一千五百吨，载重千吨的威尼斯大船通向叙利亚，把那里的棉花运至欧洲；16世纪的葡萄牙巨型帆船货运量达到两千吨，船员和旅客可达八百余人。总的来说，在1588年阿尔玛达无敌舰队建成前一百年，欧洲的造船工艺已经达到了很高的纪录①。

从欧洲文明发展史的视角来看，这个所谓"地理大发现"的确为欧洲史划了一条分期线，把欧洲引向一个新时期。哥伦布、达伽马、麦哲伦等第一批航海家的"探险精神"和他们完成的业绩本身，具有一种历史的象征意义。这里没有必要去描述那些航海的壮举，也不是去评价这些人的个人行为，而是要着重指出，正是从哥伦布等迈出第一步起，欧洲在中世纪形成的封闭状态第一次向海外打开了大门，从此把欧洲东西两侧的大西洋和印度洋（太平洋）联结起来了。欧洲开始对自己在世界上的地位渐渐地酝酿着新的"自我意识"。航海把淘金、经济开发和宗教传播结合在一起了。

恩格斯说，16、17世纪为下个世纪准备了社会革命的"一切前提"②。在这两个世纪当中，消灭了中世纪制度，树立了社会的、政治的、宗教的抗议派思想；这两个世纪，西班牙、葡萄牙、荷兰，然后是英国，先后建立了贸易、海军和殖民地。这两个世纪

---

① ［法］布罗代尔：《15至18世纪的物质文明、经济和资本主义》（第三卷），顾良、施康强译，北京：生活·读书·新知三联书店，1992年。

② 《马克思恩格斯全集》（第一卷），中共中央马克思恩格斯列宁斯大林著作编译局编译，北京：人民出版社，1956年。

为新兴的资产阶级奠定了"长大成人"的基础。

一般说，"工业革命"最早发生在英国，已是不争的事实。但为什么这样说呢？只从生产力的水平来看，似乎很难找到答案。因为在当时英国使用的新技术还多是从外国来的；德意志、尼德兰以及意大利和法国等地都拥有在当时说来处于先进地位的工匠和技巧。按照布罗代尔的考察，16世纪中叶，不列颠群岛在工业上还"远远"落后于意大利、西班牙、尼德兰、德国和法国。"一个世纪后，形势奇迹般地完全颠倒过来，其变化速度之快，只有18世纪末和19世纪初工业革命高潮时期可与之比肩。英国在内战（1642年）前已成为欧洲第一工业强国，而且将保持这一地位。"[1]

回答这个问题不是件很容易的事，多半只能通过分析大体上自圆其说。因为技术条件都是不相上下的，即都是在手工操作的条件下试图改进一些劳动工具，以求多生产一些。然而，"奇迹"恰好出现在最早在动力上产生突破性进展的英国。于是英国便成了"工业革命"的发祥地。

工业总是从商业推动而来的。英国的例子最能说明此问题。早在"光荣革命"以前，贵族的商业化便已非常普遍了，到革命爆发时，市场已经相当繁荣了。特别是东印度公司的业务从17世纪初成立以来，海外殖民贸易给英国带来了日益增长的商业利益；随着殖民地的一再扩大，18世纪的英国经济已经在世界上遥遥领先，早期的一些争夺海上霸权和殖民地的战争，促成了英国的"统治"

---

① [法]布罗代尔：《15至18世纪的物质文明、经济和资本主义》（第三卷），顾良、施康强译，北京：生活·读书·新知三联书店，1992年。

地位。在先后战胜了西班牙、葡萄牙、荷兰等早期殖民主义者之后，英国在自己的本土以外打了两场对英国的发展具有重大意义的战争，即1756—1763年的"七年战争"和1775—1783年的美洲战争（美国的独立战争）。这两场战争，从军事上讲英国是一胜一败。"七年战争"结束后签订的《巴黎和约》使英国得到了法属北美殖民地并加强了在印度的影响。"北美战争"，英国虽然打败了，于1783年宣告承认美国独立；但是，这场战争并没有损害英国的商业利益，英国"放弃"了过大的"军事胜利"，以求保全和扩大它的市场和维护它的经济发展和优势。[①]18世纪80年代英国工业产量猛增的同时，英国人向独立的美国所出售的货物之多超过了靠1660年航海法维持的"老殖民体系下"的殖民时代。1782年，英国向美国出口总值1250万镑，到1790年为2000万镑。[②]

　　工业化的发展与商业的发展是互相促动的——商业扩张需要新技术的支持，反过来又推动了商业。发明了蒸汽机的瓦特不仅是有创造精神的发明家，同时还是一个富有"商业头脑"的人，便是很说明问题的实例。他在发明了蒸汽机以后即于1773年成为在伯明翰的马修·博耳顺公司的合伙人；[③]与瓦特同时期还有许多技术改造的发明家，也都是与商人结合起来的，他们的技能和发明立即就能够用于改进商品，增加商品产量。于是，"对技术发明的采

---

① 转引布罗代尔引述罗伯特·贝尼埃的话。

② ［英］阿萨·勃里格斯：《英国社会史》，陈叔平译，北京：中国人民大学出版社，1991年。

③ ［英］阿萨·勃里格斯：《英国社会史》，陈叔平译，北京：中国人民大学出版社，1991年。

▲ 詹姆斯·瓦特

用，跟发明本身一样，构成了产业革命的社会史"。[1]

英国的金融财政在17、18世纪是任何欧洲国家都比不上的。

---

[1] [英]阿萨·勃里格斯：《英国社会史》，陈叔平译，北京：中国人民大学出版社，1991年。

整个货币流通基本上已由1694年成立的英格兰银行和私人银行控制起来，地方银行发展迅速；英国在18世纪事实上已采用了金本位制，银行券的推行更使近代货币制度首先在英国初具规模；同时，股票交易活跃起来，在1695年伦敦证券交易所得到特许状后即成为合法的商务。

布罗代尔特别重视伦敦的作用，他说："英国的兴盛，端在伦敦。"①伦敦既是英国的全国经济中枢和大脑，同时也是整个欧洲的金融中心。全国各地连成一片的商品市场、全国规模的银行信贷业、"民族市场"的出现和繁荣，一切都离不开伦敦的带动。伦敦之于其他城市犹如臂之使指，支配着全国的经济活动。布罗代尔引述了在1815年一位久居英国的法国战俘发表的见闻说："如果说英国的全部利益都集中在今天万商云集的伦敦市，同样可以说伦敦的影响遍及英国各地。"②

"工业革命"的重要内容之一是对农业的改造，也就是以农业为主的经济转到工业经济上来。诚然在英国"工业革命"已开始的年代里，土地仍是英国人的主要资源和财富。然而，农业以及农业人口的变化早从15世纪开始就悄悄地在进行着。这就是前述的英国历史上有名的"圈地运动"。这个运动一方面是一种对农民的残酷剥夺，被圈地的农民流离失所，衣食无着。在另一方面，"圈地运动"又是

① [法]布罗代尔：《15至18世纪的物质文明、经济和资本主义》（第三卷），顾良、施康强译，北京：生活·读书·新知三联书店，1992年。

② 前引布罗代尔书，第421—422页。根据1805年10月英舰队在特拉法加海角歼灭法舰队，所谓"战俘"当系此役被英军俘获的 René-Martin Pillet，他在1815年写了《旅居十年在伦敦所见的英格兰及其各省》。

政府通过数以千计的圈地法案和羊毛纺织业工商业者的一种"联合行动"。土地的集中和把种植农作物的土地变为放牧场，渐渐地使土地问题同资本企业挂钩，大土地所有者成为与城市工商业联手的农业资本家。这种情况一方面造成了英国本土农业的凋敝，大量农产品必须依靠进口；另一方面则加速了土地的资本化。这是英国的农民与欧洲大陆，特别是法国的农民在历史发展上的不同，也是英国"工业革命"走在前面的一个不容忽视的原因。今天，人们都熟知英国在1973年成为欧洲共同体的正式成员国以来，一直在欧洲共同体的农业政策上与其他大陆的成员国争执不已、协商不断，主要原因是英国农业在经济中占的比重比较小、农产品的需要大量依靠从英联邦国家的廉价进口；而造成这种局面的历史原因，则可以上溯到"圈地运动"为主要内容的几个世纪的土地问题。但是，从促进工业发展的角度来看，英国土地问题的解决由于很早即与商业利益结合在一起，所以能成为把社会推向近代工业化的一种动力。

从蒸汽机开始

近代世界的一个必不可少的条件，就是在科学技术支持下的工业化。一个没有工业的农业社会，说不上是近代社会。这里所谓科学技术支持下的"工业"，不是简单的靠手工操作的手工业，也区别于用手操作的家庭简单机械工业。这里所谓工业，必是从"动力革命"入手的工业。

机械，是自古就有的，例如我们在博物馆见到的用双手操作的结构非常简单的织布机。但是，这种机械，无非是手臂的延伸，离开了人的双手，机械就不能转动。渐渐地人们发现用水磨和风磨可以带动机械，这是机械"自动化"的萌芽，对解放人的双手是有重要意义的，所以布罗代尔说水磨或风磨的采用可以算是最早的"工业革命"。不过这类"动力资源"受客观条件如气候条件的制约很大，时常得不到正常的供应。瓦特发明蒸汽机第一次把这个动力问题解决了。珍妮纺织机把机械装置推进了一大步。用蒸汽机来带动纺织机，便等于给纺织机插上了翅膀。

蒸汽机一旦出现和启动，当然不只可以装备纺织工业，其他工业部门都可以，而且也必然普遍得益于这种新的能源。

在诸多归功于蒸汽机的工业部门中，采矿业的发展是比较明显的。蒸汽机需要燃料供应，蒸汽机的应用普及起来，便需制造更多的蒸汽机，因此需要越来越多的铁、煤等矿藏的支持。于是新的动力使煤的开采量激增，同时也影响到铜和铁的开采。矿业的发展反过来又推动了蒸汽机被更广泛地采用。所以"动力革命"既带动了采矿业，因而同时也就刺激了机器制造业。以前用手工的木制机械，现在则开创了用机器制造机器的新前景。

直接受益的还有交通运输业。蒸汽机大大地发展了商品生产，生产各种物资，要求运输工具的改进。大约从1780年起，英国开始修建公路和运河；公路和运河大大便利了车船的行驶。以运河为例，1755年郎卡郡开凿了第一条较大的运河；1759年布黎纪瓦特公爵开凿了从乌尔斯利到曼彻斯特的大运河。至此，开凿的运河总长为两千多英里，还不算其他较小的可以通航的河流。

▲ 蒸汽机带动的火车

运输工具的进步中最引人注目的是汽轮、铁路和汽车的出现。从1807年起，船舶开始用蒸汽动力来启动，四年后诞生了第一条轮船。

第一条公共铁路是1801年在萨雷修建的；至19世纪中叶，欧洲各国都在修建铁路了。因此可以说大规模地修建铁路是第一次"工业革命"的最重要的成就之一。新的交通工具代替了用畜力牵拉的车辆，用机器制动的货车应运而生。在第二次"工业革命"时期，修建长距离和交错成网的铁路网，已是欧洲资本主义发展到鼎盛时期的标志。1860年以前，全世界的铁路总长不超过三万英里；到1890年英国一国的铁路总长即达两万英里，德国两万六千英里，美国竟长达十六万七千英里。铁路的出现和延伸到各出海口，极大地便利了资本主义向海外扩张，使物尽其流成为可能，把原料产地、销售市场、生产企业，都经由铁路网联结起来了。尤其重要的是，铁路的普遍出现更新了人对速度的旧观念，生活频率加速，一种新的时空观念渐渐产生。

与此同一性质的发明，是电报的诞生。早在1820年，法国的物理学家安培发现可以应用电磁的原理传达信息。1844年在巴的摩尔和华盛顿之间架起了第一条电报线。电报的发明很快发展到世界各地。1866年，铺下了第一条横贯大西洋的电缆。19世纪中叶，亚历山大·格莱姆·贝尔发明了电话；1899年，越过英吉利海峡的无线电报问世，两年后无线电报越过大西洋。无线电报的发明为无线电、无线电话和电视铺平了道路。

随着"工业革命"的不断发展，石油作为新能源进入工业部门。1859年爱德温·德雷克在宾夕法尼亚州钻了第一口油井。

1876年第一台内燃机问世，掀开了大规模生产、自动化机械文明的大幕。汽车工业、航空工业在19世纪末已在孕育之中。第一架飞机于1903年问世，但它的研制必是在19世纪就已经开始的。

以上这个十分简略的叙述，说明"工业革命"虽始于英国，但很快就传到西欧其他各地和美国。第二次"工业革命"在许多方面不同于第一次"工业革命"。19世纪上半叶，一些重型工业，如钢铁、机械等，只限于在英国、法国、比利时以及美国发展起来。至后半叶，许多其他大国都迅速赶了上来。最昭著的例子如"铁血首相"俾斯麦统治下的德意志帝国，在普法战争后从法国手里夺得了铁矿资源丰富的洛林地区，其煤钢产量激增，重工业很快发展起来；1860年以前本来是分散的许多日耳曼小邦都因俾斯麦的工业化政策用新的工业技术装备起来。到第一次世界大战前夕，德帝国已是欧洲的咄咄逼人的钢铁大国。意大利在早些时候曾是地中海地区经济繁荣、贸易发达的地方，有过所谓"威尼斯时代"的兴旺历史。后来，很长时期落在了后面。国家分崩离析，备受外国侵扰。大体到1880年也发生了转机，逐渐成为工业化发达的国家。东欧其他国家的发展虽然出于种种原因慢得多，但到19世纪末也各有了不同程度的工业。巴尔干的情况则极为特殊，是列强必争之地，处于几乎遍于全欧的"工业革命"的边缘。事实上，在19世纪下半叶，从总体上看，欧洲已经"工业化"了，而且"工业革命"的影响已冲向欧洲以外。除了美国比较早地紧随西欧大国之后走上工业化道路，东方的日本也在"明治维新"之后，在强有力的"从上到下"的"西化"运动中发展成为炙手可热的工业和军事强权。

第二阶段的"工业革命"迥异于第一阶段的，除了工业本身的意义外，它所连带造成的社会后果，历史意义更大更深远。甚至可以说，这方面的影响的重要性超过工业本身。

在前一章讲到的"工业革命"前的"商业革命"和"重商主义"乃至"自由贸易"等，只说明那些时候的经济生活和经济活动在资本主义开创时的意义。在"工业革命"的第二阶段中，现代资本主义制度已经是配套齐全、羽翼丰满了。

原来是一个一个的工厂孤军作战，现在则联合成了合股的大企业；托拉斯和卡特尔使工业生产的组织既是高度垄断的，同时在国与国之间、企业之间又充满了激烈而复杂的竞争。各种形式的股份公司、投资银行、保险公司控制和操纵了工业各部门的运转；资金空前地大量聚集，把工业资本主义和金融资本主义紧密地结合起来。这是一个"弱肉"强食的经济世界，资本之间、商品之间、企业之间，"大鱼吃小鱼"成为普遍现象和规律。无情的竞争既造成了企业家、银行家的不断分化，同时又刺激了社会劳动生产率的持续提高。经济活动中从来是有竞争的，早期的商业活动就是有竞争的，竞争就意味着利润，就意味着发展。"竞争"，既是非理性的，但它又推动了文明社会的进步，因此又是理性的。

"工业革命"把原来的社会结构彻底打乱了，产生了两个新的对立阶级：资产阶级和无产阶级。工人运动、各种社会主义运动在19世纪初只是星星点点的自发行为，理论家们只有些乌托邦式的理想（如圣西门、傅立叶、欧文），到世纪中叶出现工人国际、共产国际等工人运动组织；马克思和恩格斯的《共产党宣言》标志着伟大的时代精神的诞生。在后半个世纪，工人的罢工、起义层出迭起，遍及整个欧洲。

"市场经济"与现代资本主义的结合，是19世纪的一个大特点。按照布罗代尔的说法，"市场经济"与资本主义是两码事。他是从历史学的角度这样说的；因为只要有生产，有交换，就有了"市场经济"。所以"市场"在古代的西方、东方都早已客观存在了。这里所说的"市场经济"不是那种宽泛意义的"市场经济"，它是一个综合概念，是一个把资本积累和运转、商品生产、流通和交换、金融信贷、价值规律、生产扩大再生产等都包罗在内的大网络。这张大网络的组织自发而又繁复，于是要求有相应的、契约性质的法规、经济立法；这张网络是跨越国界的，于是有了多边的、双边的区域经济和世界经济。"市场经济"的现代化还要求科学、技术的强大支持。所以工业化社会的"市场经济"必然既反映了现代社会的富足繁荣，同时又包含众多运作上、政策上以及结构上的各种问题；既有自我调节的机能，又有层出不穷、千变万化的难题。

一种比较完备的"劳工政策"也在19世纪形成了。"工业革命"把大量工人集中在城市里，劳动条件和生活条件极其恶劣，工人运动的兴起是必然之事；无产者已成为有组织的阶级，有足够力量向资产阶级的统治地位挑战。政府对待工人运动，除在尖锐冲突时采取镇压手段，还通过福利制度和社会保障立法计划以缓和社会矛盾。第一个实行广泛的社会立法计划的，是俾斯麦。这项在1883年开始执行的立法计划，包括对生病和遭受工伤事故的工人给予补助、严格的工厂检查制度、限制雇用妇女和童工、规定最高工时、建立职业介绍所以及为年老退休工人提供救济、实行失业保险制度等改良主义的措施。随后其他欧洲大陆国家也效仿德国的立法计划，一项几乎包罗万象的社会保障制度便在19世纪最后一二十年到20世纪初在欧洲普遍建立起来。这无疑是"福利国家"的重要来源。

科学与近代欧洲

这当然不是历史的巧合，在探险家们远离欧洲大陆与海浪搏斗的时候，达·芬奇、米开朗琪罗、马基雅维利等一大批群星璀璨的名字使欧洲大陆从南向北、从东向西吹拂起"文艺复兴"之风。在这个世纪里，人文主义和科学实验精神，以及宗教改革所激发出来的思想解放的冲击力，成为这几个世纪的精神特征。哥白尼《天体运行》的出版（1543）无疑是一个具有革命意义的象征，因为它意味着科学思维向神学的挑战；后人称之为"哥白尼革命"，以表示它的划时代的意义。

如果当时有一位"跨世纪的旅行家"，他一定会感觉到17世纪的欧洲何等激动人心。在前"工业革命"时期，欧洲的政治面貌和经济生活的变化，是摆在外面的。任何熟悉这段历史的人最容易看到的必是"三十年战争"、英国"光荣革命"这些大事。但，精神领域的巨大变化，却不那么容易看到。殊不知，正是精神领域的变化，如同酵母一样在催生着新社会，一种新的实验科学的观念正在孕育之中。列宁曾经评述莱布尼茨是"通过神学而接近了物质和运动的不可分割的（并且是普遍的、绝对的）联系的原理"①。
把这句话转送给17世纪的哲学家和科学家，都是十分合适的。神
学当然还有根深蒂固的威力，但是17世纪的神学却有了"双重性
格"；除了继续充当上帝存在的卫护士之外，它还需要论证上帝的
存在与自然秩序的一致性。正是在这后一点上，神学与科学思维有
了结合点。上帝在那个时代是理性的化身，自然秩序（宇宙）同样
也是理性思维能够确认的。于是，与哲学从神学脱出的同时，纯粹
数学与天文学、物理学的紧密联系，也使科学脱离了神学。17世
纪的科学家们大多同时是有了独立科学思维的哲学家；他们担负了
阐释神学原理和物质世界的"双重任务"。他们尽量把这"双重任
务"调和起来，竭力论证上帝的意旨和自然秩序是一致的；抽象数
学一旦应用在物理学和化学上，在笛卡儿、斯宾诺莎等天才看来，
便能够更好地体现上帝的"圆满性"。但是，他们的努力产生了他
们所始料不及的效果：上帝与科学的结合没有能够实现，却通过神
学接近了物理本原，并由此通向实验科学。继哥白尼之后，开普
勒、伽利略、威廉·吉尔伯特等把哥白尼的发现进一步向前推进，
并带有实验科学的时代特色。英国数理逻辑学家 A.N.怀特海在描
述17世纪的贡献时说："如果把欧洲各民族在我们这个时代以前
的二百二十多年中的思维活动做一简短而十分确切的叙述，就会发
现他们一直是依靠17世纪的天才在观念方面给他们积累的财富来
活动的。这个时代的人继承了16世纪的历史性革命所具有的观念

---

① 列宁：《哲学笔记》，中共中央马克思恩格斯列宁斯大林著作编译局译，北京：人民出版
社，1960年。

酵素。同时他们又把涉及人生各方面的现成体系传给后代。17世纪这个时期始终一贯地为人生活动的各个领域提供了思维活动的天才，对于那个伟大的时代来说，这些天才都是完全相称的。"①可以开列一个不完备的名单，如弗朗西斯·培根、哈维、开普勒、伽利略、笛卡儿、巴斯噶、惠更斯、波义耳、牛顿、洛克、斯宾诺莎、莱布尼茨等，都是这类人。他们把数学、天文学、物理学，以及生命机体的研究，纳入了科学实验的思维体系当中，在这方面他们是十足的"唯物论者"，他们思维的对象无疑只能是物质自身。正因为此，怀特海说，"17世纪的天才在我们的文献中根深蒂固地种下了唯物观点"。他们的"实验的方法"，充满了"对无情而不以人意为转移的事实"的注意。②

　　历史的任何一个时期，都有承前启后的作用；同时，每一个时期又都有其思维特征。17世纪令人感到特别激动的是，好像有一种无形的冲击力在冲击某种禁锢；在不可遏止地走向中世纪的反面。文艺复兴和宗教改革把人的想象力释放了出来，扩散和深入到了对宇宙万物的探讨中去，自然哲学则天然地和科学实验结合起来。

　　这是理性在思维中逐渐居于主导地位的时期，如同康德说的，理性的一只手拿着原理，另一只手拿着依据原理而设计的实验，为了向自然请教而接近自然。自然研究经过许多世纪的苦苦探索，到17、18世纪已经踏进了科学的稳妥途径③。无论是经验主义，还是

---

① ［英］A.N.怀特海：《科学与近代世界》，何钦译，北京：商务印书馆，1959年。

② ［英］A.N.怀特海：《科学与近代世界》，何钦译，北京：商务印书馆，1959年。

③ Immanuel Kant. *Critique of Pure Reason*. Meiklejohn. J. M. Dent, 1943.

理性主义，实验科学已成为人类探索自然，发展自然科学的唯一有效门径，而且也只有通过实验科学才能把理性从神学的迷雾中解放出来归还给人，才有可能使18世纪成为"发明的世纪"并走向改变整个社会的"工业革命"。

恩格斯也说，各门科学在18世纪已经具有了科学形式，因此它们一方面和哲学，另一方面和实践结合起来了；科学和哲学结合的结果就是唯物主义、启蒙时代和法国的政治革命①。

在这样的时代进步中，某种形式的"工业革命"是必然要发生的。"工业革命"从本质上讲是通过物质文明的变革而实现的"社会革命"。仍借用恩格斯的话，"科学和实践结合的结果就是英国的社会革命"。②既然讲"社会革命"，那么，当时的英国是最具备条件的。

18世纪无论对于欧洲文明的发展，或是对于人类文明的发展，都是一个关键性的世纪。"工业革命"和它所包含的社会意义，把世界历史推向一个全新的方向。欧洲的近代社会固然可以从"地理大发现"作为极具历史象征意义的开端，但是人的思维方式和社会外观发生根本性的变化，则是从18世纪开始。英国诚然先走了一大步，而培根、洛克的务实精神则紧接着传入了大陆，成为近代欧洲的精神财富。

对于培根的成就和他对后世产生的影响，伏尔泰说得最为中

---

① 《马克思恩格斯全集》（第一卷），中共中央马克思恩格斯列宁斯大林著作编译局编译，北京：人民出版社，1956年。

② 《马克思恩格斯全集》（第一卷），中共中央马克思恩格斯列宁斯大林著作编译局编译，北京：人民出版社，1956年。

▲ 培根

肯。他说："在掌玺大臣培根以前，没有人知道实验哲学；并且在他以后，我们所做的种种物理实验几乎没有一件不是在他的书里（指《新工具》）已经指示过的。他自己也做了许多实验；他做了各种不同的抽气机，从而他想到了空气的弹性；他曾经对空气重量的发现做反复研究，他接触到它；但这一真理却被托里拆利[①]获得

———————————

① 托里拆利（1608—1647），意大利物理学家、数学家，伽利略的学生。

了。不久以后，实验物理学差不多立即开始在欧洲各地同时研究起来。这本是培根推测到的一座隐藏着的宝库，所有哲学家，被他的预言所鼓舞，都努力发掘这一地下宝藏。"①

康德对于培根在自然科学上的贡献，也做了类似的评价，他说："物理学踏入科学的康庄大道的时间（比数学）更晚些。事实上大约一百五十年以来，天才的培根已为物理学研究指出了新方向，或者说，当其他人也已走上正途的时候，他已为沿着这个方向的努力注入了新鲜活力。在这个事例中，就像对数学一样，可以确证是一场急剧的智力革命。"②

一个社会的发展和进步，可以透过许多最容易见到的现象或外观显现出来，如生产力的情况、经济增长的情况、生活方式的变化等。但是最能推动历史车轮前进的，是持续不断的科学跃进和技术发明。如果从"哥白尼革命"算起，到19世纪经历了四个世纪的积累。然而，只是到了19世纪，"人们才完全有意识地认识到知识在其一切部门中事业化的力量，找到了培养专家的方法，认识了知识对技术进步的重要性，发现了抽象知识和技术进步相联系的方法，并且也看到了技术进步的无限前程。这一切事情，直到19世纪（主要是德国人）才彻底地做到了"。③

怀特海这几句话，对于了解19世纪的科学精神，十分有启发；可以印证恩格斯的话，"（到19世纪下半叶）新的自然观的

---

① ［法］伏尔泰：《哲学通信》，高达观等译，上海：上海人民出版社，1986年。

② Immanuel Kant. *Critique of Pure Reason*. Meiklejohn. J. M. Dent, 1943.

③ ［英］A.N.怀特海：《科学与近代世界》，何钦译，北京：商务印书馆，1959年。

基本点是完备了：一切僵硬的东西溶化了，一切固定的东西消散了，一切被当作永久存在的特殊东西变成了转瞬即逝的东西，整个自然界被证明是在永恒的流动和循环中运动着"。①

　　这里有一个概念问题需要说清楚，即在讲到"科学精神"的时候，需把科学和技术的区别和它们的相互关系弄明白。我们习惯于把科学和技术笼而统之地叫作"科技"，往往抹杀了它们之间的区别。怀特海那段话里的"知识""抽象知识"与"技术进步"是有区别的：前者是"理论科学"，后者是实践的技术。技术的进步能够直接地表现出来并直接用在生产上，人们很容易感受到；但是唯有理论科学取得突破性的进展，越来越反映永恒流动的和在循环中运动着的自然界，并形成"新的自然观的基本点"，技术才能进步。这个进程是没有止境的，而且是连续不断的，任何一段历史时期都不能割断这连续性的进程，更不能穷尽它。欧洲仅仅是突破旧的僵死的自然观，就用了几个世纪。因为，科学禁锢在神学之中太深太久，人们已经习惯于使用"一种不能从自然界本身来说明的外来的推动力作为最后的原因"②。从哥白尼起，自然科学开始在神学的桎梏中挣扎，而后天文学家们、数学家们不自觉地在苦苦地挣脱神学的"紧箍咒"，科学走着崎岖的艰难的路，哥白尼刚刚打开了一点缺口，并且由开普勒等继续探索，而到牛顿时期，一方面把物理学推向一个新水平，但同时"第一次推动"的假设又堵塞了科

---

① ［德］恩格斯：《自然辩证法》，曹葆华等译，北京：人民出版社，1955 年。
② ［德］恩格斯：《自然辩证法》，曹葆华等译，北京：人民出版社，1955 年。

学通向客观世界本身的出口。从培根、笛卡儿到莱布尼茨，都力图发展科学的思维，但终于不能突破自然界是上帝安排的这种"合目的论"。科学家们可以研究天文、地理、数学、物理，并且取得成绩；然而只要碰上"第一次推动"的上帝，就再也不能大踏步地前进了。神学既为科学家提出了研究物质本原的课题，同时却又顽固地束缚着科学的手脚。

"在这个僵化的自然观上打开第一个缺口的，不是一个自然科学家，而是一个哲学家。1755年出现了康德的《自然通史和天体理论》。关于第一次推动的问题被取消了；地球和整个太阳系表现为某种在时间进程中生成的东西。"（恩格斯）[①]康德在这本书的"前言"里提出，要"运用力学定律从大自然的原始状态中探索天体本身的形成及其运动的起源"，指出"大自然是自身发展起来的，没有神来统治它的必要"[②]。这些话在宗教仍然统治着人的精神和思想的时候，不啻石破天惊，康德自知是冒了风险的，但是他认为值得一试，他说："我凭借小小的一点猜测，做了一次冒险的旅行，而且已经看到了新大陆的边缘。勇于继续探索的人将登上这个新大陆，并以用自己的名字来命名它为快。"[③]

康德可以说是第一个"投石问路"的人。旧的自然观没有那么轻而易举地被攻破，需得不断地把缺口放大，这个工作自康德开

---

① ［德］恩格斯：《自然辩证法》，曹葆华等译，北京：人民出版社，1955年。
② ［德］康德：《宇宙发展史概论》，上海外国自然科学哲学著作编译组，上海：上海人民出版社，1972年。
③ ［德］康德：《宇宙发展史概论》，上海外国自然科学哲学著作编译组，上海：上海人民出版社，1972年。

▲ 布拉格天文钟是捷克首都布拉格的一座中世纪天文钟，代表了欧洲中世纪对天文的认知

始，一直延续到19世纪完成了新的科学自然观的确立，自然科学终于完全立足于牢固的基地之上了。

恩格斯在他关于"自然辩证法"的札记里，把自然科学在不断打开旧自然观的缺口中的进度列了一个简明扼要的表：

第一个：康德和拉普拉斯。第二个：地质学和古生物学（赖尔，缓慢的进化）。第三个：有机化学，它制造有机物并表明化学定律适用于有生命的物体。第四个：1842年，机械的热理论，格罗夫。第五个：达尔文、拉马克、细胞等（斗争，居维叶和阿加西斯）。第六个：在解剖学、气象学（等温线）、动物和植物地理学（18世纪中叶以来的科学考察旅行）以及普通自然地理学（洪堡）这些学科中的比较的要素，材料在其相互联系中的集中。形态学（胚胎学，贝尔）。

在这张表以后，恩格斯在手稿中写道："旧的目的论已经完蛋了，但是现在有一种信念牢固地确立了：物质按照规律在其永恒的循环中运动，它在一定的阶段上——时而在这里，时而在那里——必然地在有机存在物中产生出思维着的精神。"①

科学便这样循序渐进地一次又一次地在旧自然观的堡垒上把缺口放大，旧堡垒终于在19世纪土崩瓦解，理论科学在确立新的自然观的同时达到了一个极盛时期，科学的各部门几乎已经设置齐备。其中普遍获得新的进展并最能代表19世纪科学精神的，公认是达尔文的演化原理和法拉第、麦克斯韦和赫兹等人的包括分子物理学、光学、电磁学、热力学、空气动力学在内的新物理学。

达尔文在1859年问世的《物种起源》标志着生物学的革命；与过去的生物学家不同，达尔文强调物种在繁殖过程中是可变异的，是进化的，他发展了赖尔的"种间竞争"学说，认为"种间竞争"的基础是"种内竞争"，种的生存斗争是进化的表现，而种内个体的生存斗争则是进化的动力。由此，达尔文把整个自然界纳入了一个历史发展的崭新境界之中；"演化""自然选择""生存竞争""适者生存"等全新的概念，广泛而深入地刻印在人类史学家

---

① [德]恩格斯：《自然辩证法》，曹葆华等译，北京：人民出版社，1955年。

的观念之中。达尔文的贡献固然首先在于他把生物学的理论推上一个新的高峰，带动了细胞学、生理学、人种学等广泛学科的进展，但意义更加重大和深远的，是在科学的观念上所起的革命性作用。在《物种起源》出版后不久，恩格斯便在1859年12月致马克思的信中写道："我现在正在读达尔文的著作，写得简直好极了。目的论过去有一个方面还没有被驳倒，而现在被驳倒了。此外，至今还从来没有过这样大规模的证明自然界的历史发展的尝试，而且还做得这样成功。"[①]马克思在1860年12月给恩格斯的信中说："……它（指《物种起源》）为我们的观点提供了自然史的基础。"[②]恩格斯后来对达尔文理论从学理方面提出过批评意见，但是始终确认达尔文打破旧的自然观的开拓之功，"因为他证明了今天的整个有机界，植物和动物，因而也包括人类在内，都是延续了几百万年的发展过程的产物"。[③]

　　达尔文思想的革命意义远远超出了生物学和博物学的领域，而且他的理论一问世便引起了非常广泛的关注、传播和发挥。影响最大也是最杰出的要数英国生物学家托·亨·赫胥黎，他既以传播达尔文主义为己任，又以自己在发生学和脊椎动物解剖学的知识补充了达尔文主义。他的《进化论与伦理学》（即严复译《天演论》）和《人类在自然界的位置》，就是这类性质的代表作。赫胥黎解释

---

① 《马克思恩格斯全集》（第二十九卷），中共中央马克思恩格斯列宁斯大林著作编译局编译，北京：人民出版社，1956年。

② 《马克思恩格斯全集》（第三十卷），中共中央马克思恩格斯列宁斯大林著作编译局编译，北京：人民出版社，1956年。

③ 《马克思恩格斯全集》（第三卷），中共中央马克思恩格斯列宁斯大林著作编译局编译，北京：人民出版社，1956年。

他为什么接受达尔文的物种学说时说："正如一个物理学方面的哲学家因为已有证据表明假说中的以太的存在，可以接受光的波动学说；或者如一个化学家由于有证据表明原子存在而接受原子学说。正是由于同样的理由我接受了达尔文学说，因为它有大量的显而易见的可靠性：它是目前消除和清理所观察的事实中混乱情况的唯一方法；它是从发明分类学的自然系统和开始胚胎学的系统研究以来，给博物学家们提供的最强有力的研究工具。"① 赫胥黎这些话与前引马、恩的评价，都说明了达尔文在科学观念方面、科学方法方面的贡献。自然界在他的心目中不是固定不变的，而是不断翻新的、永恒向前演化的。美国史学家丹尼尔·布尔斯廷说，达尔文使用的语汇既有吸引力，叫人心服，又至为简明；他告诉人们该怎样看待变化，怎样把在经验中推陈出新的道理讲通 ②。

也正是由于达尔文主义在科学方法上具有普遍价值，所以它的影响也及于社会学、政治学、人类学和历史学等广泛领域，以至引起对世界、对人类社会的发展的系统反思。它的普遍性的最根本之点就在于把世界作为动态发展的而不是静止状态的思想；马克思也正是在这点上认为达尔文为他的社会发展史的观点提供了"自然史的基础"和"自然科学根据"。

19世纪在物理学领域里的贡献，并不逊于生物学。以法拉第、麦克斯韦、赫兹为代表的物理学理论，掀开了物理学的新的

---

① [英]赫胥黎：《人类在自然界的位置》，《人类在自然界的位置》翻译组译，北京：科学出版社，1971年。

② Daniel J. Boorstin. *The Republic of Technology*. Harper & Row Publishers, 1978.

一页。这里可以借用爱因斯坦的两段话来评述19世纪物理学的功绩。爱因斯坦在一篇谈话记录中这样说：

古典力学把所有现象，无论是电现象还是力学现象，都归诸粒子间的直接作用，而不管它们相互之间的距离。这种最简单的定律是牛顿的表述："引力等于质量乘以质量除以距离的平方。"与此相反，法拉第和麦克斯韦引入了一种全新的物理实在，叫作"力场"。这种新的实在的引入具有极大的优点，首先，与日常生活经验相矛盾的超距作用的概念不再是必不可少的了，因为空间中点与点之间加上了场而没有间断；其次，场的定律，尤其是在电学理论中，其表述方式比不假设场的情况更加简单，只有质量运动是实在的。①

爱因斯坦在《自传注释》中，继续发挥这一主题：

在我学生时代，最令人着迷的学科是麦克斯韦理论。它的革命之处就在于它由超距作用的力跃进到把场作为基本量。将光学合并到电磁理论中，加上光速与绝对静电学与电磁单位之间的联系，以及反射系数与介电常数的联系，物体的反射系数与导电率之间的数量上的关系——这简直就是一场革命。②

---

① ［美］I.伯纳德·科恩：《科学革命史》，胡爱华等译，北京：军事科学出版社，1992年。
② ［美］I.伯纳德·科恩：《科学革命史》，胡爱华等译，北京：军事科学出版社，1992年。

爱因斯坦这段话非常简要地概括了这场物理学革命的主要贡献。法拉第、麦克斯韦、赫兹为代表的科学成就，是通向20世纪相对论和量子力学的不可缺少的因素，而爱因斯坦正是这一革命的

▲ 演讲中的爱因斯坦，摄于1921年

接班人。

　　科学是推动历史进步的革命力量，科学本身就是无止境的长期革命，是对创新的不懈追求。所以自从有了现代科学，每一次对前人的成就的突破都意味着一次革命。从哥白尼到牛顿，从康德到达尔文，现代科学跃进的轨迹清晰可见。19世纪的功绩恰在于总结了前此几个世纪科学进步的成果，并为科学的继续跃进制定了新的起点，为下一个世纪的飞跃做了准备。

　　我们有限的知识水平使我们无法比较全面而系统地概述科学发展的历史；我们只是要强调，科学，特别是基础科学和理论科学是欧洲发展到近世的最具"韧性"的力量和传统，是那么多创造发明的最坚实的根基。I.伯纳德·科恩在写他的《科学革命史》时，即着眼于精神领域所具有的持久影响力。"科学革命"是在19世纪悄悄出现的概念。法国实证哲学家奥古斯特·孔德最早提出了这个概念，其渊源则可以在亨利·德·圣西门的著作中找到。马克思和恩格斯更是很明确地认为科学的巨大变革具有革命意义；例如恩格斯在《反杜林论》三版序言（1885）中指出，"……单是把大量积累的、纯粹经验主义的发现予以系统化的必要性，就会迫使理论自然科学发生革命"。[①]欧洲的现代科学从来没有脱离它所处的历史源泉和精神氛围。从神学到世俗哲学，到科学思维，构成了精神世界的行程路线；现代科学与哲学、人文科学和社会科学存在着不解之缘。科学与一般技术的区别之一正在于此。欧洲科学是以这个世纪

---

① 《马克思恩格斯全集》（第三卷），中共中央马克思恩格斯列宁斯大林著作编译局编译，北京：人民出版社，1956年。

的总体精神世界为依托的，所以伯纳德·科恩把从圣西门到马克思，从达尔文到弗洛伊德，勾画成一幅"政治或社会革命与科学革命这两个概念间的相互作用"的图画；他说，在自然科学和社会科学"这两个理论世界"之间本来就存在着关联，可以互为依据的。①

　　但是科恩的"精神世界"主要及于"这两个理论世界"，而没有涉及文学艺术。怀特海在叙述现代科学的成长时则特别提出了文学艺术对现代科学的作用，他说："人性的具体外貌唯有在文学中才能体现出来。如果要理解一个世纪的内在思想，就必须谈谈文学，尤其是诗歌和戏剧等较具体的文学形式。"②没有谁能回答莎士比亚、巴尔扎克对现代科学有什么用处这类问题，但是，同样确实的是，文学、艺术发展水平和规模，非常能够折射出思想的活跃程度和精神世界的丰富多彩。科学、艺术的功能对科学的贡献已是一个颇令人感兴趣的问题。怀特海在关于《科学和近代世界》的演讲中专门提出文学艺术与时代的关系，并不是天马行空式的遐想；科学与艺术之间在想象力的开拓上，定然存在着某种非常有趣的通感。

---

① ［美］I.伯纳德·科恩：《科学革命史》，胡爱华等译，北京：军事科学出版社，1992年。
② ［英］A.N.怀特海：《科学与近代世界》，何钦译，北京：商务印书馆，1959年。

第十章

19世纪的欧洲政治

THE ARMSTRONG 20-POUNDER GUN AND LIMBER. (FROM A PHOTOGRAPH.)

欧洲俯瞰

19世纪，特别是它的下半叶，是欧洲资本主义的所谓"鼎盛时期"，欧洲大部分国家成为名副其实的"资本主义"国家，用马克思最为概括的说法，这是一个"资产阶级时代"。前此都是为这个"鼎盛时期"做准备的，所以，19世纪最能代表近代欧洲；这个世纪，工业革命的深入，改变了欧洲社会的面貌：人口增长，农村人口流入城市，城市一个接一个地矗立着，经济的繁荣使资本主义完全代替了封建社会结构，贸易、通信、交通先是缩小了欧洲国家间的距离，继而使地球也显得缩小了许多；欧洲继续向北美移民，促进着那个地方的繁荣和进步；同时随着实力的无休止膨胀和向外扩张，欧洲列强把欧洲以外的地盘都分割完毕，并在19世纪的后几十年进入了希法亭、列宁所说的"帝国主义"时期。

任何一个世纪的后一半与前一半都有很大差别；因为一个世纪的初期，甚至更长的时期内，仍继续上个世纪的进程，或多或少是上个世纪的延续。拿19世纪末的欧洲社会与世纪初相比，差别之大，真如天壤之隔。

19世纪中叶大体上可以说是这一百年当中的"分界线"。1848

年革命是这个"分界线"的信号，在这以后，欧洲分明地从拿破仑战争和战后的"维也纳会议"的影子里摆脱出来了，并由此进入欧洲列强拼争的阶段。

19世纪的头15年，欧洲几乎整个儿地卷进拿破仑战争里。拿破仑在法国大革命末期走上政坛，先是做了第一执政（1799—1804），继而于1804年称帝，建立了"第一帝国"，并且把法国大革命后期的反对外国干涉的战争转变为征服性的扩张战争，战争的火焰不仅燃烧在欧洲大陆，而且烧到了中东和北非。这场战争于1815年以有名的滑铁卢战役、拿破仑惨败而告终。拿破仑以"革命"的名义建立对内专制、对外扩张的帝国统治，在最初几年确曾采取了各种措施，为法国其后的许多制度打下了长远基础；最著称于世的是1804年颁布的法典，即后来的《拿破仑法典》。这部法典确立了法律上的平等权利和财产权。拿破仑以个人集权方式把法国大革命时宣布的若干原则摄进"法典"，一方面使这些原则得以存续，但在另一方面则把法国历史上中央集权的传统推到极致。法兰西民族经历过路易十四时代的盛世、法国大革命的群众性民主运动以及拿破仑睥睨一世的统治时期，培育了自己特有的"民族主义"传统，"平等、自由"的人权观念以及既富于反抗又崇拜和礼赞权威的复杂心态。拿破仑正是这样一个把这三种精神综合于一身的杰出的历史人物。拿破仑虽然战败了，但是他"虽败犹荣"，在法国人的心目中始终被奉为"民族英雄"。

拿破仑战争在十多年当中从初期的屡战屡胜转为屡战屡败，至1814年，俄国、普鲁士和英国军队攻进法国，拿破仑被迫接受败

▲ 跨越阿尔卑斯山圣伯纳隧道的拿破仑，1801年，雅克-路易·大卫。现藏于吕埃马尔梅松马尔梅松城堡

局并被流放到厄尔巴岛。第二年他奇迹般地逃出并在法国统治了最后的一百天，终于在滑铁卢被英、普联军打败，被送往圣赫勒拿岛幽禁，于1821年死去，结束了大起大落的拿破仑时期。

这场几乎把所有欧洲国家都卷进来的长期战争结束时，欧洲的面貌已大为改观了。体现列强均势的"维也纳会议"把欧洲做了重新安排。俄国、奥地利、普鲁士、英国以及战败的法国的"五国同盟"和在英国撤出后的"四国同盟"勉强维持了几十年的脆弱和平，实际上从此奠定了19世纪其余时间的欧洲大国的"棋局"。这是一幕以后世代传诵的"外交"重头戏；起着轴心作用的奥相梅特涅、正处在上升势头的俄皇亚历山大一世、狡黠而圆滑的法国外长塔列朗等都有精彩的表演。而英王的代表卡斯特利勋爵则淋漓尽致地表现那英国外交的特色：貌似在"棋中之外"，却在驾驭着整个"棋局"。"维也纳会议"的所谓"势力均衡"，直到今天对于大国的政治家们，仍不失其可资借鉴的历史经验。在这些年代，"工业革命"已经势不可遏地装备着西欧各国、中欧的普鲁士和奥地利及欧洲最东部的俄国。实力的膨胀滋养着这些国家的扩张野心。因此，所谓"势力均势"实已酝酿着"联盟"的破裂。

19世纪下半叶，欧洲最重要的变化是70年代德意志帝国的出现。欧洲的政治地图因此而重新勾画。在欧洲的中心，俾斯麦统治下的帝国居于东西逢源的地位；在它的西邻是德国的宿敌法兰西第三共和国；在东方，正向巴尔干和亚洲扩张的沙俄虎视着欧洲；奥地利帝国和匈牙利结成庞大的帝国之后，也成了炙手可热的强权；意大利在实现了统一以后，作为后来者不失时机地挤进了竞争的行列。欧洲的东南地带已经成为必争之地，先进的工业国家纷纷向这些地方渗透，危机、冲突一触即发。列强向亚洲、非洲以及拉丁美洲的殖民扩张也加剧了。

英国从"五国同盟"撤出以后继续凌驾大陆之上独自行动，它以"超然"的姿态利用"力量均势""自由贸易"和海洋的"地理优势"，建立起所谓"日不落帝国"。在欧洲大陆国家间的关系中，英国的分量放在哪一边，天平就要明显地向哪一边倾斜。

前面说，"维也纳会议"所勾画的"棋局"曾维持了几十年的脆弱和平，因为战争的影子每时每刻都在欧洲游荡。终于在后半叶战端不断开启，举其荦荦大者，就有1854—1865年的克里米亚战争，1859年法国联合撒丁王国的反对奥地利的战争，1864年普鲁士与丹麦的战争，1866年普奥战争，1870年普法战争，1898年西班牙与美国的战争，等等。而1879年的德国与奥匈帝国的联盟和1898年德国开始的海军计划，则尤其是欧洲列强加速更大规模战争的信号。

综合拿破仑战争以后，特别是1848年以后的欧洲政局来看，在国家关系中看不到一丝"理想主义"的影子，而只有在实际利益驱动下的拼争。

首先是俄国，它在拿破仑战争以来在相当大的程度上取代了法国作为大陆强权的地位；它地跨欧亚，在战败土耳其后便取得了奥斯曼帝国的历史地位。俄罗斯凭借这种有利的地缘条件，东向亚洲，西则以巴尔干为通向欧洲的跳板。在它以西的所有欧洲大国，都把警惕的目光投向它，或者借助它同自己的"敌人"周旋。法国、德国都在不同时期同它存在过有形或无形的"联盟"。

德国结束了长期的大分裂，经过三次战争而进入大国之林；在普丹、普奥、普法等三次战争之后实现统一的德意志帝国把日耳曼的西北部和西南部都囊括进来，帝国的重心因此大大地向西移动。这种形势为德帝国制定其"东方政策"，同时亦为"西方政策"提供了现实依据。从俾斯麦的"小德意志"政策到威廉二世的"世界政策"，姿态不同，却只不过咫尺之遥。[①]

东欧、巴尔干地区的政治意义空前加重了。这个地区复杂的民族冲突到19世纪下半叶日见尖锐，武装冲突时有发生。这种形势背后站着各大强国。于是两股线拧在了一起：一股是这些地区的各民族的民族主义，另一股是互相敌对的大国同盟体系的对峙。这两股力量对形势形成的压力都超乎一般外交途径所能排解的程度。

到19世纪下半叶，两个非欧洲国家闯进了世界舞台，使国际政治突破了欧洲范围。这两个非欧洲国家就是美国和日本，欧洲从此将失去世界政治中心的特权。美国自取得独立以来很快强大起来，从19世纪中叶起已显现出它后来居上的趋向。日本在"明治维新"之后也很快崛起，其势逼人。

及至新世纪到来的时期，人们所经历的事实是：奥匈帝国向塞尔维亚宣战，俄国支持塞尔维亚，德国支持奥匈，法国站在俄国一边，英国又站在法国一边……1914年8月4日，各国军队开赴战场，第一次世界大战爆发了。

19世纪就是这样，以拿破仑战争开始，以准备世界大战而走向下个世纪。19世纪的政治并没有在本世纪内完结，以"世纪"划分历史阶段，只是为了叙述上的方便。事实上，20世纪的文章

---

① 俾斯麦统一德帝国后即做出"韬晦"状，表示不向外扩张，是谓"小德意志"政策。威廉二世则大力扩张，是为"世界政策"。

是紧接着19世纪连续做下去的。第一次世界大战和第二次世界大战之间只不过是短暂的"休战"时期。交战双方有些角色换了位置，最终于1945年彻底战胜了德、日两个军国主义国家（它们的小伙伴法西斯意大利很早就投降了）。美、苏、英、法，加上中国形成了战后的政治格局。19世纪的政治应该延长到这个时期才算告一段落。以后就进入另一个时期了。

欧洲的民族主义

欧洲是多民族的欧洲。欧洲是"民族国家"的欧洲。"全球化"进程会使民族边界意识淡化，却不可能使民族个性消失。欧洲各民族（除较大的英法俄等外）的普遍觉醒并起而争取自己的权利，主要是19世纪的事。所以看19世纪的欧洲不能忽视民族问题。18世纪的启蒙运动、法国大革命，对于促进民族觉醒，是起了很大作用的。但是更大的推动是1848年的革命。各民族都有自己的语言、文字、风俗习惯；虽然共有同一的文化和宗教渊源，但都有建立本民族的政治实体的要求。从大处看，那些大民族早在中世纪即已孕育出各具特色的民族主义，如英国的盎格鲁－撒克逊民族主义、日耳曼民族主义、法兰西民族主义、意大利民族主义，等等。西北欧有些较小的语族，处在较大民族的"交界"之间，它们的民族特性不突出，在历史上是长期交织和流动的，如荷兰、比利时的交界处，奥地利、意大利、西班牙的邻界地区，瑞士周边，斯堪的纳维亚地带等都有类似情况。这些地区的较小的语族（甚至称不上独立的"民族")多认同于毗邻大族的文化，局外人平时几乎辨别不出显著的区别，实则都有自己特有的"自性"，矛盾的尖锐化也会发展到出现"危机"的程度。如，英格兰与爱尔兰、法兰西与巴斯克、比利时的两大语系间的问题，等等。在中欧和东欧，民族情况要复杂得多，俄罗斯民族最大也最显要，它虽然长期受过鞑靼人、土耳其人的侵扰，但主要是一个压迫其他弱小民族的民族。从波兰以东的欧洲地区，斯拉夫族是个很宽泛的概念，实际看来则是许多居住交错的诸多小民族集中在这个地带。它们基本上是被异族压迫和统治的弱小民族。

欧洲的民族主义是有较大的政治和历史意义的，可分以下几种情况：

第一种情况是日耳曼和意大利。这两个民族都是历史悠久、民族特点十分突出的民族，并且都在塑造欧洲的历史上起过划时代的作用。希腊、罗马基督教的传承存续离不开这两个民族。如："民族大迁徙"是日耳曼的特殊业绩，"宗教改革"发自德国，"文艺复兴"是意大利的杰出创造，等等。但是，这两个民族却久久没有自己的统一的"民族国家"。在日耳曼人中间曾出现过普鲁士那样的军国主义君主专制国家，也曾在不同时期有过毗邻小邦的"联盟"，但是只有一个有名无实的"神圣罗马帝国"；在英国、法国、西班牙等都有自己国家的时候，日耳曼的"领土"内却是小邦林立。意大利亦然，在欧洲已进入近代史期时，"意大利"仍不过是在亚平宁半岛上的一个徒具"虚名"的分裂的国家，真正的实体是撒丁、皮埃蒙特，是米兰、佛罗伦萨、威尼斯，等等，每个城市

▲ 法国艺术家德拉克洛瓦笔下的匈人领袖阿提拉。阿提拉带领匈人击败了大量欧洲部族，组建了短命但是庞大的横跨欧亚的匈人帝国

都是一个"共和国"。

因此，很明确，这两大民族最为集中的愿望，就是建立自己的统一的国家。

拿破仑战争极大地刺激了法军所过之处的民族主义激情。西班牙、意大利、普鲁士等地都掀起了反对拿破仑统治的运动。德意志民族主义到19世纪发挥得淋漓尽致。当拿破仑的军队进入柏林、耶拿的时候，哲学家费希特发表了长篇的激动人心的系列演讲《告德意志民族》，呼吁属于德意志文化的德意志各邦人民联合起来反抗外国侵略者。他以极大的愤激之情高扬德意志的文化是最优秀的文化，德语是最优秀的语言。费希特的十几次演说，被普遍认为是掀动民族主义感情的最有代表性的"宣言"。诗人歌德更明确说："……首先德国应统一而彼此友爱，永远应统一以抵御外敌。它应统一，使得德国货币的价值在全国都一律，使得我的旅行箱在全境三十六邦都通行无阻，用不着打开检查……德国境内各邦之间不应再说什么内地和外地。此外，德国在度量衡、买卖和贸易以及其他不用提的细节方面也都应统一。"①歌德以极热切的诗一般的语言问道："德国？她在哪里？我们怎么才能找到她的整体？德国人是博学多才的，但是这个国家却是另一回事。"②民族统一，是德意志人几个世纪的夙愿，是它的民族主义的心之所系、念兹在兹的诉求。20世纪80年代末，东西德国还没有统一，我在访问时到了美丽的中世纪小城吕贝克，在东西德交界的西德一侧矗立着一块界牌，上面写着"统一、正义和自由，为了德意志祖国"。两面字是一样的。据说这句话是1848年欧洲革命时期流行于德意志诸邦的

① [德]爱克曼辑录：《歌德谈话录》，朱光潜译，北京：人民文学出版社，1982年。
② [德]艾米尔·路德维希：《德国人》，杨成绪、潘琪译，北京：生活·读书·新知三联书店，1991年。

一首民歌的第一句。

那么，希特勒的法西斯主义呢，这是德意志历史绕不过的。有一种意见认为，法西斯主义执政是一段历史"插曲"，这未免说得太轻松了；但它确实是民族主义、极权主义、军国主义、民粹主义，再加上当时流行于市井阶层的社会主义混合起来而坐下的一具"怪胎"。民族主义一旦走到极端，就会把各种社会思潮最坏的东西都结合进来，而走向一般意义的民族感情和情绪的反面。欧洲人，包括德国人，今天都非常警惕这种东西，这种思潮稍一露头，便人人喊打。欧洲民主的成熟程度可以接受反映民族情感的"民族主义"，但不会容忍极端的、带有种族主义倾向的"民族主义"。

意大利与德意志不同。意大利在"文艺复兴"时成为欧洲的希望之后，便渐渐衰落了，曾产生过预示着新世纪曙光的但丁的民族，在16世纪以后，在分崩离析中度过了几个世纪。直到18世纪后期"民族复兴"的火种才又开始悄悄地燃烧起来，从"民族复兴"的先驱人物麦尔济·戴利尔运筹独立的意大利"北方共和国"、以在法国和奥地利之间发挥缓冲和平衡作用起，意大利人在19世纪上半叶进行了几十年民族统一和复兴的运动，力图摆脱法国和奥地利的控制，先后出现了像马志尼、加里波第这样的民族英雄和革命者。相比之下，意大利比德意志更具有摆脱外国控制的性质。

1848年革命对欧洲各被压迫民族起来反对压迫、争取独立的斗争，起了极大的刺激和鼓舞作用。到处都有这样的斗争。在意大利是反对奥地利，在爱尔兰是反对英国，在比利时是反对荷兰，在希腊是反对土耳其，在波兰是反对俄国，在挪威是反对瑞典，等等。在这一时期，只有希腊和比利时（1829、1830）取得了独立。波兰三次被列强瓜分，直到下个世纪初期还处于附属国的地位。匈牙利则利用普奥战争以后奥地利的衰弱，通过1867年的奥匈协定而建立了奥匈帝国。

意大利的统一得利于法国、撒丁王国反对奥地利的战争（1859），皮埃蒙特乘机取得了奥地利控制下的伦巴第，意大利统一从此开始，终于在1870年实现统一，建立了意大利王国。

至于德意志，俾斯麦得以依靠日益强大的普鲁士的军事实力在三次连续战争之后乘胜建立了统一的德意志帝国。

第二种欧洲民族问题见于非常复杂的巴尔干地区。这个地区的民族主义纯粹是争取民族解放的问题。在1829年希腊独立以前，整个被爱琴海、黑海和亚得里亚海所环绕的巴尔干半岛都处于土耳其的统治之下。继奥斯曼帝国逐渐瓦解之后，欧洲列强便纷纷进入，先是俄国和奥匈帝国得地利之便，各自控制了一部分地区，其他西欧强权也垂涎这一地带。1829年第一次俄土战争后，奥斯曼帝国被迫承认希腊独立，塞尔维亚等部分地区获得一定程度的自治。当时几乎所有被土耳其控制的民族都纷起抗争，到处发生暴动。俄国乘机介入，于是在1877年爆发了第二次俄土战争，沙俄获胜，占据了大部分土耳其控制的地区。列强进一步插手：英国、奥地利、德国以及后来的法国都先后参与了在巴尔干半岛的竞争。1878年，列强在柏林举行会议，比萨拉比亚划归俄国，塞萨利划归希腊，波斯尼亚和黑塞哥维那划归奥地利。这是一次肢解巴尔干的会议。这样的分割显然不能解决争端，欧洲列强之间的迎头相撞之势反倒在这通向近东的要冲明显地表现出来了。

这是巴尔干民族问题的外部环境，而这里的民族状况和民族关系，更有其特殊的复杂性。这里有希腊人、土耳其人、塞尔维亚人、波斯尼亚人、黑塞哥维那人、斯洛文尼亚人、马其顿人、阿尔巴尼亚人、克罗地亚人、摩拉维亚人、保加利亚人、罗马尼亚人，等等。他们既是分散的，又是交错居住的，根本不可能根据语族的原则划分清楚，也不可能根据宗教信仰来区分。东正教、基督教新教和旧教等不同教派都有自己的强大影响，伊斯兰教则在波斯尼亚等地占主要地位。而且，巴尔干半岛各族在社会发展上在整个欧洲处于比较落后的阶段；在欧洲列强强劲的扩张势头下，它们不可能不受来自各方的影响和压力。

在这样复杂的时代背景下，这些民族都不可能取得充分发展的条件，离建立成熟的民族国家的目标仍十分遥远。即使取得了独立，也难于避免大国的干涉。巴尔干半岛的问题是如此之积重难返，以致到今天还看不到彻底解决的出路。

第三是英国和法国的民族主义。

英、法的"民族主义"时常表现为对自己的辉煌的历史文化的优越感，对殖民地征服和统治的"怀旧感"。这与亚非拉等民族要求摆脱外国控制的"民族主义"不是一回事。

"民族主义"与传统是密不可分的。在2002年6月6日的《参考消息》上有一篇"现场报道"，作者是这家报纸驻伦敦的记者黄兴伟，题目是"望不尽的人群和国旗——亲历英国女王'金禧庆典'"。记的是英国女王伊丽莎白二世登基五十周年的庆典。集中写6月1日至4日的活动。写得很生动，读了如亲临其境；这是英国人的盛大节日。几个月前，王太后寿终正寝，老太太活了101岁。电视里看到了葬礼的肃穆而隆重的场面。沿街肃立的英国人群注视着灵枢缓缓远去，伴着威斯特敏斯特教堂不断而均匀的沉钟声。人们感觉：这位王太后顿时成了盎格鲁-撒克逊的象征，她的逝去标志着一个时代的过去。有一则报道说，在第一次世界大战期间，年轻时的王太后曾像普通战士一样奔忙于士兵之间，鼓舞士气，为他们服务。从电视镜头里看，人们的表情是悲痛的。

王太后"国葬"两个多月后，女王登基半个世纪，又是一番场景：人如海，旗如潮，白金汉宫的两场大音乐会，一场古典的，一场"流行"的；野餐游园会、焰火晚会、巡游大狂欢，等等，把整个伦敦裹进节日气氛里。这些活动都是"群众性"的，影响播于英伦三岛内外。以流行音乐会为例，记者写道："现场约有一万二千名观众，另外还有一百万人在王宫外和附近公园里通过大屏幕观看了实况转播。这场音乐会还有六十多个国家进行直播，全世界大约有二亿观众收看电视转播。"每场这类活动，女王和王室成员都到场接受人们的欢呼。音乐会结束时，全场起立，齐唱"上帝保佑女王"。这种时刻，人们已经把布莱尔首相的"第三条道路"之类的事抛在九霄云外，尽情享受这份"民族骄傲"。

这篇报道使我想起1984年的6月16日，我在伦敦曾亲历过一次庆祝女王生日的场景。伦敦街上就是那样人山人海跟过节一样，人们从四面八方涌向白金汉宫，沿街铺天盖地的国旗飘扬着，男女

▲ 英国白金汉宫

老少穿着五颜六色的盛装。仪仗队最耀眼，每个方队以一面军旗为前导，经过白金汉宫前一律正步走，方队过后是壮观的骑兵队伍，个个人高马大。英国的军马很漂亮、英俊。空中几十架喷气式飞机，排出各种队形穿云而过。我回到旅馆立刻打开电视，现场直播的庆典还在进行。人们看着像表演，是认认真真的表演。为了显示民族的存在——永恒的存在——这类"表演"似乎是不可免的。

女王生日的头一天，我也去了白金汉宫门前去看每天上午11点整的王室卫兵换岗，那确是一景：上岗和下岗的卫兵各自牵着骏马，分别从王宫两侧齐步走进王宫前的院子，马也跟人一样节奏同一，人立正，马也站定，两列卫兵相对行礼，然后下岗的卫兵先齐步退下，随后准备上岗的卫兵注目礼送后各自就位执勤。白金汉宫大铁门外设一戎装门卫，佩剑，稳稳地站得笔直，一动不动，像雕像一般。游客纷纷站在他身旁拍照，有的人抚着他的肩章，或索性按在他的剑柄上，他依然旁若无人。一个美国游客靠近他，伸出手指在他眼前晃几下，他只眨了眨眼睛，全身仍如铁铸，纹丝不动。那个美国人口中念念有词："fantastic！"殊不知这是你们盎格鲁－撒克逊祖辈传下来的"余韵"呵。

英国王室在现代社会真是一个奇特的存在。从13世纪的《大宪章》起始，王室的实权就一天一天地"虚"下去了，直到17世纪英国革命，王室成了真正的"虚君"。（何谓"虚君"？1689年的《英国权利法案》中的第一条说："凡未经国会同意，以国王权威停止法律或停止法律实施之僭越权力，为非法权力。"第二条："近来以国王权威擅自废除法律或法律实施之僭越权力，为非法权力。"第五条："向国王请愿，乃臣民之权利，一切对此项请愿之判罪或控告，皆属违法。"等等。[①]此概为"虚君"的正式开始；因为国王已被置于法律之下了。）但是王室在礼仪上一直受到无丝毫不爽的尊重；无论是保守党的丘吉尔，还是今天工党的布莱尔都要恭称"陛下"，撒切尔夫人当首相时晋谒女王，还行英国式的"屈膝礼"。君臣有别，但"臣"权比君权大而实在。

今天，西欧还有不少"虚君"的民主制度的国家。20世纪80年代初，我随楚图南老（时任人大常委会副委员长、中国人民对外友好协会副会长）到比利时访问，拜会国王和王后。比利时朋友说

---

① 蒋相泽主编：《世界通史资料选辑——近代部分》（上册），北京：商务印书馆，1964年。

他是"人民"的国王。王室依礼派车队迎送楚老;王宫左近若干街道的十字路口放绿灯为车队让路。到了王宫,国王和王后在门口迎接客人;随即辞退众人,关闭宫门,国王对楚老说,我现在不是以"国王"的身份来接待您,我们是朋友了。他开始先说明,我本必须讲两种语言(法语和弗拉芒语),为方便计,我们就借助英语吧。我当时心里不免一惊:民族语言之重有如此者。彼时讲两种语言的比利时人正在闹所谓"语言战争",国王在重要场合讲其中任何一种语言,都可能引起讲另一种语言的人的批评,可见"虚君"也不好当,亦足见民族问题之微妙。会见后送客,宫门打开,礼送如仪,国王又是国王了。

目前仍保存着君主制的欧洲国家,王室丝毫不妨碍它们的民主制度,而且还被看作民族的凝聚人心的一种象征,时不时提醒人们别忘了自己的历史。有两条是关键的:第一,王室不干预政府和议会的事,国王或女王只是民族的象征。第二,王室要服从法律。时代不同了,王室会愈益"世俗化",破例的事会越来越多。查尔斯王储不是娶过民间女子戴安娜吗?而且又有了一位非王室的"红粉知己",她还随着王室成员参加了女王登基五十周年的庆典。

法国的民族主义是另一种样子。法国的民族自豪感来自法国大革命,来自拿破仑(虽然他最后被联军打得一败涂地,被囚禁在一个小岛上而终其年),20世纪则来自戴高乐。今天的法国人对这两个伟大的历史人物,无论有怎样不同的评价,但没有人否认拿破仑和戴高乐是法兰西的民族英雄。这两个巨人有一个共同点,他们一生的行为为他们的人生哲学做了注脚,归根结底是为了民族和民族在这个星球上的地位。他们都为铸造法兰西民族主义做了贡献。

1990年11月，我应邀去巴黎参加戴高乐的一百周年纪念活动。法国人纪念的是戴高乐，用意则是借这个机会大张旗鼓地通过张扬一个人的一生业绩，特别是他在第二次世界大战期间转战北非、反法西斯战争胜利之日凯旋巴黎使法国人激动不已的日子，向全世界宣扬一种法兰西的民族精神。参加纪念大会的有两三千人，有法国政府的总理、外交部长等官员，有战争期间与戴高乐共过事的已经老态龙钟的抗敌战士，有各国政要。安排了一整天的大会发言，时任法国总理罗卡尔（社会党）致开幕词，说戴高乐是法兰西民族的骄傲。许多欧、美、非、亚各国的代表做了限时发言，从各自的角度，称颂他为法兰西、为人类的和平所做的贡献。所有的发言，英国的、美国的、德国的、中国的，通通使用法语。法语在世界舞台上自20世纪60年代起渐渐失去了它作为第一国际语言的地位，让位给了英语。为此，对自己的语言怀着特殊自豪感的法国人常怀有一种深深的"失落感"和不平。这次则成了法语的天下，不管是会上的发言，还是下面交谈，都自然而然地说各种口音的法语，大大满足了一番法国人的文化荣誉感。我发言后，一位上些年纪的"将军"趋前同我热情握手，他对我发言的内容没有任何反应，只连声说："Quel franais！"（多好的法语呵！）语言，对法国人来说，是他们的文化，是他们在世界上的地位的标号。小组会分了许多组，列出专题，从各个侧面围绕着戴高乐其人其事展开讨论。一个小组讨论到美法、英法、苏法的关系时，情绪激动，各个愤愤然，因为都在为自己政府的政策辩护。问题涉及战争期间和战后安排期间的一个争论：戴高乐为首的"自由法兰西"

能不能与英、美、苏平起平坐。有一种意见，说战争期间，法国本土只有一个贝当傀儡政府，法国在 1940 年已经"灭亡"了，转战北非的戴高乐"自由法兰西"不过是一个"流亡政府"。这种意见大大激怒了法国人，因为这不仅侮辱了戴高乐，也作践了整个法兰西民族！这是美国人和俄国人的观点。英国人的观点不大相同，因为在戴高乐决意离开投靠德国法西斯的法国政府时，是丘吉尔接受了他。戴高乐在伦敦电台发表了著名的"六·一八"讲话，他说："无论发生什么情况，法兰西抵抗的火焰决不应该熄灭，也决不会熄灭。"丘吉尔和戴高乐虽然时时发生摩擦，丘吉尔要控制戴高乐，戴高乐偏不许他控制。然而毕竟伦敦是戴高乐在本土以外领导抗战的第一个容身之地，他因此才有可能准备条件在北非组建自己的军队。在美英苏讨论战后安排时，也只有丘吉尔力主给戴高乐的法国以同等的地位，从"三国"变成"四国"。这些情节虽已过去，但是法国人提起来仍不能不激动。

纪念活动在巴黎结束后，法国政府安排"专列"把所有参加活动的人送到戴高乐的故乡科隆贝双教堂去凭吊这位法兰西民族的代表。戴高乐晚年退隐故乡，他对作家马尔罗，他的知音说："任何一项政策的灵魂，都是民族。"[1]

第四，俄罗斯的民族主义。

前面讲了日耳曼、意大利、巴尔干、盎格鲁－撒克逊、法兰西的民族主义。如果不讲几句俄罗斯的民族主义，那么，欧洲民族主

---

[1]　[法]安德烈·马尔罗：《砍倒的橡树》，伽利玛出版社，1971 年。

义这一笼统的题目就缺少了极具特色的一块。我在学习欧洲历史时，时时感觉它逼人的存在，特别在彼得大帝亲政以后，几乎所有的西北欧和中欧（如英法德奥波匈等）民族都不能不正视它。它与英法这些较早的民族国家几乎一开始就有了自己的"天然边界"不同，俄罗斯是从"基辅罗斯""莫斯科公国"这样的"点"通过陆地蚕食和滨海开拓而成为一个跨有欧亚的大帝国的。在西欧人的眼里，彼得的帝国几乎是突然出现在欧洲的政治地图上的。

把俄国推向近代的彼得一世有两大"奇功"。一是把首都从莫斯科迁往滨海城市彼得堡；接着同当时的波罗的海的霸主瑞典打了二十年的"北方战争"（1700—1721），取得了北海地区称雄的地位。马克思看准了这点，说迁都滨海，等于是俄国新设了一个"外偏中心"（从东向西、从陆地向海洋），而以此为中心画出的圆周界，还有待观察。马克思写这句话的时候，俄罗斯已是英法奥普都必须认真对待的强权了。

彼得一世的第二大"奇功"，是瞄准了西欧的发展。从此，他用力摆脱东方鞑靼人的影响，决心掉头转向西方，俄罗斯的"西化"从此开始。陀思妥耶夫斯基在一篇短文《对历史的乌托邦理解》的开头有几句极具概括力的话，准确地描绘出彼得一世对其后俄国民族的影响以及俄罗斯在欧洲的地位。他说："彼得大帝以后的一个半世纪以来，我们所做的只是与人类的各种文明的交往，熟悉其历史，熟悉其理想。我们学习并且让自己习惯于爱法国人、德国人和所有的人，他们仿佛是我们的兄弟，尽管他们从来都不爱我们。并且从来都不准备爱我们。可是也就是我们的改革，彼得的全部事业；我们在这一半世纪的过程中从这改革得到的是视野的开阔，这在任何一个民族那里，无论是在古代还是在现今世界上都是独一无二的。"①有关这段历史，在后面有关章节里还要涉及，这里不详谈。

这里想要着重指出的是俄罗斯民族主义中的"欧洲因素"。俄罗斯与（西）欧洲既是相"对"的，由于古代俄罗斯的亚细亚根源和斯拉夫情结；又是相"亲"的，由于近代俄罗斯的"欧化"，并由此而主要成为"欧洲的"民族，落后的亚细亚和斯拉夫情结不居主流位置。

在谈到俄罗斯的地理人文特点时，曾经有过一个很著名的提法，叫作"从大西洋到乌拉尔"的欧洲，这是把俄罗斯包括在内，俄罗斯的亚洲部分就被划在"界"外以东了。从乌拉尔向东和向西延伸，越向东越有亚洲（中亚）色调，越往西越有欧洲色调。而从文明的先进性和俄国从17世纪以来的文明史看，俄罗斯只能是属于欧洲的。而与西欧（甚至中欧）诸民族不同的，恰恰在于它带有"不居主流位置"的"东方情结"。

尤为重要的是，俄罗斯的近代文明几乎全部是从西欧"移植"过来，并使之适应了俄罗斯的肌体的。这个"适应"过程，笼统地说大体上是两个世纪。这两个世纪当中，俄罗斯人使足了劲把自己变成真正的"欧洲"国家。彼得一世是当之无愧的近代俄罗斯的"创始人"，他像一个真正的水手那样登上荷兰船，随后又把一些德国人请进宫廷，更重要的，如果他和他同时代的人没有及时地

---

① [俄]陀思妥耶夫斯基：《狱中家书：陀思妥耶夫斯基散文集》，刁绍华译，沈阳：辽宁教育出版社，1998年。

充分意识到俄国与西欧的差距，俄罗斯也许仍然只能是一个不文明的东方民族很久很久。然而，如果不是叶卡捷琳娜二世时期"主动地"把狄德罗、伏尔泰、孟德斯鸠等启蒙思想家的精神引进俄罗斯，使至少知识界、思想界受到普遍而深入的感染，俄罗斯或许到

▲ 叶卡捷琳娜二世

19世纪还出不了那么多闻名于世、垂诸永久的像普希金、屠格涅夫、托尔斯泰、陀思妥耶夫斯基这一级的有思想深度又才华横溢的文豪。正是这两百多年使俄罗斯在历史上放出异彩。俄罗斯有两个"祖国"：一个是俄罗斯，一个是欧洲。这一点连俄国的"斯拉夫派"也不能否认。其中原因之一（应当是主要原因）是，俄罗斯说到底是"欧洲"的一部分，与西欧和北欧同属欧罗巴；东正教虽有东方色彩，崇奉的毕竟是同一个基督。毫不奇怪，俄国在19世纪与列强争雄的同时，出了那么多为西方所认可和称道的、在世界上都闻名的文学家、科学家、音乐家、舞蹈家……当然俄罗斯民族自己更加引为骄傲。俄罗斯文化刨根追底，其至今居于主流者，最终会追到小亚细亚到古希腊这一脉。

俄罗斯的确有自己独特的民族个性。它与其他许多欧洲的大民族相比，经历过多得多的苦难。欧洲各民族都有过一段专制体制的统治经历，但其残酷性绝远不及沙皇的残暴和野蛮，俄罗斯的这份"遗产"确乎是从鞑靼人二百五十年的野蛮统治继承过来的，至少一大部分是。广漠荒凉的西伯利亚留满了政治流亡者的血泪足迹。多少了解一些俄罗斯历史的人，都能从《伏尔加船夫曲》中听出这个民族命运的沉重和悲凉。俄国的许多著名的文学美术作品（特别是沙俄时期的和"十月革命"后以种种原因"流亡"在外的人所写的作品）莫不饱含着这种苦难以及那种特殊的故国乡土之思。

"民族主义"是人们用惯了的概念，模糊得不易言说得清楚明确。它在今天的世界上还是无所不在的；除非给某个民族的某种思想行动以贬义而使用"民族主义"，否则世界上并不存在根本没有"民族主义"的民族。只是因各个民族的历史地理人文条件有差异，因而表现为不同的色彩。

这里只讲欧洲，而且只限于日耳曼、意大利、巴尔干诸族、盎格鲁－撒克逊、法兰西、俄罗斯等几个民族。

殖民帝国

在谈到欧洲文明的发展史时，不能不涉及欧洲在近代史期的殖民开拓和扩张，在前面述及早期商业时，已经可以看出商业革命和重商主义，以及后来的自由贸易，除了各自国内的社会发展的因素外，都离不开向海外的扩展。航海在海外建立各种形式的"贸易点"，英、荷、法的东西印度公司，英国和西班牙向美洲的移民等都是西欧经济在原始积累阶段的不可缺少的条件。随着一些国家（如英、法等）实力的上升和另一些国家（如早期的荷、葡、西等）势力的相对式微，本来的殖民势力范围经过战争等手段几次易手，而强势国家所控制的殖民地到19世纪已遍及世界各地，形成了全球性的"殖民体系"。用列宁在《帝国主义论》中所说的，西欧列强到19世纪末已经把全世界"分割完了"，并视之为帝国主义的特征之一。这些广袤的地区的人民长期受到政治的外来统治和经济剥夺，为西欧资本主义的发展提供了原料、廉价劳动力和市场，为西欧建立金本位货币提供了黄金。"殖民帝国"或"殖民体系"是一种约定俗成的广义泛称，真正被"殖民"的地方是在美洲，欧洲的白种人移到那里建立起"殖民地"；像非洲、亚洲等地，居民都是本地人，白人在那里建立起少数对多数的严酷统治；在西南非，白人在那里实行了"种族隔离"政策；在北非，法国人索性把阿尔及利亚等划为它的"海外省"。

不过，"殖民地"与"宗主国"这两个相对应的词很早就已广泛使用了。1751 年的《百科全书》中，"殖民地"词条是这样写的："殖民地是宗主国的最佳市场。""殖民地是为了宗主国的利益而建立的，由此得出如下几点：1. 殖民地应依附于宗主国，受宗主国的监护；2. 殖民地的贸易应由殖民地创立者垄断。"[①]

最庞大的殖民帝国自然是英国。英国在近代的几个世纪当中，从荷兰手中取得好望角和锡兰各省，夺得马耳他，从法国人手中取得毛里求斯和塞舌尔，原属法国和西班牙的某些西印度岛屿也归英国所有。19 世纪 30 年代，英国享有对澳大利亚的主权，1840 年又享有对新西兰的主权。在这些年代里，英国在亚洲和非洲加紧扩大影响，特别是对印度控制的面积扩大了。到 19 世纪后半期，英国在非洲控制了尼日利亚、黄金海岸、肯尼亚、乌干达、南北罗得西亚、埃及和苏丹。在印度洋和太平洋，控制了印度、缅甸、马六甲、新加坡、中国香港，以及斐济、波罗洲、新几内亚等岛屿。到 1914 年第一次世界大战爆发前，英国已经控制了世界陆地面积的五分之一以上和世界人口的四分之一。

仅次于英国的是法国。法国殖民势力范围主要在北非、西非和印度支那，以及马达加斯加和太平洋、印度洋的许多岛屿。

---

① ［法］德尼兹·加亚尔等：《欧洲史》，蔡鸿滨、桂裕芳译，海口：海南出版社，2000 年。

19世纪末期，除英法殖民者外，其他欧洲国家也挤进来了。德、意是后来者，它们主要拥向非洲。德国在西南非洲、多哥、喀麦隆、坦噶尼喀和太平洋岛屿建立了殖民地；意大利则占领了的黎波里、厄立特里亚和部分索马里。甚至早期的殖民者葡萄牙也把安哥拉、莫桑比克占为己有，荷兰则在东印度群岛盘踞。

大部分拉丁美洲本来是西班牙的势力范围，其次，葡萄牙占有了巴西。英、法、荷也都有小片领地。西、葡相继衰落以后逐渐失去了在西半球的影响，到1830年前后，它们在中美洲和南美洲的殖民地都宣布了独立。随着西、葡势力的渐退，美国的影响渐渐增加。在1867年，美国从俄国手里买得阿拉斯加；1898美西战争后，美国便几乎完全取代了西班牙在加勒比海的地位。

俄国当然也参加了欧洲列强的竞争，不过它主要是在中亚和西伯利亚大肆进行蚕食性的陆地扩张。

日本在"明治维新"后迅速在亚洲扩展势力，开始侵占朝鲜、中国台湾，并觊觎中国大陆。

到19世纪末，在二十五年当中，欧洲强国的殖民体系已经建立起来。欧洲以外的美国和日本也急忙赶上来了；不过它们的"势力范围"还只分别限于美洲和亚洲，能称得起"殖民帝国"的，仍属欧洲列强。

英国经验与欧洲民主

西方的民主制度是在19世纪完成的。代议制政治制度和公民权利——如法律面前人人平等的权利、言论和出版自由、信仰自由、集会结社自由等——在欧洲至少已取得了共识；没有人能否认欧洲社会应该达到这些目标。从《人权宣言》开始，几乎所有的宪法都不能回避这些原则。

欧洲民主政治思想的起源，最早诚然可以上溯到希腊的城邦民主，但是那时的如雅典式的"大民主"一般只能作为一种历史思想和精神的"资源"。近代民主的起源，应当着重提到约翰·洛克，而洛克的思想则来自对英国革命的"理论总结"。洛克是非常有资格做这项理论工作的。洛克15岁在国会派的伦敦威斯特敏斯特学校读书；20岁进牛津大学基督教会学院学哲学和政治学。毕业后做了几年教师和研究工作。1666年他结识了辉格党领袖莎夫茨伯爵，当了他的秘书，协助他处理财经、殖民、宗教等问题。后来伯爵因反对复辟王朝遭缉捕而逃亡国外，洛克也跑到荷兰避难。1688年"光荣革命"后，洛克回英，当了上诉法院和殖民事务官员，并被纳为皇家学会会员。他在《政府论》中根据英国革命的经验做了两方面的"总结"：一是批判君权神授的君主至上论，二是根据英国革命的经验提出若干关于君主立宪制下的议会主权的理论。洛克站在"君主高于法律"的对立面，把议会制作为限制和制约王权的力量。他的思想的内核就是"人生而自由"："人类天生都是自由、平等和独立的，如不得本人的同意，不能把任何人置于这种状态之外，使受制于另一个人的政治权力。"又说："任何人放弃其自然自由并受制于公民社会的种种限制的唯一的方法，是同其他人协议联合组成一个共同体，以谋他们彼此间舒适、安全和和平的生活，以便安稳地享受他们的财产并且有更大的保障来防止共同体以外任何人的侵犯。无论人数多少都可以这样做，因为它并不损及其余的人的自由，后者仍然像以前一样保有自然状态的自由。当某些人同意建立这样一个共同体或政府时，他们就立刻结合起来并组成一个国家，那里的大多数人享有替其余的人做出行动和决定的权利。"①

这些话可以说是洛克思想的精华——从人生而自由、平等到"契约论"组成国家——它构成了欧洲近代民主思想的基础。洛克不是从天上掉下来的人物。英国从继葡萄牙、西班牙、荷兰向海外开拓后，紧跟着向世界发展，东印度公司推动了贵族的资产化。1640年开始的英国革命、议会反对王室的"内战"，使英国社会发生巨大变化。一些新兴资产阶级有了自己的代言人，如密尔顿从"自然法"出发，提倡人权、自由和共和制度；哈灵顿主张废除封建君主制、主张共和国制等。当然也有为王权辩护的，如洛克所批判的菲尔麦爵士。洛克《政府论》就是在这种思想和经验背景下产生的。欧洲民主的自由主义传统从此发端。英国革命的经验和洛克的思想传到大陆，影响了伏尔泰、孟德斯鸠、卢梭等一批启蒙思想家。洛克思想尤其传到了美洲，启发了北美争取自由、建立合众国的草创者。英国革命、美国革命和法国革命，采取的形式和道路不同，但都离不开洛克的启发。而后，欧洲和北美的思想家和政治家不可能绕过洛克（当然在精神上还有培根等）。当时的思想家们并不是在所有问题上都是一致的。但有一个相同点，就是都认为代

---

① ［英］洛克：《政府论》（下篇），叶启芳、瞿菊农译，北京：商务印书馆，1964年。

表整个国家发言的权利应该属于人民的多数。这到了卢梭，便是有名的"普遍公意"和"人民主权"的学说。对于卢梭，从来都有不同的意见，例如，法国大革命后期的恐怖专政以及其后包括俄国十月革命等暴力革命等，都能在卢梭的学说中找到来源；因为卢梭把"人民主权"神化会导致反民主。但是，任何理论或学说在付诸实施时，实行这些理论的人怎样理解，是很关键的。罗伯斯庇尔、丹东以及拿破仑都说自己是体现"公意"和"人民主权"的；但他们做的事后果如何，是否符合"人民"的公意，却不应算在卢梭的账上。18世纪末罗兰夫人的名言："自由、自由，多少罪恶借汝之名以行！"但是，"罪恶"是不能由"自由"来负责的，而应该由滥用"自由"的人承担责任。所以说从洛克到卢梭，在大关节上是连得起来的。欧洲近代民主和自由的思想来源和依据可以在这些思想家的学说中找到。

然而，从政治制度的层面上看，则还必须结合实际的经验及实践中的演变去考察才能看到这些思想资源的现实意义。"民主"和"自由主义"都是精神层面和原则层面的，在政治上是反对君主的个人专权；在前面的章节里我们多次讲过英国的《大宪章》便是从限制王室的权力开始的，三个多世纪以后的英国革命实际上仍然是要限制王室的权力，不过对王权实行限制的制衡的力量，在《大宪章》和"英国革命"时虽然都是贵族，但是"英国革命"时的贵族已经是工商业资产阶级或者是资产阶级的前身了。作为"英国革命"的一个结果，便是王室必须服从议会，还有，法律不是国王钦定的，而是议会制定的，因此"法律面前人人平等"，国王也必须服从。洛克在《政府论》中的上篇批评罗伯特·菲尔麦爵士关于"绝对君主制"时便特别指出"绝对君主制"立脚的基础，就是"人类不是天生自由的"，所以"在这个基础上，绝对君主制被抬到这样一个高度，以致它的权力超出一切权力之上，可以说'昂首天外'；它高出人世间的一切东西，达到了人们连想都想不到的程度，甚至连约束无限神祇的誓约也不能局限它"。洛克接着说："但是，如果这个基础崩溃了，它的整个结构便跟着倒塌。政府便不得不照旧由那些运用自己的理性结合成社会的人们通过计议和同意而组成。"①仔细读这些话，会发现"民主"和"自由"的原则都寓于其中了。英国革命（包括内战和"光荣革命"）和洛克不仅在英国，而且在欧洲都是划时代的。1688年革命后的第二年即颁布了《权利法案》，1701年颁布了《王位继承法》，国王在法律、收税、军事诸方面必须服从议会的决定；人民有向国王请愿的权利；议会是唯一的立法机关。英国的"立宪君主制"于焉诞生，国王（女王）成为"虚君"。

英国在"光荣革命"后还只是王室和议会两层体制，国王选择的大臣需对作为立法机构的议会负责；大臣主要从两个政党中选择，逐渐地自然而然地改为在议会中占有优势的党派中选任大臣。这就是"两党制"的开始。英国的"内阁制"始于18世纪初乔治一世治下，内阁对议会负责，并以王权的名义行使立法和行政权，这就是"政府"，并任命了第一任首相沃尔波。"没有永恒的朋

---

① ［英］洛克：《政府论》（下篇），叶启芳、瞿菊农译，北京：商务印书馆，1964年。

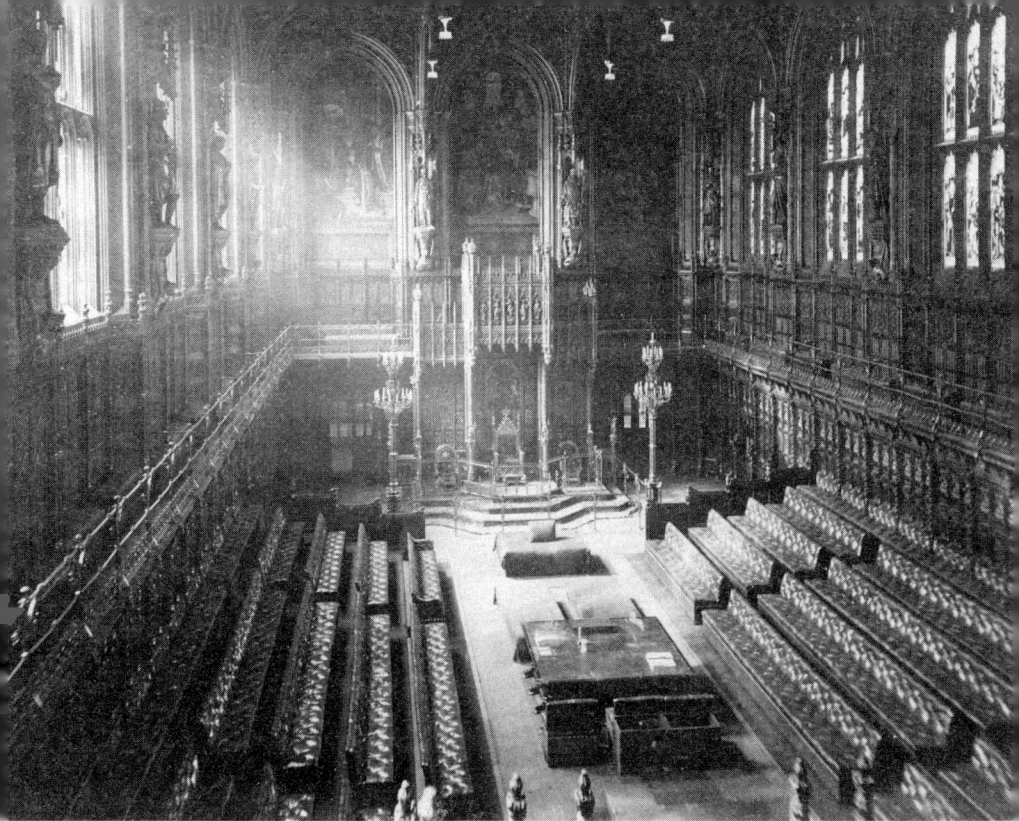

▲ 19世纪的英国上议院议事厅

友，也没有永恒的敌人，只有利益是永恒的"的名言，最早即出自这位第一任英国首相之口，到19世纪后半叶又为帕麦斯顿所着意强调。它不仅成为英国外交的信条，而且在国际关系中也有其普遍性。沃尔波开始的内阁制到18世纪中叶已循例实行了，但是还要经过差不多一个世纪的经验才在19世纪中叶又为内阁制增加了新的重要权限，其中最重要的便是，如果内阁在议会中失势，内阁首相可以立即辞职，或者解散议会，重新选举议会。

于是便形成了一种逻辑严密的政治体制：内阁兼有为立法做准备和立法一旦经议会通过后付诸实施的权力；内阁由国王任命，但国王需在议会中的多数党中选任内阁，同时内阁又需对议会负责。而内阁首相又有解散议会、提前或重新举行全民选举的权力。这是一个一环套一环、一环制约一环的权力制衡机制，哪一环都不能独断专行。当英国人说到"国王（或女王）陛下政府"的时候，指的便是这样的内阁。如果执政党在选举中失败，那就是说它在议会中居于少数从而失去控制，那么反对党的领袖便自然而然地被国王（或女王）委任去组织新的内阁。

议会选举权的扩大可以从一个重要方面反映出英国民主的演变。事实上，从17世纪英国革命直到19世纪30年代，英国的选举与"民主"的精神还是相距很远的，当时只有少数权贵和富有者有选举权。这种很不民主的选举制度是经过多次改革方案而扩大的。1830年法国"七月革命"给欧洲的民主运动以很大的刺激，特别是工业革命带动下的经济增长使资产阶级更加羽翼丰满；在这种背景下，辉格党人发起了改革选举的运动，内阁于1832年颁布了改革法案，扩大了中产阶级的选举权，但是工农业劳动者仍无选举权。1838—1848年声势浩大的"宪章运动"提出了扩大选举权等六点纲领的《人民宪章》。这六点是：成年男子的选举权、秘密投票、废除议员候选人的财产资格、议员支薪、选区平等（按选民人数产生代表）、议会每年改选一次。"宪章运动"虽然以失败而告终，但是这六点纲领的大多数内容后来都被吸收进宪法里。1867年通过新的改革法案，市镇中产业工人的几乎全体男子都有了选举权。1884年选举权进一步从市镇的选举规定扩大到州郡，几乎所有农业工人都有了选举权。至1918年颁布《国民参政法》，妇女、流动工人以及那些符合原先所规定的居住和财产要求的贫民，也有了选举权。

恩格斯在1844年写过几篇关于《英国状况》的长文。在"英国宪法"部分里，恩格斯把英国的情况与欧洲大陆的情况做了这样的比较："……世界上没有一个国家能在势力和财富上同英国匹敌；这种势力和这种财富并不像罗马时代那样仅仅集中在专制君主一个人手里，而是属于民族中有教养的那一部分人。英国不为专制政治而恐惧，不用进行反对王权的斗争已经有一百年了。英国无疑是地球上（北美也不除外）最自由的，即不自由最少的国家。因此，有教养的英国人就具有在某种程度上来说是天生的独立自主权利，在这一点上法国人是夸不了口的，德国人就更不用说了。英国的政治活动、出版自由、海上霸权以及规模宏大的工业，几乎在每一个人身上都充分发展出民族特性所固有的毅力、果敢的求实精神，还有冷静无比的理智，这样一来，大陆上的各民族在这方面也远远地落在英国人后面了。英国陆海军史是由一系列的辉煌的成果构成的，八百年来英国在自己的海岸上几乎没有见过一个敌人。能够和英国文学媲美的恐怕只有古希腊文学和德国文学了；在哲学方面，英国至少能举出两位巨匠——培根和洛克，而在经验科学方面享有盛名的则不计其数。如果有人问，贡献最多的是哪一个民族，那谁也不会否认是英国。"[1]

我们比较完整地引用了恩格斯的话，因为它从总体上勾画了英

---

[1] 《马克思恩格斯全集》（第一卷），中共中央马克思恩格斯列宁斯大林著作编译局编译，北京：人民出版社，1956年。

国之所以然，有助于我们了解英国民主是在怎样的历史条件下演变过来的。虽然恩格斯只能说到英国在19世纪头几十年的情况，但足够反映英国的一般进程了。

英国是一个典型的议会制的君主立宪国家。北欧国家如瑞典、挪威，以及大陆的荷兰、比利时、卢森堡等国的政体也大体与英国相似。有趣的是，欧洲的这些"君主立宪制"国家，却最先实行了真正的民主制度和自由的生活（包括生活方式和思想言论方面）。或许由于基督教教义几个世纪的培育，人道主义和由此而产生的人权精神，在欧洲人民的心底里几乎成为一种"天性"，与生俱来。欧洲人难于理解东方，这恐怕是原因之一。

在这里，我必须插一段法国"启蒙"时代的先行者伏尔泰是怎样理解英国经验的。伏尔泰的"启蒙"意识主要来自域外。他青年时期几次来到荷兰，那里给他的印象是商业兴旺、气氛自由而活跃。在英国更大开眼界。那时，法国的情势是王权专制加宗教迫害，而英国却是"虚君"加宗教宽容。伏尔泰在英国三年，看到了英国"内战"的结果是导向了"自由"，不像古罗马战争的结果是导向了"奴隶制"。在宗教压倒一切政治社会生活的年代，争取自由首先体现在争取信仰自由上。伏尔泰对于英国的宗教宽容，对比法国，印象至深。当时英、法都是君主制国家，但伏尔泰在英国的印象是："英国是世界上抵抗君主权力的唯一的国家；他们由于不断地努力，终于建立了这样开明的政府；在这个政府里，君主有无限的权力去做好事，倘使想做坏事，那就双手被缚了；在这个政府里，老爷们高贵而不骄横，且无家臣；在这个政府里，人民心安理得地参与国事。"①伏尔泰到英国呼吸了新鲜空气，或许有溢美之词，然而与19世纪的恩格斯相对照的话，不是可以互相佐证吗？

欧洲大陆的民主进程反复最多的，当属法国。由于法国曾是一个君主专制、封建等级制度非常森严的国家，所以虽有启蒙运动那样充分的思想准备和1789年革命那样强大猛烈的冲击，道路却极不平坦，以致革命与复辟交替之频繁和延续，各种政治派别间争斗之无情，政局之激烈动荡，妨碍了民主的正常运行和进展。从1792年建立第一共和国到1875年第三共和国颁布宪法，半个多世纪当中法国经过了君主立宪、共和、帝制、旧王朝复辟的多次更迭。1789年《人权宣言》的精神和条款一再被提起，但是一再遭到践踏，共和政体总也建立不起来。

1848年革命是一次转机，"七月王朝"被推翻后，法国总算在这一年的12月10日进行了第一次总统选举。路易·波拿巴窃"民主共和"之名，骗得了一个总统，三年以后"侄儿代替伯父"，发动政变，把在混乱的局面中成立的共和国又变成"帝国"，演出了一场"笑剧"②，直到在普法战争中倒台。1875年第三共和国颁布新宪法，才使共和国体制稳定下来，最终告别了19世纪前半个多世纪"革命与复辟"的循环。

法国是欧洲第一个实行没有君主的民主共和体制的国家。法国

---

① ［法］伏尔泰：《哲学通信》，高达观等译，上海：上海人民出版社，1986年。

② 马克思在《路易·波拿巴的雾月十八日》开头说："黑格尔在某个地方说过，一切伟大的世界历史事变和人物，可以说都出现两次。他忘记补充一点：第一次是作为悲剧出现，第二次是作为笑剧出现。……侄儿代替伯父，在雾月十八日事变再版的那些情况中，也可以看出一幅同样的漫画！"见马克思，恩格斯：《马克思恩格斯全集》（第一卷），中共中央马克思恩格斯列宁斯大林著作编译局编译，北京：人民出版社，1956年。

的民主共和主义离不开欧洲传统和1789年革命以来共和派的反复斗争，这是肯定的。然而有一点常被忽视，那就是美国的影响。有必要做些补充。北美的独立战争曾经对法国大革命起了鼓励的作用，美国第一个成功建立总统制合众国的经验也启发了法国的共和主义者。例如，1848年的制宪会议在起草第二共和国宪法时，在具体条文上就吸收了美国宪法的一些内容。当时法国的共和派是十分活跃的，在推翻"七月王朝"后便在临时政府的主持下立即起草共和国宪法。美国的经验便成为法国共和派借鉴和参考的"样本"。

当时托克维尔的《论美国的民主》已被共和派出版家巴奈尔印出了第十二版，这一版的简要"说明"非常能说明美国对法国共和派的影响。

这个"说明"一开始便说，《论美国的民主》这本书的每一页都向人们庄严宣告："社会的形态在变，人类的状况在变，新的命运在逼近。"托克维尔在"七月王朝"还没有受到革命的震撼时就已预言封建制度必将被摧毁，资产阶级的民主将会产生。"美国的体制对于王朝的法国只不过是好奇的话题，但是对于共和派的法国就应是必修的课

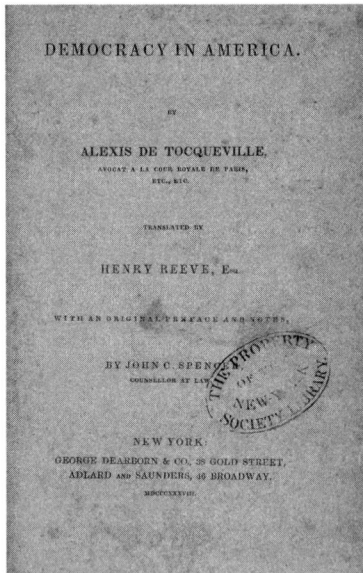

▲ 《论美国的民主》扉页

题了。"这份"说明"以急切的口吻说，现在的问题已不是法国将是王国或共和国的问题了，而是将要建立一个什么样的共和国的问题：一个动荡的共和国抑或平静的共和国、一个正常的共和国抑或畸形的共和国、一个和平的共和国抑或好战的共和国、一个开明的共和国抑或压迫性的共和国、一个威胁财产权和家庭权的共和国抑或承认这些权利的共和国。这样一个严酷的问题，美国早在六十年前已经解决了；欧洲人提出的人民主权的原则已经在美国率先以最直接的方式实现了。"说明"接下来说："正当欧洲的所有国家被战争所摧残或被内部的冲突扯得四分五裂的时候，在文明世界中只有美国人民是平和的。当几乎整个欧洲都被各种革命所搅动的时候，美洲却连骚乱也没有；那里的共和体制不为所乱，保持了所有的权利；那里的个人财产权比世界上任何国家都更有保证；在那里，无政府主义与专制主义都同样没有市场。""说明"最后说，此次重印《论美国的民主》并不是为了亦步亦趋地照搬美国的那些体制机构和法律细节，而是从中借鉴其原则。"法兰西共和国的法律可以，也必须不同于在美国通行的法律，但是，美国的体制赖以建立的原则，诸如秩序的原则、权力均衡的原则、真正自由的原则、切实和深刻尊重权利的原则，对于一切共和国都是不可或缺的，它们对于一切共和国是共有的；甚至可以说，一旦在什么地方不具备这些原则了，那么共和国便将不复存在。"①

　　恕我征引过繁，因为这个"说明"不仅表明了思想来源于欧洲

---

① Tocqueville. *De la Démocratie en Amérique, souvenirs, L'Ancien Régime et la Révolution*. Robert Laffont, 1986.

的美国实践经验怎样反过来影响和推动了法国的民主进程，而且反映了1848年法国共和主义者以怎样的热情在筹划立宪共和体制。我无法断定这份加在《论美国的民主》第十二版前的"说明"是出自出版者巴奈尔之手，抑或就是托克维尔所写，重要的是，在1848年革命时期重印这本书，并加了这样的"出版说明"，这件事本身就表现出共和主义者们的急切心情和深深的忧虑。

其实，美国的实践不仅鼓舞了法国人，而且影响了欧洲大陆其他国家的民主运动。例如在1848年革命推动下的德意志，那里的民主派在筹备法兰克福议会的制宪工作时即受到了美国宪法的启发，当时《联邦党人文集》和《论美国的民主》都已有了德语译本。德国的这次努力在1849年失败了，但那些原则对于一个世纪以后的德国联邦建制还是有其影响的。

让我们再重新回到法国。1875年第三共和国宪法最后解决了体制问题，一直持续到20世纪第二次世界大战被德国法西斯占领。法国有了一个总统、一个议会和参议院、一个内阁。其民主程序与英国相似：英国有国王（女王），法国有具有元首名义的总统（直至1958年戴高乐把总统变为实职）；不同的是内阁总理需向国民议会和间接选出的参议院负责，而英国首相只需向议院（即下院）负责，王室册封的贵族所组成的上议院（贵族院）没有实权。还有一点不同，就是法国的总理不像英国首相那样有权解散议会。

至此，欧洲的资产阶级民主从大处看主要便是英、法两种体制。然而，从欧洲的总体看，甚至到19世纪下半叶仍远不能说从大西洋到乌拉尔的欧洲都实现了英法式的近代民主。而且民主的体制与民主的精神并不完全是一回事：有了议会制，是说有了民主的形式，不等于说有了民主的内容。例如德意志帝国，有了俾斯麦内阁，也有了帝国议会，但精神仍是普鲁士军国主义，它是用帝国集权的办法搞起了强大的重工业。德国出了那么多的大哲学家、文学家、科学家，但是他们决定不了帝国的政治方向。伟大的康德、伟大的歌德所体现的丰富的人文精神，感染不了王公大臣，而执政者却可以把哲学家们的政治激情用来为帝国服务。费希特、黑格尔的民族主义之成为普鲁士国家主义的精神助力，恐怕不是他们始料之所及。这种国家主义确实可算是一种民族精神，它甚至影响了德国的社会民主党人，以致在德国出现了某种普鲁士国家主义和"社会主义"的奇特结合。哈耶克在论述20世纪希特勒法西斯主义的"社会主义"思想背景时，很有说服力地讲到了德国这段历史的时代特色。

俄罗斯的道路也与许多欧陆国家不同。托克维尔曾把俄国视为与美国民主相对应的君主专制主义的典型，他是在19世纪30年代说的；以后的几十年也没有大的进展，所以，俄罗斯也是一个没有民主传统的国家。但是，俄罗斯毕竟离它所向往的榜样——西欧——非常近，俄罗斯自从彼得大帝"实用主义"地学习以来，大约1个世纪，西欧的自由空气便渐渐吹到俄国干枯的上空，因而在俄罗斯"知识界"里出现了史所未有的繁荣，各种具有对现实批判意识的思潮如同泉涌一般喷出。"Intellegensia"这个俄国特有的词语后来成为欧洲共同的词语。

所以，一种精神要表现在现实上，绝不是径情直遂的。写在各种人权宣言和几十种宪法里的民主自由以及公民权利等原则，经过几个世纪，已经深深地成为欧洲人普遍接受和认同的价值观。但是，把这些写出的东西实行起来，还不那么容易。一般说来，大陆缺少英国那样的从历史传下来的"自由主义"传统习惯，更赶不上新生的美国在这方面的勃勃生气。托克维尔在对比美国和法国在出版方面的自由度时，便深深感到法国是瞠乎其后的。至于封建军国专制体制极其顽固的普鲁士就更不用说了；马克思曾针对普鲁士的所谓"书报检查制度"进行了不留情面的抨击，尖锐地指出："出版法就是出版自由在立法上的认可。它是法的表现，因为它就是自由肯定的存在。所以，甚至当它完全没有被采用的时候，例如在北美，它也应当存在，而书报检查制度正如奴隶制一样，即使它千百次地具有法律形式，也永远不能成为合法的。"①直到19世纪末，在法国还发生了"德雷福斯案件"，但那时社会舆论的作用毕竟已大有进步。著名作家爱米尔·左拉的一纸《我控诉！》标志着欧洲民主精神的高扬，舆论的压力终于使冤案得平。②

---

① 《马克思恩格斯全集》（第一卷），中共中央马克思恩格斯列宁斯大林著作编译局编译，北京：人民出版社，1956年。

② 1894年，法国军事当局诬告犹太血统的法国军官德雷福斯（1859—1953）出卖国防机密给德国，德雷福斯因此被判处终身苦役。法当局并借此掀起反犹运动。不久，事实证明是莫须有的罪名，但当局拒绝重审，引起各界强烈不满和抗议，以左拉等作家、记者、大学教授为代表的知识界群起抗辩。左拉起草的《我控诉！》发表在《曙光》报上时，时任主编克莱蒙梭增加了标题：《知识分子宣言》。自此这些对时政持批评立场的民主力量即被称为"德雷福斯派"。在强大的舆论压力下，1899年政府宣告德雷福斯无罪，1906年复职。"德雷福斯案件"的平反，在法国近代史上，被视为进步民主力量里程碑式的胜利。

19世纪的社会主义思潮

19世纪的欧洲对于人类文明还有一个具有久远历史影响和意义的贡献，那就是社会主义－共产主义的出现。

德国当代哲学家托马斯·迈尔对于社会主义思潮的社会前提和理论前程，用了下面一段话来概括：

> 从历史来说，现代社会主义是近代自由主义的自由运动的彻底的继续发展。它克服了由资产阶级的财产利益决定的对近代自由主义概念的限制和歪曲。自由主义者尽管主张人对自由的权利不取决于出身，却使这一权利仅限于为有财产的和受过教育的人所有。社会主义要使所有的人在一切生活领域的自由成为现实。它作为自由主义的自由运动的继承者和完成者建立在这一运动的基础之上，并且在自己的纲领中保持了这一运动的真正成就。[①]

这段话的新鲜之处是把社会主义和自由主义联结起来，而不是对立起来，这样说是有道理的；它说明了社会主义思潮的历史缘由，并不是完全与前此的以理性主义、经验主义为哲学基础的自由主义相割裂的，而是把自由主义的民主原则扩大到所有的人，不论其财产状况如何。工业革命的发展造成了不同于封建社会制度的社

---

① [德]托马斯·迈尔：《社会民主主义导论》，殷叙彝译，北京：中央编译出版社，1996年。

会不平等的新的不平等。资本把社会阶级关系简化为资产阶级和无产阶级的不平等和对立，这是19世纪的欧洲的社会现实。社会主义正是在这样的土壤中诞生的。要求社会平等、均贫富的观念随着时代的前进成长为深入到劳动者各阶层中的席卷整个欧洲的政治思想。所谓"社会主义"，无论其派系如何，"公分母"是针对着社会不平等。

早在18世纪末、19世纪初，早期社会主义的思想家如英国的罗伯特·欧文、法国的圣西门、沙尔·傅立叶等就已把古代的乌托邦设想推进了一步，提出某种重组社会的计划。他们的主张诚然带有空想的成分，但是他们已为社会主义思想的进一步发展开了篇。在1830年和1848年的革命中劳动者为了争取自由的权利行动起来，并且把一般的阶级要求化为革命的行动。

此时的社会主义不仅仅是思潮，也不只限于某种反对封建、反对阶级剥削的行动，而且有了政治的和经济的奋斗纲领。随着资产阶级的社会越来越成熟，工业革命越是发展，财富分配的两极化便越深刻，社会矛盾和冲突越尖锐，各种派别的社会主义运动便应运而生。所以不妨说，19世纪的全面工业化是社会主义成为一种运动的前提。正像恩格斯为1892年的《共产党宣言》波兰文版所写的序言中所说的："近来《宣言》在某种程度上已经成为测量欧洲大陆大工业发展的一种尺度。某一国家的大工业愈发展，该国工人想要弄清他们作为工人阶级在有产阶级面前所处地位的愿望也就愈强烈，工人中间的社会主义运动也就愈扩大，对《宣言》的需求也就愈增长。"①这里还需要补充一点，就是这些社会思潮推动了执政者以国家的名义实行社会保障政策和措施。这些当时显不出效果的举措，实是后来"福利国家"的开端。

从19世纪中叶起，各种流派的社会主义思潮蓬蓬勃勃地发展成长起来。对欧洲社会影响最大、最深刻的是两种，一种是倾向于或主张改良主义的社会主义，这条路线最著名的代表人物早期有斐迪南·拉萨尔，晚些时候如爱德华·伯恩斯坦等；再一种则是以马克思、恩格斯为代表的彻底革命的马克思主义。马克思主义与改良主义的争论一直贯穿到20世纪。

马克思主义是欧洲在19世纪的一大特产。它从诞生之日起，就没有停止过发展。它在成为劳动者反对社会不平等和阶级压迫的行动纲领的同时，总是根据历史条件的变化和具体情况的区别而发展和演变的。马克思主义既然是以辩证唯物主义和历史唯物主义为基本的认识论和方法论，那么它就必然地坚持实践是真理的唯一标准，因而是最为理性的哲学。马克思曾经说："他一定要把我关于西欧资本主义起源的历史概述彻底变成一般发展道路的历史哲学理论，一切民族、不管他们所处的历史环境如何，都注定要走这条道路，——以便最后都达到在保证社会劳动生产力极高度发展的同时又保证人类最全面的发展这样一种经济形态。但是我要请他原谅。他这样做，会给我过多的荣誉，同时也会给我过多的侮辱。"②

---

① 《马克思恩格斯全集》（第一卷），中共中央马克思恩格斯列宁斯大林著作编译局编译，北京：人民出版社，1956年。
② 《马克思恩格斯全集》（第十九卷），中共中央马克思恩格斯列宁斯大林著作编译局编译，北京：人民出版社，1963年。

马克思的这些话，最能说明为什么不能把马克思主义看作僵死不变的，或者是一帖"灵丹妙药"。把一个世纪后苏联和东欧的解体简单地等同于马克思主义的"失败"，是说不通的。马克思没有给自己画个句号，更没有给别人总结出来的"马克思主义"画上句号。"马克思主义"首先是哲学，是可以解释和研究的。从最宽泛处讲，只要人类社会还存在着不平等等悖论，与工业革命俱来的马克思主义（以及其他流派的社会主义思想）就有它的"Raison d'être"（存在的理由）；在讨论人类文明和社会发展的问题时，马克思的名字和他的主义仍会经常被提到和征引，不管人们对之抱何种态度，都将从中取得教益和启发。而且在学术界里，各种以"马克思主义"为名的学术流派，此伏彼起，一直没有间断过。

第十一章

昨天的欧洲

　　如果把一个世纪当作一天看，那么，刚刚过去的20世纪只不过就是昨天，19世纪就相当于前天。

　　任何人都知道，欧洲在昨天发生了什么；许多事虽已遥远，但又似乎近在咫尺。今天的欧洲，从20世纪下半叶起已经没有了殖民地，在国际关系史上，人们称之为"殖民体系"的瓦解。与美国相比，任何一个单个的欧洲国家都失去了昔日的光辉。然而，它在一体化进程中的进步，却足以保持住欧洲文明及其智慧的光彩。一些单个的主权民族国家改变了战争的历史，从分裂走上了联合的道路。这是一种理性的选择。这一章不打算开列清单，不去重复人们本已了解的具体经验。

　　我在笔记本里记下了这样一条语录，是从荷兰史学家房龙的《荷兰共和国的衰亡》中译本的扉页抄下的。19世纪荷兰文艺评论家比斯肯·许埃特在他评论荷兰画家伦勃朗时说："最好的历史记载就如同运用伦勃朗的技巧：它将一束耀眼的光线投射在某些选择出来的因素上面，投射在那些最完美、最重大的因素上面，而将其余的一切都留在阴影里和看不见的地方。"

　　这段话便是我写这本书时使用的"技巧"，至于"选择出来的因素"是否准确，那要等待读者的评论了。

20世纪的欧洲是各种近代政治理论的"实验室"

所谓"各种近代政治理论"（或"主义"），无非四类：近代的西方民主制度（通称资本主义），苏联模式的社会主义，社会民主主义，法西斯主义。西方民主制度在西欧一些国家实行是19世纪的事，荷兰、英国还要早些。其他几种执政模式都是20世纪的事。

第一，从十七八世纪持续至今的近代政治思想，主要是西欧北美实行的民主制度，在经济上与之相应的是资本主义。现在约定俗成的理解，是"资本主义"里必定包括政治上的"民主制度"，即"多党制"。直到20世纪80年代以前它还不是整个欧洲的制度。在19世纪直至20世纪上半叶，有些欧洲国家，如战争中的德意志帝国、奥匈帝国等的工业化，在经济范围里实行"资本主义"，但是它们并不是近代民主制国家，其工业化是靠专制的政权支持而实现的。希特勒的"统治经济"是资本主义的"变种"，政治上则是彻头彻尾的独裁。

近代西方民主的历史说来话长，即使不必远溯到遥远的希腊，也可回溯到中世纪时的"三级会议"及其流变。概括地说，近代民主就是代议制、"三权分立"和多党制，这是先有经验而后才有理论的。理论是实践中的理论。理论始于洛克、孟德斯鸠等思想家，以后大多是经验。民主制度也可以由领导人做某些重要修改。例如，戴高乐1958年东山再起，一上台做了两件决定法国政治的大事。第一件是把总统由"虚职"变成实职，总统的权力增大了，像

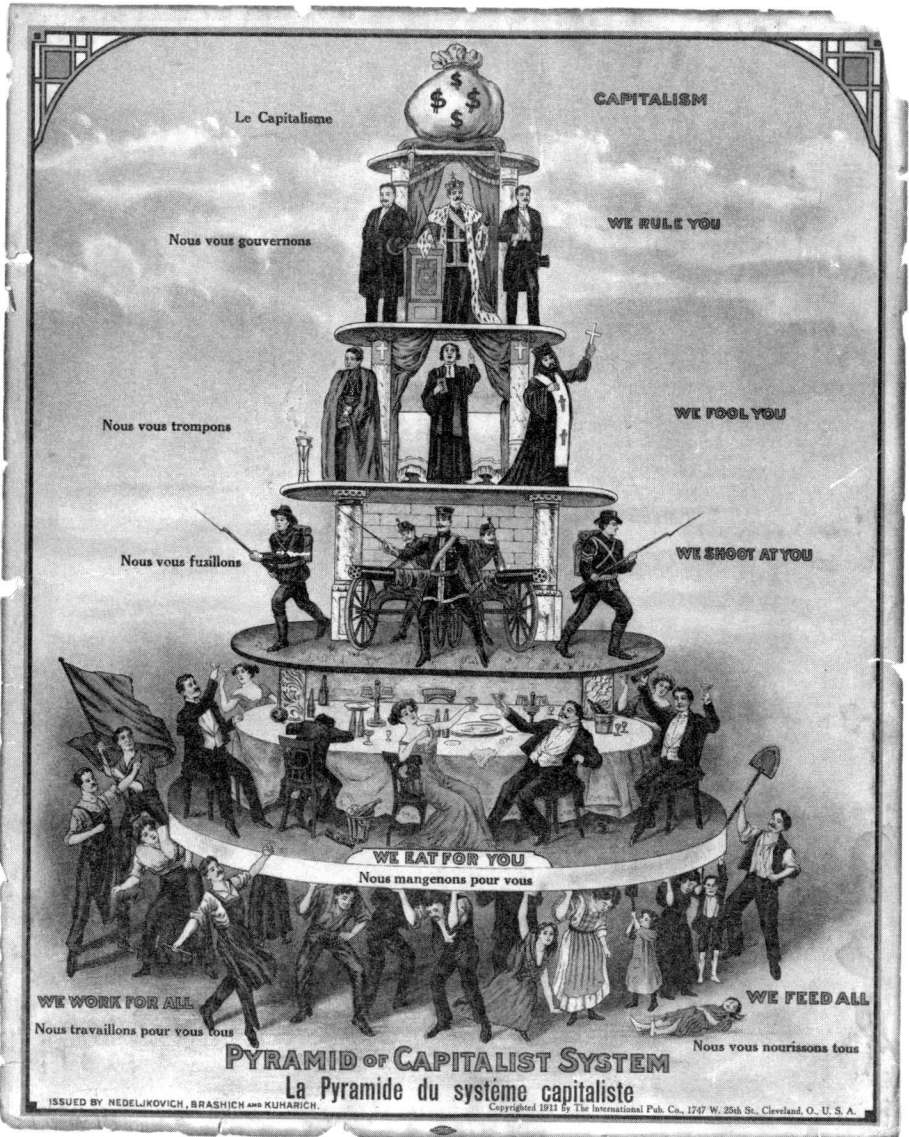

▲ 1911年的一张工会海报，体现了劳动阶级被其他阶级所压榨

美国总统那样。第二件是把共产党选票集中的选区重新加以划分，共产党的选票分散在各区而集中不起来，大大地削弱了共产党在议会中的席位。战后的法国共产党成了依靠选票的党，戴高乐此举对法共打击甚大；当然更沉重的打击还是来自苏联的"非斯大林化"，法共是坚决跟随斯大林的，此举使法共无所措手足，威信大跌。戴高乐脑子里还有一件念念不忘，终于没有做成的事，就是取消"政党制"。这已是为时与势所不许的了。还有，国家元首或选出的政府首脑可以选择对自己有利的时机"提前大选"，宣布议会解散。例如英国的撒切尔夫人趁着在福克兰群岛（即马尔维纳斯群岛）打败了阿根廷，赢得英国民众欢呼的有利时机宣布提前大选，从而保证了她在下届政府连任首相。各种各样的做法不少见，但近代民主已经在实践中形成了一定的固定模式，无论如何，代议制民主、三权分立、多党制之成为近代民主的不可缺少的三根支柱，已是欧洲（包括北美）的共识和在西北欧实行的制度。从20世纪最后十年起，东欧国家以及俄罗斯都已向西方民主制度转轨，虽然它们的经济目前还很难说是"资本主义"的。

近代民主制在整个欧洲被认同，是"冷战"落幕后才有的事物，在19世纪结束时，甚至在大半个20世纪还没有做到这一步。

第二，"社会主义""共产主义"这类词，在19世纪令后来读史的人有些眼花缭乱的感觉，凡是对当时的现实不满或对政府持批评态度的，都打出"社会主义"的旗号。第一次把观念弄清楚的是马克思和恩格斯的《共产党宣言》，然后是恩格斯的《社会主义从空想到科学》，他们画了一条线：马克思和恩格斯所倡导的是"科学的"社会主义，其他是属于"空想的"。马克思和恩格斯还有一个根本观点区别于其他的"社会主义"，就是科学社会主义是通过无产阶级革命，推翻资产阶级并建立无产阶级专政来实现的，而且社会主义最终将通向全人类的共产主义。马克思主义毫无疑问是理想主义的，它没有在实践中验证过，当时也没有条件去验证。是列宁、斯大林通过十月革命，在原来苏联的广袤土地上进行了"社会主义"的实验。马、恩不可能把社会主义应该怎样做讲清楚，所以苏联实行的是列宁、斯大林，特别是斯大林以来（因为列宁死得早）所制定的那一套政策，这种"实验"以马克思主义（后来叫马克思列宁主义）的名义进行了七十年。这种"实验"最重要的是两点：一是在苏共领导下的统一的意识形态；二是全面国有化的计划经济。这些经验在第二次世界大战后的东欧国家也普遍实行，它的影响不仅限于欧洲，还广泛地及于欧洲以外。而且许多国家的共产党都曾在相当长的一段时期内认同、追随或附和过苏联官方对马克思主义的解释。

经过苏联模式的实验（包括其他国家的实践），马克思的面貌已经模糊了，马克思主义曾经变成了非常实用性的符号；而世界上许多人，特别是学者，却从来都认为马克思、恩格斯是人类文明的智者，他们的学说的精髓，首先是哲学，他们首先是伟大的思想家，而不是实行家；是启发人去思想，而不是教人怎样动手做的。苏联模式的失败从反面给人们一种启发，就是要以严肃的态度、自由的精神和科学的态度重新研究马克思，如实地把他作为一个伟大的思想家。在世纪之交，西方一些知名学者评选千年思想家，马克思名列首位，并认为在全球化时代仍需要研究马克思，便是明证。

第三，社会民主主义自伯恩斯坦在19世纪末修正马克思主义以来，在资本主义的政党体制内，或参加政府，或单独组织政府，或作为反对党，已进行了一百年的"实验"。欧洲各国的社会党（或社会民主党，或工党）在"实验"当中一再修正自己原来的理论和纲领，每次修改，都进一步向产生资本主义的自由主义靠拢（当然自由资本主义也不断吸收某些社会主义的经验）。常有人在评述欧洲（特别是西欧）的局势时，习惯于用"左"或"右"的习惯观念来观测时势的"风向"：如果在一个时期内社会党执政的国家比较多，便说是欧洲政局"左"倾了；否则便是"右"倾了。而且总能言之凿凿地讲出几条大道理来。其实，"左""右"之分，更多的是党派的标签，有的属于政策上的权宜之计，有时则是为了选举的利益而"党同伐异"。在党派之间确实可以找到它们的不同，例如"左"派党比"右"派党比较重视平等，它的纲领要有侧重于照顾中下层人民的要求的条文。但实际上"左""右"之分的老观念已没有多少实际意义了。今天的社会党连社会民主主义鼻祖伯恩斯坦的那点修正了的马克思主义也不见了。英国工党政府首相布莱尔提出"第三条道路"，在自由资本主义和前此的社会民主主义之间，走一条所谓"第三条道路"。借用他的朋友吉登斯的话，"第三条道路"要"超越左和右"。这话说得很巧妙，很到位。西欧其他国家的社会党不用"第三条道路"的用词，举行讨论会时都参加，实际上是认同的。实质就是"左""右"日益趋同。实际上是社会民主主义进一步向自由主义靠拢。

第四，希特勒、墨索里尼的法西斯主义，战争期间曾在不少欧洲国家建立过傀儡政权，也算是一种政治"实验"，不过是一种非理性的疯狂的"实验"。这种"实验"随着法西斯战争的溃败而彻底失败了。欧洲人，在战争中受害太深，而且有民主自由的二三百年的传统，因此法西斯主义的反人性的本质一旦被识破，就不会再有人容忍它。希特勒是一具种种极端的怪胎，他提出的"民族（或国家）社会主义"是一个大杂烩，把军国主义、种族主义、独裁专制、社会主义、民粹主义烩在一起，在开始也曾起过迷惑人的作用。人们所熟知的海德格尔以及一些文艺家都曾与其多少有些瓜葛。

欧洲人民尤其是德国人民，对希特勒现象和那段令人发指、不寒而栗的历史保有高度觉悟。欧洲朝野人士、历届政府、民情舆论都同声谴责法西斯主义的战争罪行和加给欧洲人民的浩劫，一直和一致保持着很清醒的警觉性。一旦出现类似"新法西斯主义"的苗头，即为老鼠过街，人人喊打，不允许它形成气候。这与东方日本的某些朝野的极右政要对待历史的态度完全不同。欧洲，特别是西欧，没有日本历史上"武士"精神的特有人文传统；而日本虽然现在已实行"民主制度"，但是骨子里的极右精神和色彩比欧洲不知要厉害多少倍。

以上举出了四种重要的政治体制在20世纪的"实验"，"实验"的过程和提供的经验，都是19世纪所没有的。欧洲在这个世纪的重大变化、起伏、祸福，都与这些"实验"有关。

理性与经验结合的产物：当代欧洲文明的创举

第五章"欧洲观念"讲的是欧洲人的意识问题、理念问题，有些是理论问题。这一章是讲实践、经验，是欧洲人组织"欧洲联盟"的实践。欧洲联盟或统一，或一体化，作为一种理想存在于欧洲人的意识中已好几百年了，到20世纪下半叶才成了现实。这是件很了不起的事。人们惯常把理性和经验对立起来，其实，真正的理性与经验说到底并不彼此排斥。失去理性的经验，可能要造成灾难；摒弃经验的理性可能会变成空谈。

今天，"欧洲联盟"在世界上那么多区域性国际组织中，是机构配套最齐全、立法程序最完备、经济生产信息通信等各个方面相互依赖、相互渗透的程度最高、把许多民族国家联结在一起的"实体"。它按照"三权分立"的民主原则建立起欧洲议会、欧洲法院和欧洲"政府"（目前是设在布鲁塞尔的执行委员会），不久以前建立了欧洲中央银行，共同的"欧洲货币"欧元已经流行。欧洲联盟的一套机制和中央银行是独立于各个成员国的，成员国通过各种会议对日常工作的班子实行监督。"欧洲联盟"并不是像一个统一"国家"那样的"联邦"，确切地说，"欧洲联盟"在现阶段还是欧洲主权民族国家的联盟，重要的是"超主权""超国家"的程度越来越高。它面对的众多而复杂的实际问题，说到底都属于"欧盟"的共同政策、利益、立场，与各成员国的主权、民族利益以及民族感情之间的矛盾。某项共同政策是理性的，是促进一体化的；可是遇到每个成员国的实践经验和利益时就不一定行得通。每一项重要的欧洲立法，需在"欧盟"的部长理事会、政府间首脑会议、欧洲议会上通过，还需要经过成员国的或者是议会，或者是"公民投票"的决定，"欧盟法"和"国家法"的协调，是颇费时日的工作。

在研究欧洲的文明史时，经常会发觉有一个基本方法是不能忽略的，这就是第四、第五两章提到的问题：欧洲人有两种"人格"交叠着，即一面是"欧洲主义"，欧洲人互相并共同认同彼此都是"欧洲人"，表现在观念上是"欧洲观念"；另一面是"民族主义"，欧洲是"民族国家"组成的，各有自己的利益观、观念、习惯，等等。现在"欧洲联盟"成员国的公民有两份护照：欧洲护照和本国的护照。"欧元"的图像，正面是欧元区统一的图样，另一面凸显印制欧元的国家的图样。这很形象地表示出欧洲的"双重人格"。

20世纪80年代的某年，在巴黎大学举办了一个关于"欧洲观念"的大型讨论会，我适在巴黎，就应邀参加了。其中一个小组会讨论的题目是"同一性中的多样性和多样性中的同一性"。那时正是欧洲共同体（当时还没有过渡到"欧洲联盟"）发展比较缓慢的时期，"欧洲衰落"的悲观论调每每见诸报端。参加会议的都是学者，讨论中也经常反映出这种情绪。与会者法国人占大多数，所以反映法国人的矛盾心理比较充分。给人印象最深的是那个小组会的题目，它一语中的地点出了欧洲人的"双重人格"和心态，或曰"一"与"多"的关系："一"中有"多"，"多"中有"一"，一直贯穿在欧洲联盟的进程中。

"欧洲联盟"今天已是一个有五十多年历史的现实"存在"

了。它的路是怎样走过来的，有详细的资料可查，我国有关的学术机构和许多高等学校都先后成立了"欧盟"的研究中心，那里积累了大量的资料，有不少学者写了专著和文章，介绍和评论"欧盟"的过去和今天，以及它的方方面面的经历和经验。这里只着重提出它在三个阶段的意义。

第一阶段是第二次世界大战结束后的"战后时期"，大体上到1950年左右的五六年。对于"欧盟"来说，是它的准备和酝酿阶段。这个时期欧洲各国普遍面临两大问题，一是恢复战争创伤，许多材料说，在战争中，受害的人数在五千万左右。苏联有两千万士兵和平民死于战争，连丘吉尔也承认，苏联付出的牺牲是最大的。波兰有百分之二十的人牺牲了，约六百万人，波兰的犹太人死亡最多，占了死亡人口的一半。德国受害不比波兰轻，约有六百万人死在希特勒点燃的战火中。法国伤亡人数达六十万人，其中三十五万平民死于轰炸。

许多城市受到连番轰炸，德国几乎是一片废墟，法国每二十栋房屋就有一栋被毁。荷兰的鹿特丹，波兰的华沙，英国的伦敦、考文垂，德国的柏林、汉堡、德累斯顿等城市都遭到大面积的摧毁，有的城市如华沙几夷为平地！苏联到处是残垣断壁。李商隐诗"积骸成莽阵云深"，差可比之。

这些还不算与战争相伴的令人发指的其他纳粹暴行。如纳粹遍设集中营关押、残杀战争俘虏、反对纳粹独裁政治的知识分子以及被希特勒种族主义视为"劣等民族"的人，如茨冈人。受害最深、最惨的是犹太人，在全欧被搜捕的犹太人达六百万人，他们遭受各

▲ 华沙的废墟，摄于1945年1月德军占领部队对华沙进行计划性破坏之后

种酷刑、残杀、长期监禁，等等；非人的苦难罄竹难书。从这些浩劫中侥幸得免于难的人，在岁月流逝中，记起那时的经历来，便不寒而栗。

战争武器因文明的进步而精益求精，反过来又不留情面地摧毁文明。战后欧洲的经济潜力至少比战前减少百分之五十，货币全面崩溃，通货膨胀引起物价飞涨。物资匮乏是人民普遍身受的，食品（包括粮食、黄油）严重匮乏，战后的头一两年，燃料严重供应不足，欧洲人过了几个最寒冷的冬天。贫困的百姓食不果腹的情况不少见。战后初期，许多国家必须实行生活必需品的配给制。

总之，摆在欧洲人面前的首要问题，是迅速恢复经济元气，否则，资本主义在西欧就可能垮下来。至于东欧，实行的是"社会主义"了，此处存而不论。当时，意识形态的作用和影响是很大的。在西欧各国人民生活水平相当困难的时候，西欧共产党，尤其是像法国共产党、意大利共产党等在人民中有相当多的群众支持。对资本主义和政府的抨击很容易引起普通民众的回应。它们的党员在战争中或做"地下工作"，或组织游击队，或做宣传，与人民群众有相当密切的联系，有很广泛的群众基础。此外还有许多政治上或思想上倾向于左翼的知识分子，非常活跃。他们用他们的语言和方式批评现实。

此时，西欧最需要的是紧急"输血"，这不仅是经济问题，同时也是资本主义在西欧的生死存亡的问题。在这个危急关口，美国（它是本土未经战火，而且经过战争财富剧增的唯一大国）以国务卿马歇尔的名义于1947年4月出台了有名的"马歇尔计划"①，这个"计划"的别名叫作"欧洲复兴合作方案"，由美国出钱，受援国以自己的力量重建。受援国有奥、比、丹、法、希、爱尔兰、冰岛、意、卢、挪、荷、葡、英、瑞典、瑞士等，另外还有德国西部（当时的英美占领区，法国占领区于1949年才有，从英美占领区中划出）也在受援之列。"方案"原预定五年完成，提前于1951年结束，美国一共支出了125亿美元。"马歇尔计划"结束差不多是战争结束后五年。西欧大部分国家恢复得很快，当然各方面的困难还很多。但是西欧战后严重匮乏而经受考验的时期，算是过去了；"马歇尔计划"因而被一些评论者说它挽救了西欧的资本主义。西欧的这段战后经历，可以被看作"欧洲联合"起步的不可缺少的时代背景。

同时，法国经济学家让·莫内和法国政府的外交部长舒曼一同提议筹建欧洲六国的"煤钢联营"。有论者说这是对"欧洲复兴合作方案"的回应，因此"马歇尔计划"促成了欧洲的联合。这是一种分析，实则法国人的提议的政治因素是战后的"德国问题"（此处只讲与"联合"有关的西德，东德是苏联阵营的一员，不加论列）。战后德国西方占领区仍临时实行了两年纳粹时期的"统治经济体制"，而且被迫实行"非工业化政策"。"马歇尔计划"启动后，西德基督教民主联盟开始实行市场经济体制，政治上走西方自

① "马歇尔计划"出台前后的国际以及美国方面的政治情况，是战后国际关系史中的专门问题，可以在许多著作中查到，这里只提出如下两种供参阅：资中筠主编：《战后美国外交史》，北京：世界知识出版社，1994年。陈乐民：《战后西欧国际关系》，北京：中国社会科学出版社，1987年。

由民主的道路，搞"和平工业化"。战败的德国有权力建立自己的工业经济了。西德已是西方资本主义体制的一员了。舒曼代表法国政府发表声明，并且给西德政府和基督教民主联盟的领导人阿登纳写信，把法国的真正意图统统告诉他，说白了，就是不放心西德独有有军事意义的鲁尔区重工业基地的权力，提议"共营"，把西德"套"在共管的体制里，目的是限制德国的工业发展。阿登纳很快回信，表示理解舒曼的意思并且接受舒曼的建议；因为西德的政治家们很明白，西德还背着战败国和被占领的物质上的和精神上的压力，处境是十分孤立的，"舒曼计划"恰恰给了西德以走出"孤立"的机会。这是一种"交换"。舒曼和阿登纳的来往信件都全文收进《阿登纳回忆录》，这种"交易"是说开了的。接着六国的"小欧洲"[法、德（西）、意、荷、比、卢]频繁接触磋商，进入准备阶段。从1958年起开始执行头年签署的《罗马条约》，决定成立煤钢、原子能和经济等三个共同体，上述六国既是《罗马条约》的首批签字国，又是共同体的创始国。

《罗马条约》签订时，报纸上常把它简化为"共同市场"条约，条约包括建立共同的农业政策、关税同盟等条款，都是一个联合体该实现的事。把五十多年来签订的一系列"条约"对照一下，不难在《罗马条约》里找到根据或萌芽的东西。如果上溯到思想史，则可以远远地看到康德的影子。重要的是康德提出的是一个"哲学方案"，是理想或理论，而《罗马条约》则是经验的产物。

现在讲"欧洲联盟"的第二阶段。《罗马条约》签订了，千里之行，始于足下，"欧洲联盟"发展到今天已拥有十五个成员国，做成了很大一番事业，当年起步那一着棋打开了欧洲文明史的新的棋局，确实有很重要的历史意义。世界上在任何时期都少不了引起世人关注的大事。区区《罗马条约》在当时似乎排不上靠前的"座次"，像一株稚嫩的小草，它的生命力将怎么样，在当时还说不准。《罗马条约》的主要宗旨之一是逐步地把欧洲的民族国家团结起来，改变历史上的分裂状态，维护欧洲国家之间的和平。这是长期以来欧洲人的理性理念（参见第五章《欧洲观念》），一旦要把理念变成现实，并非举手之劳，自然会遇到许多难题。

《罗马条约》和根据条约组成的六国共同体，是"欧洲主义"的体现，着眼点放在西北欧先进工业国家的联合上。发达的经济、先进的工业是联合的物质条件。而联系到政治哲学，它无疑继承了欧洲人的一种自古以来的历史观念。同时欧洲的"民族主义"也是欧洲各民族国家人民的另一种历史观念。"观念"不是悬空的，而是与利益结合得非常之紧的。（参见第四章"民族国家"——近世欧洲政治文化特征之一）

《罗马条约》在它签订以前和以后，遇到的最重要问题，是法国的"大陆型"的"民族主义"和英国的盎格鲁－撒克逊"海洋型"的"民族主义"。法兰西是非常看重法兰西民族主义的，但是法国居于西欧大陆的中心，即使是戴高乐那样的民族主义者，也不能从根本上拒绝联盟，他要求的是尽可能多地在联盟保有法国的特性和主权，尽可能少地受联盟的约束。盎格鲁－撒克逊的英国地处海洋，当时有英联邦的强大支撑。它要保持这种超然于、凌驾于大陆的独特地位。丘吉尔有两句话最说明英国对欧洲联合的态度：一是欧洲应组成"欧洲合众国"，以抵御苏联。再是欧洲联合是"欧陆的联合"，英国不参加；英国与欧陆的关系是"with"，而不是"of"。后来，大势所趋，经过长达十年的谈判，英国还是成为其中的一个成员了，但心态没有离开丘吉尔那两句话。其中经过，不在此啰唆。我在《冷眼向洋——百年风云启示录》的"欧洲部分"里，写了如下一段话：

> 罗马条约还包含着一个直到今天也没有克服的矛盾，这就是条约的"超主权"性质和民族主权之间的矛盾。条约的制定者大多是联邦主义者，他们的注意力在联合这一面上，而当要把条文变成现实时，对民族主权的重视就不可避免地要浮上来。特别是1958年戴高乐东山再起之后，以及英国同西欧大陆微妙而复杂的关系，使罗马条约从缔结、生效之日起就进入了漫长的徘徊期……①

"徘徊期"持续到80年代中期，世界进入了信息社会时代。欧洲，无论是西欧，还是东欧，以及苏联都受到强大的国际竞争的压力；在西欧工业化国家里，首先是政治界、企业界人士，他们的"智囊"人物，深切意识到共同体正面临全球性竞争和挑战的压力。舆论界、知识界中再起"欧洲衰落"之议，沸沸扬扬。共同体

---

① 资中筠主编：《冷眼向洋——百年风云启示录》（上卷），北京：生活·读书·新知三联书店，2001年。

成员们感到焦虑，觉得这是共同体能否前进的关键时刻，必须改变那种慢吞吞的状态。在这种共同觉悟下，组成了以时任共同体执行委员会主席雅克·德洛尔为首的专门工作小组，吸收西欧各国的专家参加，做深入普遍的调查研究，总结长期徘徊的经验教训。这个工作小组的工作非常有成效，最后形成了一个在调查研究基础上的工作计划，时称"德洛尔计划"，以"白皮书"的形式提交共同体的理事会审议。这份"白皮书"是一份共同体发展工业、农业、金融、市场、税收、劳动、社会、教育等的"一揽子计划"，详列出实施的可行性研究以及具体计划、项目、要达到的目标和完成的期限。它既是一份研究性的报告，又是一份可供操作的政策措施的方案。说它是一份理论与实际相结合的产物，是不为过的。当时新闻界对之褒贬不一，对它落实的前景，持保留态度的不在少数。

现在看来，尽管还在实施当中，有些指标会有修改，但是不能否认它体现了欧洲人的理性精神和讲究实证的科学态度。

1992年欧共体（经过七八十年代已扩展到有15个成员国）理事会会议签署了有名的《马斯特里赫特条约》，又名《欧洲联盟条约》，"白皮书"从此成为联盟的正式文件。"欧洲联盟"是"欧洲经济与货币联盟"和"欧洲政治联盟"的总称，"共同体"因而改称"欧洲联盟"。"欧洲联盟"比"共同体"更具有统一体的模样了。这个条约是欧洲一体化途中的一个里程碑，"欧盟"从中既获得了精神上的激励，而且有了一个可操作的方案。条约以"白皮书"为依据，勾画出了"欧盟"发展的蓝图和前景：

——完善没有国界的内部大市场，或叫统一的内部市场，即共同市场：实现货物流通、人员流通、资本流通和服务流通的"四大自由"；清除妨碍四大自由的三大障碍：边界障碍、技术障碍和财政障碍。

——建立政治联盟，包括共同的外交防务政策。

——发展各成员国在司法方面和内政（如移民、政治避难、反恐怖、反贩毒、反走私以及其他涉及跨成员国的各种社会问题）方面的合作。

——增强"欧洲公民"意识。

——协调成员国在文化、教育、科技等领域的政策。

条约里列出的这些工作，并非全是从零做起，前一段的"徘徊期"虽说很长，但绝非乏善可陈，许多工作还是在做着的，只是慢腾腾的。"马约"签订以后，精神面貌为之一振，特别是统一货币问题在停滞了很长时间之后，筹备的步子加快了。"欧洲联盟"的大多数国家的领导人、专家深深地意识到实现共同的统一货币将推动"白皮书"里规定的各项任务，加速一体化的进程，由此显示出欧洲一体化理念是有活力的，是可以逐渐成为现实的。自2002年起，已经有11个西欧国家把"欧元"当作它们的共同货币了，这个"欧元区"注定还会扩大。英国等没有在第一批改用"欧元"，看来是个时机问题。"欧元"问世后，法郎、马克、里拉、荷兰盾等已成为货币史上的名称。世界自"欧元"诞生之日起，立即感到了它的存在。人们最容易把"欧元"代替民族货币这件事看作单纯的经济问题、金融问题，当然是如此；但是还必须从更宽泛的意义上来看这件事。一个普通人的钱袋里装的是"欧元"，他的信用卡上打进的是"欧元"，到任何一个"欧元区"成员国的商店买东西，用"欧元"来计算，这本身就无形中在意识里增加了"欧洲公民"的成分。从报纸上看，这些国家的公民在把原来使用的货币兑换为"欧元"的时候，心情是平静的。

这里想简单地回顾一下"欧元"的历史。它的历史是和一个名字叫皮埃尔·维尔纳的人连在一起的；维尔纳在二战后曾两度出任过西欧最小的国家之一卢森堡的首相。早在《罗马条约》里提出共同货币后不久，他在1960年的一次讲话中，就提议把欧洲共同货币的名称叫作"Euror"（现在"欧元"叫"Euro"）。九年后，欧洲共同体决定建立欧洲货币联盟，并且委托时任卢森堡首相的维尔纳制定一个方案。维尔纳于1971年提出了一项最终使共同货币变成现实的计划，时称"维尔纳计划"。维尔纳是法学家，又是经济学家，他亲历过第二次世界大战，他的小小的祖国在战争中受到了十分惨重的摧残；1944年发生的一次激烈的战斗几乎彻底毁掉了这个不堪一击的小国家。维尔纳的学识和经历使他不断思索结束充满战乱和分裂的欧洲史、让各民族的联合取代各民族间的厮杀这样的大问题。他和莫内、舒曼等想的是同一个涉及欧洲前途命运的问题。他认为，由一个欧洲的中央权力机构来统管欧洲的经济，是保证欧洲和平和通向一体化的必要手段。维尔纳是一个理想主义者，眼光远远超过狭小的国界，他想到的是欧洲的命运，他甚至想象，全世界实行世界货币，那就是"世界大同"的日子到了。

然而，维尔纳计划执行得并不顺利，工作小组时时议而不决，每每一曝十寒，原因很多，不仅有经济条件不具备的因素，欧洲人一般的觉悟与维尔纳的认识也相差得远，还缺乏民众认同的基础，民族利益对于一个国家总是第一位的。外部条件也十分不利，石油危机、"布雷顿森林体系"解体与遍及西方的金融危机结伴而来……"维尔纳计划"虽然进行得不顺利，但它毕竟是"欧元"的第一块基石，因此，维尔纳有"欧元之父"之誉。

"欧元"的再次启动是在80年代中叶，"德洛尔计划"沿着"维纳尔计划"往前走；与"共同体"转为"联盟"同步，与西欧在各方面的相互渗透和相互依存的程度的提高同步，与欧洲人对欧洲一体化的认知和认同的程度的提高同步，实现共同货币"欧元"的计划也同步按部就班地进行，并终于从2002年起"欧元"正式在11国流通。时机和条件以及欧盟的发展是起决定作用的；但德洛尔个人的努力是必须计算在内的，他和与他一起工作的人完成了维尔纳没有能完成的"工程"。

至此，可以对欧洲联盟做一个小结了。前两个阶段的"标志性条约"，是《罗马条约》和《马斯特里赫特条约》。欧洲联盟从《罗马条约》起始，到20世纪末，对内已经先后制定了关税同盟、共同农业政策、工业和社会政策、建立了内部的共同市场，建立了体现共同货币政策的欧洲中央银行和"欧元区"，建立起立法程序和通过了大量的专项法律。欧洲联盟从一开始即按照西方近代民主政治传统、"三权分立"的原则设计它的政治组织体制。它像一个"国家"那样对外派出使节，派遣代表参加国际会议，欧洲联盟的轮值主席在布鲁塞尔像"国家元首"那样接受其他国家的使节呈递的国书。

现在，欧洲联盟正处在第三个阶段。《马斯特里赫特条约》成为"欧洲联盟"的新的"起跑线"；完成规定的各项任务，便意味着自己向"联邦制"的方向跨出重要的一步。

欧洲主义和民族主义的并存必将是长期的，总的趋向是"民族主义"会悄悄地——也只能是悄悄地——淡化。最难处理的，仍然是"政治联盟"的问题，让那么多国家执行"共同"的对外政策和防务政策，实在太困难了，在国际问题上能够协调一下立场已经不错了。所谓对外"用一个声音说话"，从来没有真正做到过，只能"相对"地做到。留给民族最重份额的东西可能是具有"个性的文化"。就是说，在文化大规模、深层次的沟通（这种互相沟通，因信息革命而是全球性的）的同时，保持着精神深处的个性。这种个性，是与各自的历史和包括语言在内的文化紧密相连的。美国式的"快餐"文化、好莱坞大片等可以走遍世界，影响那里的优秀独特的文化，但是，法国人不会放弃对巴尔扎克、雨果的"主权"，英国人永远要保持拥有莎士比亚、狄更斯的"主权"，德国人绝对以拥有歌德、康德、尼采为自己的民族骄傲……欧洲联盟现在有15个成员国，各有自己的语言，其中12种语言被认作"工作语言"，不是因为找不到"一种"共同语言，这样规定只是为了尊重民族的感情，"主权"不只是"领土"和决定权，"主权"问题也是感情问题。

欧洲联盟目前正在做着一件重要的事情，是所谓"东扩"，即逐个吸收20世纪后十年"苏东"解体后体制转轨的东欧国家进入联盟。在当今的国际舞台上有两个"东扩"，一个是北大西洋公约组织的"东扩"，再一个"东扩"是欧洲联盟的"东扩"。两个"东扩"的区别在于前者的重点是战略、政治性的；后者的重点是民主体制、经济制度以及文化认同方面的。欧洲人的历史感很强，希腊是他们的"精神家园"；而罗马帝国则会唤起对欧洲版图的回忆。把意图中的欧洲联盟"东扩"后的欧洲地图与罗马帝国扩张最盛时期的欧洲地图对比一下，会发现欧盟"东扩"形势图，除了罗马帝国曾占领的地中海南岸一些土地和西亚细亚一部分外，与罗马帝国的版图大同小异，也与欧洲人心目中的"亚欧大陆"三面濒海的西南半岛大体相符。

现在许多中国人一提到外部世界，首先想到的当然是美国，各行各业都是如此；只要是来自美国的，管它是精华还是糟粕，一体全收。但是出于种种原因，糟粕很容易拿过来，精华却难以学到。至于欧洲，总体上说感兴趣的人要少得多。有些人，明明是研究"国际问题"的，关注点也是集中在美国在世界上干了什么事。这可以理解，因为美国是唯一的"超级大国"。最近若干年来，由于中国和"欧盟"的关系有了很大的发展，"欧盟"通过了加强同中国发展各方面关系的文件，而且采取了落实措施，与中国签订了不少协定。中国人对"欧盟"和欧洲的兴趣提高了，许多研究"欧盟"的中心在高等学校和研究机构中应运而生。图书（含译和著）和文章林林总总，其中不少是对"欧盟"和欧洲的专门问题的研究成果，有些还十分"专业"。这些专著和文章对我有不同程度的启发。想要补充的，就是要把"欧洲联盟"放在西方文明史中去考察，而不要把它单纯看作一个孤立的实物。

　　所谓几个国家联合成一个"联邦"模样的想法在欧洲是古已有之的。除去第五章所讲的康德等思想家们的"哲学方案"外，每当欧洲处在分裂状态的时候，就有联合好还是分立好的议论。"威斯特法里和约"（1618—1648年在日耳曼土地上进行的"三十年战争"结束后各交战国签订的"和平条约"）使日耳曼继续分裂成大小不一的实体，"日耳曼神圣罗马帝国"的皇帝有些像中国先秦时的周天子，于是"合"与"分"之议风起。莱布尼茨是哲学家和神学家，他写的《单子论》《神正论》等著作，今天的人读起来，玄而又玄，可是他学过法律，在汉诺威做过枢密官，还参与过"外交"方面的事务。他提过一个主张：整个欧洲应该是一个"基督教"联合体，同时它的成员应保持相对的主权和独立。有一位德国史学家说，这个时期讨论的问题与今天关于欧洲联盟的讨论，很有相似之处。[1]当然莱布尼茨的想法很符合他的"调和主义"的思想。康德是否在这方面（例如《永久和平论——一个哲学方案》）受了他的影响，我不知道，但是这种想法在欧洲文明史上是经常出现的。联邦制的尝试也有不少，如历史上的尼德兰低地联省、部分的德意志联邦等。今天的大不列颠联合王国、瑞士、德国等都属于"联邦"性质的国家。可以说"联合"的体制是欧洲的一种"特产"。

　　有一点不能不提及，即任何联合体，无论叫什么名称，都必须

---

① 　Fred E. Schrader. *L' Allemagne avant I' Etat-nation*. Duf., 1998.

以联合体成员的历史地理人文为必要条件。经济是基础，这是不言而喻的；如果经济差距超过了限度，就没有联合的基础。人文条件则是维系联合体的无形的必要条件，这个人文条件就是前面曾说的"同源分流"。如果没有这个条件，这么多的民族国家是捏不到一起的。我们研究者不可小看了这方面的问题，正是这个历史上的和地理上的人文条件，才使各个欧洲国家的人民自然而然地承认彼此都是欧洲人，有一种感情上的凝聚作用。

上面说过，"欧洲联盟"从一开始就确定采取西方近代民主的原则，并且建立了一套符合这个原则的机制和程序；这同时也是"联盟"能够得以维持和发展的缘故。成员国常有政府更迭的事，但是"联盟"的机制可以照常运行；有些具体的事情可能受到干扰，但"联盟"是不会拆散的。20世纪60年代的戴高乐和80年代的撒切尔夫人分别是法兰西民族主义和盎格鲁－撒克逊民族主义的坚定的代表，强烈地维护民族主权，反对"超国家"的任何倾向。撒切尔夫人对"布鲁塞尔"（"欧盟"总部所在地）的批评是非常尖锐和激烈的。戴高乐和撒切尔夫人的态度曾经使"联盟"的运行遇到很大的困难，但"危机"过后，欧洲人仍是要追求"联合"。原因就在于：一、"联合"具有不可能倒退的趋势，再坚定的民族主义者也能够从"联合"中找到对自己有利的东西；"联合"比"分裂"好，是欧洲人的一种共识。二、"欧盟"这套民主程序，使各成员国在任何尖锐的分歧上都有尽可能大的弹性和耐心而不致关系破裂，或采取决绝断然的态度和手段。"欧盟"的日常工作是由设在布鲁塞尔的执行委员会来做的，这是个官僚主义极其严重的机构，同时它又"授权有限"，它是各国部长理事会和首脑会议所做决定的执行机构，这样就有足够的时间反复琢磨，直到"成熟"为止。为组成"欧洲经济和货币联盟"和"政治联盟"做准备的"德洛尔计划"和共同货币"欧元"等重大规划都是经过许多"磨难"才出台的。

如果要问欧洲在20世纪有什么"创造"，我毫不犹豫地回答：是"欧洲联盟"。"欧盟"不等于欧洲，"欧盟"现有15个成员国，向东扩展完成后将有25个成员国（2002年）。昨天的欧洲已经告别了苏联模式的"社会主义"；今后的欧洲国家都将认同资本主义的市场经济制度，当然层次不同，形态不同，社会政策不同，税收政策不同，仍是"认同性"中有"多样性"，"多样性"中有"认同性"。

有两点应当指出：

第一，欧洲的文明史贯穿了四个核心精神，即科学、民主、自由和人权。这四点精神是东西欧所共有的，东欧长期在苏联"势力范围"统治下，这些欧洲所本有的价值观曾受到压制，但一旦告别昨天，找回这些价值观，没有什么障碍，不像经济转轨那样困难。这些国家加入"欧盟"将有利于它们的人民成为真正的"欧洲人"。当然"东扩"将增加"欧盟"成员国之间的"不平等"。

第二，欧洲近代史以来形成的社会主义思想仍然是一个"欧洲特色"，存在于相对"弱势群体"的意识或潜意识里。其"社会主义"无论分成多少派，发展到今天的"全球化"时代又何等地在经济问题上离自由资本主义越来越近，甚至划不清楚界限；但是一遇到社会不平、不公问题，欧洲人（特别是"弱势群体"和有历史感的知识分子）便会很自然地想到"社会主义"这个词，在思想和言语中表现出一种对社会主义的倾向性。而这正是社会民主主义的政党"存在的理由"（Raison däêtre）。

第十二章

欧洲与世界

引言

这一章讲欧洲文明在世界的影响。

欧洲文明的"扩张"，即欧洲文明的"传播"或在空间的流动。"扩张"有两层含义：一是文明从此地传到彼地；另一层含义是说文明的存在本身就具有向外辐射的性质，例如一种思想、一种制度、一种习惯、一种宗教、一项科学发明等，其存在本身就会产生外向的影响。这些东西从此地传向另一地，另一地或接受之，或拒斥之，或接受一部分拒斥一部分，或接受过来而有所变异，都不影响文明的"扩张"性质。

在欧洲的近代史中，欧洲文明的"扩张"是与西欧列强的殖民扩张一起开始的。西欧的殖民主义者到欧洲以外的地方去寻求势力范围，从建立海外贸易点开始，渐渐扩大范围，变成"殖民地"；或者明火执仗、依靠炮舰武力，把一些地方据为自己的殖民地；在这期间，欧洲的物质文明和精神文明便随之传进这些地方。这些殖民主义者立脚之后首先要按照他们本国的政治经济司法体制管理和统治这些地方，同时把本国的宗教带进来，让当地人改变信仰；他们也办教育，学校里自然用的是欧洲学校的课本；他们的生活方式和习惯也带进了这些远比欧洲落后的国家……诸如此类的事情自然而然地使殖民地的人民接触到了迥异于本土文明的欧洲文明。所以，在开始时，欧洲文明的"扩张"与殖民主义的统治——时常是很残酷而血腥的压迫——是分不开的。

随着时代的发展，欧洲以外的地区的人与欧洲的接触多起来了。例如到欧洲去读书的青年人越来越多了；他们多是中上层家庭的子弟。这些人在欧洲学习科学知识，也学习政治学、经济学、哲学等，其中的一部分人回到本土便成了欧洲文明（包括一些生活方式和习惯）在他们自己祖国的传播者，他们在自己的国家里是"欧化"了的人；相当多的政治界、经济界、社会名流，都是受过"欧化"教育的。

所以自从欧洲文明向外传播的第一天起，世界各地便不可避免地，或先或后地，或深或浅地处在欧洲文明的影响之下。道理十分简单，因为自从几个世纪以来，即从欧洲文明与欧洲以外地区的文明相遇以来，欧洲在社会发展阶段上是遥遥领先的。当欧洲已经进入工业革命和科学技术大发展的时期，世界其他地区还在农业社会里徘徊，有些地方几乎完全看不到近代社会的影子。这些地区的自然科学以及近代社会科学只能在与欧洲文明相遇后从欧洲"舶来"。

美国是一个例外。它在独立前诚然是货真价实的殖民地；然而几个世纪欧洲持续不断的移民，特别是知识精英络绎不绝地移居美洲，不仅使独立后的美国在19世纪中叶开始超过欧洲，而且由此促成了20世纪欧洲文明发展为"欧美文明"。如果19世纪讲西方文明即是指欧洲文明，那么到20世纪再讲西方文明时，便应该是"欧美文明"了。

在今天的世界上，各地区各民族之间的相互交流、相互往来，乃至相互依赖，已经在实质上把全球连成一片了。文明和文化的流动空间已扩至地球的每个角落，信息革命冲破自然的和人为的壁垒，不过是瞬息之事，在科技和经济领域的"全球化"已是不争的事实。

以下即从欧洲文明在欧洲以及欧洲以外地区的流动，做一些十分扼要的叙述。我们在把欧洲文明作为一个学术问题来探讨时，必然会引出欧洲文明与世界的关系问题。欧洲文明，特别是进入近代史期以来，谁也不能否认它在推动人类社会的前进上，是属于前列的，它不可能不"扩张"到比它落后的地区，并对之产生影响。

欧洲文明在欧洲空间的流动

据前所述，欧洲的历史，确切说有了"自性"（identity）的欧洲历史，从精神上、经济上、地理上和政治上看，是到了中世纪才有了确定的意义的。就是说在中世纪以前的古代，欧洲的地理范围要狭小得多，而且希腊和罗马简直有如东西两端互不联属的"点"。如果不是罗马帝国的扩张和经由地中海流域的通商，这两个"点"可以不相往来，连不成一片。在那些时代，在希腊和罗马这一带地中海流域之外，今天欧洲的其他地区，都只不过是"蛮族世界"。

公元476年在欧洲历史上是个应该牢记的年代，被称作"蛮族"的日耳曼人大举侵入罗马，并在那里定居、扩大势力、建立王国；同时西罗马帝国灭亡。从此，日耳曼人建立起来的西部王国与东罗马帝国各自走自己的路。日耳曼人建立的王国，已不复是"蛮族"了，它吸收了古代希腊罗马的精神财富，最重要的是把从东方移植过来的基督教变成了自己的宗教——对圣奥古斯丁的《上帝之城》和早期教父派对《圣经》的阐释，与《圣经》一起成为法兰克王国的"意识形态"。于是，一个有内在凝聚力的"基督教帝国"，或者叫"Republicana Christiana"（直译为"基督教共和国"）便在欧洲西部出现了。

于是，基督教的西欧，从查理曼大帝开始，便把自己同"外界"区别开了，特别是与伊斯兰世界区别开了。查理曼大帝统治下的帝国，靠了长达数十年的征战，先吞占了阿奎丹，继而攻取了高卢、意大利的北部和中部，以及比利牛斯山以南的西班牙边区、今天的巴伐利亚等地。这块号称"帝国"的查理大帝创建的法兰克王国，有如一块"根据地"，终于靠着基督教的传播或开边拓土的战争，把今天的西北部以及不列颠诸岛、南方的西班牙等地带都划入西方的基督教世界。随着君士坦丁堡主教和罗马教皇的分道扬镳，基督教的西欧与东正教的东欧彻底分离了，虽然都信奉同一个上帝。

20世纪80年代末，东欧发生制度上的巨变，不久之后，苏联亦于一日之内解体易帜。当时的法国总统弗朗索瓦·密特朗在西方政界和舆论界处于亢奋的情绪当中说："现在，欧洲又成为一个了！"意思是说，二战后在欧洲形成的苏联和东欧社会主义国家组成的"大家庭"已经崩溃，欧洲已象征性地认同于同一种政治经济制度和价值观了。

当然，这句感情色彩很浓厚的话并不是科学的论断，因为无论在欧洲历史或在今天的现实中，欧洲从来就不是"一个"。

习惯地说，位于亚欧大陆乌拉尔山脉迤西至大西洋东岸，加上大陆以外的英格兰、苏格兰、威尔士、爱尔兰这一片欧罗巴文明地带，可以分为西欧、东欧和东西欧之间的中欧三个"欧罗巴"。

笼统地说，三个"欧罗巴"有共同的文明祖先——两希、罗马和基督教文明，但是"三兄弟"各具特征。

"文明在空间流动"——文明从发源到"落地生根"一直是在流动的。没有人怀疑，作为欧洲文明甚至西方文明标志的两希、罗马、基督教文明"落地生根"之地是在西欧，然而它们的发源地却都是在东方，在欧亚的结合部。拜占庭在一个很长的时期曾是教廷的中心，但是教会的真正精神重镇还是在罗马，而拜占庭东正教由于成为东方帝国的"国教"，一本"经"两样读法了。多少了解一些欧洲历史的人都知道，罗马帝国分为东、西罗马帝国，是欧洲第一次在政治上分为东、西；而教会的分裂则是在精神上（宗教上）确认了东、西的泾渭之分。以这种泾渭之分为界，各自走了不同的路。

这条分界以西，西罗马帝国的继承人日耳曼诸族建立了"西方帝国"，从克洛维到查理曼大帝，用基督教取代了多神宗教，建立起统一的信仰，并组织维持和推进基督教信仰的教会权威，教会分裂后重心一度东移拜占庭，但教会的西方根基在人心中、在文化上从来都是越来越巩固；法兰克王国融合了日耳曼人所推翻的西罗马帝国政法文化，把"罗马法"的传统继承下来，把日耳曼民族公社制度发展为逐渐完好的封建社会的生产关系，在罗马帝国的军事领袖专制政治的基础上，开始了世袭王权的政治制度；尔后的神圣罗马帝国和法兰西以及其他地中海沿岸的西南欧地带，经由北非、西班牙的阿拉伯学者把希腊哲学吸收进来。于是在中世纪的几个世纪当中，一种集纳融合两希、罗马和各地区民族文化的西欧文明的文化基础建构就有了形状。接下来便顺理成章地迎来了"地理大发现"、文艺复兴、宗教改革、启蒙运动。

在这里，应该特别联系欧洲历史的发展着重谈谈日耳曼民族的作用。日耳曼是一个"大族"，是许多日耳曼部族的统称。它的成长是继西罗马帝国之后在欧洲西部的决定因素。这个强悍、干练而富于进取精神的古老民族各部，从公元1世纪起开始从西波罗的海的北方中心地带——相当于瑞典南部、丹麦以及易北河下游与奥得河之间的陆地向南移动，即向欧洲中部移动。在漫长的移动过程中，日耳曼人与当地的罗马诸行省的居民（有拉丁语系的高卢－罗马人，也有偏向东部的斯拉夫语系的小民族）一直混居在一起，各部族、各民族间的通婚是很自然的事。到公元6世纪，日耳曼人建立了"法兰克王国"时，欧洲西部便成了日耳曼人的天下。"法兰克人"这个名字据说最早是3世纪的罗马作家对日耳曼各部的统称。此时的日耳曼所一统的天下，覆盖了过去罗马帝国的西半部（大体相当于今日的西欧）和直接东邻的中欧地区。从民族成分上

▲ 克洛维一世受洗图
克洛维一世是法兰克王国的奠基人与国王

看，西半部是罗马－高卢－日耳曼混居地带。这就接上了上面谈到的查理曼大帝建立的帝国了。

然而，这个统一的帝国很快便四分五裂了。公元843年，又是一个重要年代，查理曼大帝身后子孙们争夺权力，帝国经凡尔登分割，一分为三。一部分成了法国，一部分成了后来的德国，中间一部分洛泰尔王国在以后的几个世纪里一直成为法、德争夺之地。而鄂图大帝的"神圣罗马帝国"则仍只是一个由大大小小无数封地组成的松散的"联合体"。"神圣罗马帝国"苟延残喘，终于在1806年被拿破仑一下子打碎了，被新的德意志诸种联盟所代替。

总之，日耳曼人，罗马人曾视之为"蛮族"，即不开化的民族。其实，如在前面的有关章节中所述，在迁徙的过程中，日耳曼人在取罗马而代之建立几个日耳曼王国的过程中都已逐渐"罗马化"了。法兰克王国创造了日耳曼－罗马文化，成为后期罗马帝国的以拉丁文化为正统而济以日耳曼固有特色的"市民文化"。而且这种"市民文化"终于挤占了拉丁文的地位，促进了在民族国家诞生以前地区文明的形成。这对于市民社会的出现，绝不是可有可无的因素。这里所谓"市民文化"实际上是中世纪市镇经济生活的产物，这在12、13世纪已有了苗头。至于帝国东部地带，发展轨迹则全然不同。法兰克帝国在东扩的过程中同化了相当一部分斯拉夫人，这大体上相当于东西欧之间的中欧地带，这个地区的人文条件（包括宗教、民族、语言等特征）兼受东西两方的影响，如今天的匈牙利、波希米亚、斯洛文尼亚、克罗地亚、斯洛伐克以及德国东部，这个地区的居民虽多有西欧人的特征，且信奉基督教，但是他们的生活方式、思想精神状况又兼有东方邻区的浸染。

在一段历史时期内，东罗马帝国确实一度曾比濒临崩溃时的西罗马要显得繁荣得多，教会分裂后的东正教也曾气势很盛，特别是在君士坦丁堡取代罗马之后。但是东欧没有一个像日耳曼人那样集中而持续不断的大迁徙和在迁徙中的建树。斯拉夫族在东方没有取得日耳曼人在西方那样的业绩。

据史家说，远古的斯拉夫人最早是被流动在沿黑海一带、在多瑙河与顿河之间的广袤地区的波斯人所开化的，后来，居住在如今乌克兰、俄罗斯一带的波斯人把早期斯拉夫人向东移动的路堵死了，因此这些斯拉夫人只能向西、向南游动，那里是一眼看不到边的不毛之地。有些斯拉夫人一直处于被奴役的地位，英文的"奴隶"这个词 slave 的来源就是"斯拉夫人"。长期以来，各部族的斯拉夫人游荡在喀尔巴阡山和第温河之间，人迹遍布东欧到中亚这片广大地域里。斯拉夫族也是各个斯拉夫部族的统称，按照语系来划分，可分为东、西、南三种斯拉夫语系。

东斯拉夫语系，如今的俄罗斯、乌克兰、白俄罗斯属之，宗教主要是东正教。西斯拉夫语系，如今的波兰、捷克、波希米亚地区、斯洛伐克等，相应于上文所说的欧洲中部，宗教主要是天主教。南斯拉夫语系，今之保加利亚、塞尔维亚、克罗地亚、摩拉维亚地区、北马其顿等属之，除克罗地亚宗天主教外，余均宗东正教。

这是就荦荦大者而言，大语系中还分小语系，不暇细谈。多数斯拉夫人所认同的东正教的重心是希腊和土耳其。西罗马帝国衰落时，希腊文明的盛时已过，土耳其却正是东方之强，当日耳曼人向欧洲中部挺进时，斯拉夫人正在被东方强邻驱赶而四处逃遁。日耳曼人取代了罗马人，皈依并促进了基督教；斯拉夫人则只能背负着阿瓦尔人、匈奴人、鞑靼人的驱赶和压迫，接受拜占庭文明的荫庇和影响，大部分斯拉夫人皈依了东正教，却不像日耳曼人那样成为宗教的"主人"；斯拉夫没有一个部族能在拜占庭帝国的羽翼下建立起自己独立的王国——不可能出现像法兰克王国那样的"斯拉夫"的王国，即使建立了一些小王国，也未能持久。

在欧洲东部地区中，俄罗斯占了大部分面积，有别于其他东欧国家的是它在亚洲还有很大的面积，所以它的文化杂有欧亚文明的特征。就人文特征而言，俄罗斯既是西方的，也是东方的。在东方人的眼中，俄罗斯是欧洲国家；而在西方人的眼中，它不算完全彻底的欧洲，笼统地说它是"东方国家"，目之为西方国家中的"特类"或"异类"。这种情况，有历史原因在。

在俄罗斯的历史上，可以看到多方面的深刻影响。首先不容忽视的是东正教的作用。基督教传入俄罗斯可以从公元988年基辅罗斯弗拉基米尔皈依宗教算起。所谓"基辅洗礼"有一个非常重要的历史象征意义，即基辅罗斯从此作为一个具有"国教"的政治实体而出现；而后东正教即作为俄罗斯的"国教"，影响深入到所有社会阶层当中，俄罗斯的东正教在整个东正教中具有很重分量，自视为可以与西欧基督教相对应的"正宗"教派。东正教的中心虽然是拜占庭，但莫斯科却曾有意欲充当"第三罗马"的抱负（"第一罗马"指罗马帝国，"第二罗马"指君士坦丁堡）。所以它的地位至少与拜占庭相当。"基辅洗礼"还有一个历史意义，就是基辅罗斯第一次向西方打开大门。

俄罗斯从基辅罗斯时代起的几个世纪当中，深深地受到来自东方三方面的影响。拜占庭是罗马教会分裂后教廷东移的"大本营"，其精神状态和宗教礼仪方式等均带有强烈的东方色彩，"基辅洗礼"以后，拜占庭文化自然便对基辅罗斯具有潜移默化的影响。

在谈及俄罗斯的"东方色彩"时，不能漏掉来自鞑靼的影响。鞑靼（蒙古）"金帐汗国"侵入俄罗斯的土地时，那里还是一群大小不一的公国，鞑靼人在凭借武力野蛮占领了一百多年以后，莫斯科公国才显露出头角。用马克思的话来说，"是蒙古奴役的血腥泥潭而不是诺曼时代的粗野光荣，形成了莫斯科公国的摇篮……"[①]此后鞑靼的势力渐衰，但还要一百年左右之后，伊凡三世在位时方才最后结束了鞑靼人的统治。从1237年到1462年的二百多年当中，俄罗斯在政治、经济、文化上始终笼罩在鞑靼的阴影之下。这二百多年的历史没有给俄罗斯社会带来任何前进的动力，反而从总体上对莫斯科公国时代的政治文化起了严重的消极作用，强固了它的东方专制色彩的统治基础和落后的农奴制的生产方式和生产关系。诗人普希金曾叹息说，这些鞑靼人到俄罗斯来与阿拉伯人到南欧来大不相同，因为鞑靼人既没有带来代数学，也没有带来亚里士多德。

①　[德]马克思：《十八世纪外交史内幕》，北京：人民出版社，1972年。

16世纪以后，奥斯曼土耳其文化对俄罗斯产生了不可忽视的影响（事实上，土耳其曾占领过拜占庭帝国，在1453年曾攻克君士坦丁堡，继又驰骋于巴尔干地区；1683年甚至一度威逼维也纳，迟至18、19世纪才从巴尔干地区被赶出）。到15、16世纪，俄罗斯已渐渐健壮起来，莫斯科公国结合东正教的精神统治逐渐建成了统一的军事君主集权国家，尤其是在彼得大帝问政以后羽翼更丰。

从上面简单的叙述中可以发现，在欧洲的西部地区已建立起早期市镇和封建制度，并在慢慢地孕育着民族国家的胚胎时，东方的斯拉夫各部族还分散地到处流徙，居无定所，游荡在西边的日耳曼和东边的土耳其两个强大势力之间；基辅罗斯如上所说仍是彼此分割的农奴村社制度基础上的一些小公国。及至"地理大发现"时代，西欧已走出中世纪的门槛，并紧接着迎来了文艺复兴。而东欧还在原地踏步，俄罗斯仍在鞑靼人的影响之下。欧洲东部（尤其是俄罗斯）在近世以前，从生产方式、生产关系、社会结构、文化形态、日常生活习惯等诸方面，都与西欧不同，越向东越甚。俄罗斯的西北方向虽与波罗的海等日耳曼－斯拉夫文明相邻，但在中古时期，其影响力远不及来自东方的影响之切近和切实。

彼得大帝迎来了俄罗斯的第一次转机。彼得大帝有两项与俄罗斯前途命运攸关的"大政策"。一是把首都迁至波罗的海濒海城市彼得堡，以取得出海口。二是学习西方的科学技术，聘请西欧的技师到他的宫廷里传授经验。这两项重大举措都是把目光转向西方的。从此，俄罗斯走上了"西化"的道路。其时，鞑靼的势力已经式微，彼得大帝对东方采取的都是陆地蚕食扩张政策，主要精力放在西方，首先着意于争夺波罗的海海域的控制权，这就是从1700年与劲敌瑞典打了二十年的"大北方战争"。叶卡捷琳娜时期实现了俄罗斯的第二次转机，俄罗斯宫廷吸收了一些伏尔泰、狄德罗的启蒙思想以及西方文学艺术等精神文明。"启蒙运动"的思想家成为俄皇的座上客，一股清风吹进了俄罗斯。彼得大帝以后的几代沙皇，都延续了向西方学习的政策，西方的科学、技术、教育、文艺都对俄罗斯产生了广泛影响；尤其是在知识界影响最著。在俄罗斯的上层社会里，连生活习惯、生活方式都学西方的样子，在屠格涅夫、托尔斯泰等人的小说里，那些贵族在谈吐之间，常夹上几句法语，以示高雅、有教养。19世纪的俄罗斯产生了大量的世界闻名的文学家、科学家、艺术家；他们对西欧的看法和他们受到的西欧的影响，使俄罗斯，至少它的欧洲部分，具备了近代文明的因素。

平常说欧洲分成东、西、中三个欧洲，只是笼统的一般共识，不可能划得一清二楚，不能一概而论。例如波兰人属西部斯拉夫人，有的人也有日耳曼和北欧人的血统，在文化上受法国、意大利和日耳曼文化影响较大，主要宗教信仰是天主教，而不是东正教，所以波兰文化基本上应属西方文化的范围。但是波兰历史上多次被强邻瓜分，经常受沙皇俄国、普鲁士、奥地利的宰割和压迫，民族长期不独立，因此其民族心性又有别于西欧民族，而且直到18世纪还没有完全摆脱农奴封建体制和建成独立主权的民族国家。像德国、奥地利、瑞士等国，在地理上属欧洲中部，可是在文化上完全是西欧的，所以在谈到西欧时，习惯上是把它们包括在内的。

总而言之，在西欧已进入近代史期的时候，东欧还没有完全走出中古，有的地区民族问题一直没有解决（如波、匈、巴尔干等）；有的则在近代史期的门口逡巡（如俄罗斯）。所以前面述及19世纪的民族主义时，实有其久远的历史渊源，致使西欧文明在总体上走在了东欧以及中欧的前面。就文明在空间的流动走向而言，基本上西欧是居于主动和施加影响的一方；而东欧则属于接受影响，或被西欧文明波及的一方。

所以笼统地讲"欧洲文明"，应该包括西方的拉丁、日耳曼、盎格鲁－撒克逊社会，东方的斯拉夫社会和处在二者影响下的中欧社会。从西向东，从大西洋沿岸到乌拉尔山脉，大而化之地可辨认出三处不同的色调。而足以代表总体"欧洲文明"的，则是集中继承了两希文化和基督教文明，并最早开出现代化的西欧文明。

欧洲文明走向印度洋

欧洲文明向欧洲以外的传播是与殖民扩张的步伐同时进行的。

16、17世纪，欧洲人，先是葡萄牙人和西班牙人，接着是荷兰人、英国人和法国人等开始走出欧洲。在哥伦布、达·伽马时期，西欧正在做着"淘金梦"——遥远的金矿在吸引着欧洲的"探险家"——加上宗教赋予传播圣谕的"使命感"，以及其他种种不同的动机，把欧洲的大门向四面八方打开了。

陆续来到印度洋、太平洋的，有如"苦行僧"般的耶稣会和别的教派的传教士，有带着枪炮、驾着商船来寻求海外市场的商人。

他们带来了天主教义和当时西欧已有的科学技术知识，他们用他们带来的物品换走当地的物品。有的传教士长期住了下来；商船往来不定，有的则干脆凭借武力占据了一块地方，开始时是设立了贸易站，渐渐地扩大占领范围，派了总督，这些地方就变成了"殖民地"。17世纪以后，荷兰、英国、法国等先后成立了东、西印度公司，法国势力也渗透到南亚次大陆，并在印度占有"领地"。从这时起，欧洲势力大举进入了亚洲，特别是东南亚。

东印度公司是个很典型的例子。马克思对它有很精辟的分析。英国东印度公司得到国王和议会的批准，所以它是得到法律承认的"国家的企业"①，而且是商业垄断企业，是私人经营，而有官家批准和保护的。18世纪后期，英法等国为争夺在北美和亚洲的势力范围进行了七年战争，法国败绩。从此，英国的东印度公司由一个商业强权变成了一个军事的和拥有领土的强权，"正是那个时候，才奠定了现时的东方不列颠帝国的基础"②，并且实际上"成了印度的这一地区的主宰"③。英国东印度公司在印度大陆通过多次战争手段或凭借武力夺占领地，建立殖民统治。在19世纪，英国在同锡克教徒的战争和同阿富汗人的战争中，用武力吞并了旁遮普和信德，"这样，从人种边界、政治边界和军事边界上看，就在东印度大陆全境最终建立了不列颠的统治"。开始出现一个"统一

---

① 《马克思恩格斯全集》(第九卷)，中共中央马克思恩格斯列宁斯大林著作编译局编译，北京：人民出版社，1956年。

② 《马克思恩格斯全集》(第九卷)，中共中央马克思恩格斯列宁斯大林著作编译局编译，北京：人民出版社，1956年。

③ 《马克思恩格斯全集》(第九卷)，中共中央马克思恩格斯列宁斯大林著作编译局编译，北京：人民出版社，1956年。

的庞大的英印帝国"[①]。

在亚洲其他地区，同样起先是通商、传教，兼有武装摩擦和冲突；继则欧洲强权主要通过武力或武力威胁明火执仗地实行占领，包括部分的占领或变相的占领。例如到公元16世纪70年代，西班牙占领了菲律宾，几年后，荷兰通过荷兰东印度公司，侵入印度尼西亚，取代了已在那里盘踞了一个世纪的葡萄牙殖民者。英国和法国是后来者，在17世纪均在印度据有可观的贸易据点。1840年以后，西方列强通过签订不平等条约迫使中国割地赔款，占取"租借地"，虽与占有"领地"有所不同，但对租借地、"割让地"内的统治方式实质上是一样的。

亚洲在与西方相遇时，从社会发展的程度上看，是远远落后于西方的。这些地方的居民本有他们的祖辈传留下来的本土文化风俗，实处于未开化和半开化状态。明人严从简著有《殊域周咨录》，里面许多白描式的记载，虽不必完全信而有征，但可以大体上看出真腊、暹罗、满剌加、爪哇、三佛齐、浡泥，以及苏门答腊、锡兰等印度洋、南亚、马来半岛等一带的社会情况。当地有他们自己的原始宗教，后来渐有佛教、伊斯兰教渗入其间。至近代，从16世纪至19世纪的几百年中，从欧洲来的殖民者又带进了基督教。这些来自泰西的"冒险家"带着近代文明，以无法阻拦的态势挤了进来，他们在这片新"开发"的天地里，争先恐后地划分"势力范围"，把这些地方变成了他们的"殖民地"。他们在那里派有

[①] 《马克思恩格斯全集》（第九卷），中共中央马克思恩格斯列宁斯大林著作编译局编译，北京：人民出版社，1956年。

"总督"等行政官员，按他们本国的统治方式和生活方式去管制这些地方；他们拥有压制当地人民的武装力量、军警和司法机构；他们把自己本地的教育体制、宗教团体等文化设施带进他们势力所及的地方……

印度与欧洲文明的关系，有它的突出特点。

印度是个非常奇特的伟大国家。它的古老文明与埃及文化、希腊文化、中国文化一样，同样是遥远古老的人类文明的摇篮。这一大片土地，养育了那么多的民族，形成了日久年深的种姓制度；支脉繁多的古婆罗门教及后来的印度教，不仅深入本土民间，19世纪后期随着印度教徒的外移，还远播其他亚非地区；佛教诞生于此，也由此而传向亚洲各地；伊斯兰教在此有强大影响；有名的莫卧儿王朝，由于它的"开放"精神，通好万邦，对外贸易兴旺发达，文化交流多方汇通，在欧洲人到来之前已出现了印度、土耳其、阿拉伯和波斯各种文化成分相互融合的现象。16、17世纪时形成的印度-伊斯兰建筑风格，至今仍有其历史的和艺术的魅力。

在莫卧儿王朝时期，对印度后来的发展产生巨大影响的，是欧洲文明的传入。强大的西欧各国接踵而至，逐渐取代了阿拉伯航海家对东方水域的控制。特别是英国人后来居上，在17世纪结束前，东印度公司已经取得了在战略上和商业上具有重要意义的三个大据点：第一个是靠近印度西海岸属于孟买的岛屿，第二个是东南沿海的马德拉斯，第三个是在恒河入海口的加尔各答。依靠这三个据点，英国人从阿拉伯海到孟加拉湾海域，再到恒河口，从三面把整个印度包围起来。印度从此开始接纳欧洲文化。印度全境后来

▲ 罗伯特·克莱芙，第一代克莱芙男爵，是英国派驻到孟加拉的首任总督

于1849年被英国所占领，一个世纪后取得独立后仍是英联邦的成员。于是，印度在16世纪以来的几百年当中，在古老深邃、多彩多姿的文明之外，又增添了近代的欧洲文明。

印度给人的印象是色调对比鲜明的多种文化的拼合体。那里有根深蒂固的印度教的传统、历久不衰的古老的种姓制度和复杂的种族纠葛，以致黑格尔把印度看作几千年没有变化的国家。然而黑格尔没有见到的是此后发生的另一面，这就是欧洲文化，尤其是英国文化在这个古老的东方国家所产生的影响；主要表现在上层社会里和在知识界、教育界里。在印度，常会感到一种异乎寻常的"反差"：古老的、复杂的种姓、宗教的历史人文，历久不变；而由于几百年来的西洋文明的浸泡熏染，又时可见它比其他亚洲地区"欧化"得更地道而彻底。特别是在对外交往中，印度人往往更加"国际化"。

欧洲文明与日本

日本是另一种情况。它同样有自己的古老的传统文明，在与欧洲有了接触之前也是自成系统的。在日本的古文化系统里，诚然有佛教、中国儒学等渗入，但是它们都消化在日本的藩幕制度和本土的固有文化里了。长期以来，人们常把日本划入所谓"儒家文化圈"，这至少是一种简单化的看法。儒学在日本诚然有相当影响，但有两点应加留意。一是深通儒学的，究其极不过在上层的知识界或政界里，直到今天，有些政要还能引用几句"诗云子曰"，通儒学且钻研至精的学人也不少，而且有很高的水平，很深的理解，但这与日本民族文化的"儒化"，完全是两回事。其二，儒学传到日本以后，在相当程度上已经"日本化"了；在16世纪的安土、桃山时代，日本固有文化仍是完整的"武门文化"，只是融合进了亚洲大陆其他地区的文化成分。

在亚洲，日本是唯一在19世纪晚期实行自上而下的"西化"并且很快跻身于世界强国之林的国家。这就是尽人皆知的"明治维新"。这是一次集政治、社会、经济和思想于一体的全面变革，它是在上层指挥、维新派领袖人物全力参与下实行的。1889年由天皇颁布的第一部宪法，是以德意志帝国的宪法为蓝本的；1890年的第一次议会开幕，一切仿效西方的做法，"议事堂"的布置俨然是一个欧洲议院的摹本，连各种灯饰陈设都亦步亦趋；议员们的服装也一体改成了西装革履。

这些当然都是属于外观方面的。最重要的是它抓住了工业化这个关键环节，使日本在不太长的时间内用各种门类的工业装备起来；从1894年的同中国的甲午海战到1905年的与俄国争夺中国满洲的控制权的战争，短短几年，日本已赫然变成咄咄逼人的军事强国。

"明治维新"大量而系统地把西方的自然科学、哲学和社会科学介绍、移译到日本来。欧洲文化东传，除了殖民者带进以外，日本在早期所起的"桥梁"传递作用，是绝对不可忽视的。中国清朝末年在严复翻译西方八种学术名著之后，更多的西方典籍是从日本转译的，其中也包括19世纪马克思主义的哲学、经济学的著作。至于其改革政制、政教，取法乎欧，在东方更是独有的。光绪皇帝为作"立宪"准备派员出洋考察政治的大臣疏奏中，有载泽于光绪三十二年（1906年）元月二十日的奏折说："查日本维新以来，一切政治取法欧洲，复斟酌于本国人情风俗之异同，以为措施之本，而章程、法律时有更改，头绪纷繁，非目睹情形，不易得其要领……大抵日本立国之方，公议共之臣民，政柄操之君上，民无不通之隐，君有独尊之权。其民俗有聪强勤朴之风，其治体有划一整齐之象，其富强之效，虽得力于改良律法，精练海陆军，奖励农工商各业，而其根本则尤在教育普及。自维新之初，即行强迫教育之制，国中男女皆入学校，人人知纳税充兵之义务，人人有尚武爱国之精神，法律以学而精，教育以学而备，道德以学而进，军旅以学而强，货产以学而富，工业以学而巧，不耻效人，不轻舍己，故能合欧化汉学熔铸而成日本之特色。虽其兴革诸政，未必全无流弊，然以三岛之地，经营二三十年，遂致抗衡列强，实亦未可轻量。"

这是出自一个清朝官吏之手的见闻，看来并不是官样文章，相当准确地描述了日本在"明治维新"以后的气象。这时已有相当数量的中国的志士仁人聚集日本，寻求救国之道，史所具载，足证当时的日本已是东西文化传递的必经之地。

明治时期的思想家福泽谕吉在讲到日本的发展道路时说："现在世界各国即使处于野蛮状态或是还处于半开化地位，如果要使本国文明进步，就必须以欧洲文明为目标，确定它为一切议论的标准。"[①]又说："从总的情况看来，不能不说日本的文明落后于西洋。文明既有先进和落后，那么，先进的就是要压制落后的，落后的就要被先进的所压制。在从前闭关自守时代，日本还不知道有西洋各国，然而，现在已经知道有西洋国家，并且也知道了他们的文明情况。同他们的文明相比，知道彼此之间有先进和落后的差别，也知道我们的文明远不及他们，并知道落后的要被先进的压制的道

---

① ［日］福泽谕吉：《文明论概略》，北京编译社译，北京：商务印书馆，1959年。

理。"① 于是，"国内有识之士，探讨日本之所以不文明的原因，首先归咎于旧的风气不对头。于是，为了扫除旧习，才着手进行改革"②。这就转到上面说的为革除旧习而须以欧为师的路上。

日本"明治维新"以后走上富强的工业化道路，乃是非常清楚的"西化"之路，所谓"儒家资本主义"云云，实属无稽之谈。明治以前的幕府制度、武门精神，以及掺杂进来的儒学、佛教，对"维新"都一无所用；如果这些"旧的风气"对"维新"还有什么作用的话，那作用至少不是促进"明治"时期的改革，而是相反。

以上只拣出欧洲文明在印度、马来半岛地区、日本三处传入的情况，以见近代欧洲在这些地区的一般影响。中国自19世纪中叶以来，欧风东渐，大门从此不再可能向世界紧闭，一百五十年来，或救亡，或启蒙，或革命，或建设，以迄于今日之改革开放，为社会主义的现代化而奋斗，都离不开对西方文明的吸纳与批判、借鉴与扬弃。

西亚、非洲、拉美

阿拉伯、伊朗、土耳其这一大片"伊斯兰文明的世界"，在世界文明史上的地位是有其特殊意义的。汤因比有一个非常形象的说法，他说："在西方史的近代一章开始的时候，两个背对背的姊

---

① 〔日〕福泽谕吉：《文明论概略》，北京编译社译，北京：商务印书馆，1959年。
② 〔日〕福泽谕吉：《文明论概略》，北京编译社译，北京：商务印书馆，1959年。

妹伊斯兰社会封锁了从西方社会和俄罗斯社会的领土通向旧世界其他部分的一切通路。"印度洋成了阿拉伯人的"内湖",而黑海则成了鄂图曼的"内湖"了。这使得首次向东方探路的西欧人,如达·伽马不得不取道好望角,从海路绕过这块"伊斯兰拦路石"[①]。

从文化发展和融合的历史观点看,阿拉伯文化、希腊文化的关系是很密切的。在远古,阿拉伯、西亚两河流域曾是希腊文化的来源之一。就是在中世纪,也曾滋补过欧洲的文明。如阿维洛伊主义就是东西文化桥梁的建筑师。问题是政治的、宗教的因素使对立和冲突不可化解。西欧的"十字军"多次大规模东征,兵燹所至,血流成河。而阿拉伯、奥斯曼也一次又一次把欧洲投入战火。基督教文明与伊斯兰文明自中世纪以来几如水火之不能相容。

近世以来,西方势力越来越取得支配地位,以至这一广大地区由于历史的以及地缘的因素,比亚洲东部地区更加直接地受到西方文明的影响,而且成为列强为了获取石油资源和市场的历来必争之地。这个地区的各民族,像亚洲东部一样,有几千年的古老的文化积淀,有强劲的、渗透在整个民族的深刻的宗教情结,保持着自己的民族心性;同时在相当广泛的领域里也比较容易吸收近代西方的物质的和精神的文明。当我们身处这个地区,无论是在北非的阿尔及尔,还是在东方的君士坦丁,都会在不同的层次上感受到东西文化的交融和对立,有如一块没有调和均匀的"调色板"。

欧洲列强对非洲和拉丁美洲是彻底地加以分割,并建立起白人

① 〔英〕汤因比:《历史研究》(下册),曹未风等译,上海:上海人民出版社,1966年。

的家长制统治。无论是非洲的比较原始的土著文明，还是拉丁美洲的相对说来发展程度较高的印第安文明，都只能顺从欧洲殖民政策的高压。非洲过去即曾有所谓英属、法属，乃至德属、葡属、意属之别，这些国家在非洲画地为牢，从政治管制到教育体制，进行全面统治；欧洲语言成为当地的正式语言；凡稍有些知识的，受过些教育的，都学着英国的、法国的生活习惯，认同"宗主国"的文化，或者曾去欧洲留学。也曾经不断有试图弘扬本土文化的努力，但均因敌不过先进得多的欧洲文明而流行不起来。例如，桑戈尔曾力倡"Négritude"，试图把土著文化与西方文化融合起来而造成一种新型的"黑非洲学说"，也有些著述，但并未得广泛流行。有些国家努力提倡民族语言，如西非的豪萨语、东非的斯瓦希里语等，但也因不适于日益丰富多彩的时代，不可能替代欧洲语种的作用。

拉丁美洲在16、17世纪为西班牙和葡萄牙占领，几乎完全由两国分治，实行专制高压的殖民统治，同时把伊比利亚的文化带进拉丁美洲的西、葡殖民地。西、葡的殖民者是得到了教皇的"特许"占领南美、中美以及北美部分大陆的。罗马特为颁发了"分界训令"。所以，天主教会的整套制度、结构都搬到这里来，宗教裁判所也曾扩大到整个拉丁美洲，镇压异教徒；拉丁美洲因此成为天主教的坚强阵地。后来，英国、法国、荷兰等都占有一份领地，分别称作新英吉利、新法兰西、新阿姆斯特丹等。拉丁美洲因而深深地打上了欧洲文明的印记；乃至美国崛起，欧洲影响便渐渐地被美国所压倒和取代。

从"欧洲文明"到"欧美文明"

真正由外来移民组成社会的"殖民地"只有北美和大洋洲的澳大利亚、新西兰。在这些地方，是真正从欧洲殖民过来的人定居于此，组织生活的。好像是欧洲人在欧洲以外的栖身之地，与在亚洲地区从通商、传教以至明火执仗的掠夺、征伐与占领，有很大的不同，也不同于非洲和拉丁美洲式的分割占领。

托克维尔在《论美国的民主》中说："美国是唯一这样的国家，在那里，我们亲眼得见一个社会自然而平静地发展起来，并且从起点便能够看清对各州未来的影响。"[1]

托氏此语写于19世纪30年代，当时是在美国宣布独立后半个世纪，距1620年"五月花"号航船载至北美海岸第一批移民，约二百年。

美国在独立以前便是这样一种典型的殖民地。欧洲人，主要是英格兰人一批一批地移民，先是建立定居点，逐渐扩大为一个个的"殖民地"。从17世纪初约翰·史密斯船长的传奇性故事开始，欧洲人便这样开始了这种移民活动。

这些乘"五月花"号船来到普利茅斯的第一批移民，遇到的是意想不到的人文和自然环境，面对的是一片蛮荒！对于他们来说，谋生第一，需要很快地自行组织起来，于是产生了下面这份《五月花号公约》：

---

[1] Tocqueville. *De la Démocratie en Amérique, souvenirs, L'Ancien Régime et la Révolution.* Robert Laffont, 1986.

我们，签名随后，为了上帝的荣誉，为了播扬基督信仰和祖国的荣誉，决心在此偏远之海岸建立第一块殖民地，并在上帝面前庄严地互订契约，组成公民团体，其目的在于由我们自己治理自己的事务和为实现我们的计划而工作；根据本公约，我们相约制定若干法律、条规、准则，而且将根据需要设立一切我们应服从的行政长官。[①]

这份"契约"可能是一份最早的自发自愿制定的"社会契约"。里面的"自治"和"平等"精神在后来逐渐成立的各个殖民地中是普遍认同的。因为凡到这里的移民，无论从哪里来的，都不能不面对困难的、艰苦的环境；每个人都需从自己开始同别人结合起来，需要有个"社会"可以依托。他们在这块全新的土地上、在全新的自然条件下"组织起来"了。这种自己管理自己事务的"自治"精神，便在北美殖民地中成为一种传统。当然随后英国皇室和政府通过派遣总督等行政长官（有的通过如弗吉尼亚和马萨诸塞这样的特许公司）来控制这些殖民地，以保证这些殖民地同母国在经济上、政治上和文化上的联系，但是有两种因素决定了这些殖民地独具特色的政治文化。

第一，在精神方面，他们由于是来自欧洲的移民，所以各自带着欧洲文明和欧洲文化的背景和印记。他们的文化思想的源头同他们的欧洲"母国"一样，都来自共同的希腊罗马和基督教文明，

---

① Tocqueville. *De la Démocratie en Amérique, souvenirs, L'Ancien Régime et la Révolution*. Robert Laffont, 1986.

主要承袭的是盎格鲁－撒克逊的经验主义传统，又由于主要是新教徒，不拘于旧教的礼习形式，所以从欧洲继承的是经验的、实证的或实用的这一路思维习惯和风格。17世纪来到这里的移民，绝大多数是英国人，不到人口总数的十分之一的非英格兰移民，在很大程度上适应着英格兰移民的文化；几乎所有的移民自然而然地采用英国的语言、法律和风俗习惯。更重要的是，他们到了这片地方，严酷的自然环境要求他们必须首先解决生活的实际问题，克服种种从未遇到过的困难；所以，美国的"务实"精神，固然有盎格鲁－撒克逊之看重经验的精神传统，实际的生活条件、骤然变化的新的人文环境，也不容他们耽于概念的思辨，理性必须体现在全力解决眼前的实实在在的难题上。其结果便形成了一种有欧洲文化背景，而特别重视实用的"美洲文化"。19世纪末，美国之所以成为"实用主义"哲学的重镇，这个历史因素绝对是前提条件。

▼ "五月花"号

第二，在实际生活方面，移民们从一开始只能仿效英国的法律和宪法处理政事，所以很快就在殖民地成立起议会和代议制政府；同时组织起自己的市镇经济生活，经营各种规模的工商业和文化教育事业。当时英国政府虽千方百计设法控制，但是鞭长莫及，殖民地人民得以有较多的"自主权"，如移民可以当选为议员，地方官吏也从移民中产生，等等。因此，殖民地的议会时时与"母国"政府及其派驻的"总督"之类闹些摩擦和对立。事实上，到1776年独立战争爆发以前，各个殖民地已经具有相当高程度的自治结构和能力，以至在宣布独立以后立刻就能够变成结构齐备的合众国各州，而美利坚合众国也便成为世界上第一个实行总统联邦制的合众国。

欧洲文明通过殖民的渠道传到美洲，并在新条件下冶炼和扬弃而形成美洲文明，其轨迹、缘由是最清晰而自然的。其他地区几乎都不具备这样的特点。最根本的一条，就是因为北美殖民地是名副其实的"殖民"地，移民文化占据了主要位置。这些移民来美洲的动机是多种多样的，但最重要的是来寻求新的立足点和发展空间。殖民地展示的新希望又继续吸引更多的欧洲人接踵而至。这样，北美这块资源丰茂、地域辽阔的土地，便既是欧洲人的殖民地，也成了欧洲文化的"殖民地"。还在16世纪左右即有了像哈佛大学那样的高等学府，文化、教育非常发达。"工业革命"传入北美也是比较早的，至19世纪中叶，美国工业化进程已可与欧洲相颉颃，一些著名的发明创造已在美国出现。

在两大战争——美国内战和第一次世界大战——之间的五十

年当中，美国从一个农村化的国家一跃成为城市化的国家。规模巨大的工厂、钢铁厂，横贯大陆的铁路线，遍布美国国土。

到19世纪中叶，新科学、技术的发明已在美国迭出，如1844年塞缪尔·摩尔斯改进了电报技术，使美洲大陆均受其惠。1876年，亚历山大·格雷厄姆·贝尔制成电话机，半个世纪后普及全国。1888年发明了加法机，1897年发明了铸造排字机、转轮印刷机；爱迪生发明了电灯、乔治·伊斯汀与爱迪生合作改进了电影。发明之多，欧洲已不能专美于前；这些发明创造，以及其他许多科学技术的广泛应用，使美国各行业的生产力达到了崭新的高度。19世纪后半叶，美国以跃进的速度紧紧地追赶着欧洲，不但有并驾齐驱之势，而且已现出即将超过欧洲的明显征兆。托克维尔早在《论美国的民主》一书中即曾预言美国将在20世纪不仅在工业、科学方面，而且在国家的民主制度方面超过欧洲。美国比起欧洲旧大陆来说是一个"新国家"，但是在民主进程方面却是走在旧大陆前面的；美国继承了欧洲的民主传统，但没有中世纪和封建王权的包袱，所以，美国是在欧洲以外最完整而系统地延续了欧洲文明，并结合美洲特点而加以创新的国家。美国人在谈到他们的文化和文明的时候，从来都认同欧洲文明的历史渊源，认同西方的（即欧美的）同源的价值观念；然而，美国文明又绝对具有不同于欧洲文明的特点。这是另一类的问题，本书的用意不是探讨美国是怎样后来居上的，而只是着重于欧洲文明在近代向四面八方的传播。到第一次世界大战时，美国在经济增长、工业繁荣、军事实力等各个方面都已居于世界前列，把原来执牛耳的英国甩在后面了。

但是有一点是可以肯定的，那就是欧洲文明自从传入北美，并在美国出现了既同源又创新的美国文化以后，欧洲文明的范围就大大地放大了。就是说，欧洲文明不仅是欧洲的了。如上一章谈到的，美国的民主政治在19世纪中叶已对欧洲的制宪运动产生了不可忽视的影响。随着美国的日益强大并且超过欧洲居于领先地位，美国文化便反过来对欧洲产生愈来愈大的影响。今天很难在欧美文化之间划出一条清楚的界线，以至把"欧洲文明"作为一个孤立完整的概念。"欧洲文明"的含义已扩大为以欧美为主的"西方文明"了，因为文明在欧美这个空间的流动，已是家常便饭了。美国有些什么新东西，很快就传到欧洲；欧洲有些什么新的东西，也很快传到美国。

故珐000002　N000000000
吕-488-6

讲到欧洲文明对中国的影响，有些事几乎可说是常识性的问题。我们常说中国有五千多年的光辉历史，有过春秋战国时代的鼎盛文明，有过汉唐那样的盛世，等等。我们又常说，中国文化博大精深，没有人能否认中国的文明是人类最古老的文明之一。然而，同样不容否认的事实是，当19世纪中国的大门稍稍打开一点，遇到了吹进来的"西风"的时候，中国社会便开始发生变化了，传统文化抵挡不住这不期而至的"欧风美雨"。这原因本极简单，根本原因就在于当欧洲已进入近代时，中国还处于中古时代。所以，在与西洋相遇和相比时，便特别显出了中国大大地落后于时代。最根本的是三条。第一是我们没有科学，没有近代科学的观念。第二是我们没有欧洲从18世纪起那样的"工业革命"和"启蒙运动"。第三是我们没有民主和法治的传统。国门一开，欧洲的这些东西一定会进来，而国中欲求改革的明敏之士也势必要向欧洲学习这些先进的东西为我所用。郭嵩焘所谓"西洋立国，自有本末，诚得其道，相辅以致富强，由此而保国，千年可也。不得其道，其祸亦反是"。这方面的著书立说，几乎俯拾即是。若想抛开欧洲文明的影响，则中国近现代之文明史必定完全是另一种样子。

写这本书主要有两个意图：第一，就欧洲文明看它是怎样从古代发展到今天的；第二，了解别人是为了更好地了解我们自己。这里不去重述中西文化相遇以来的历史，只集中对以下五个问题讲些看法。这五个问题是：一、中西文化各自的历史背景；二、中西文化不同的"思想底格"；三、"全球化"进程中的中西文化态势；四、比较和超越比较；五、中国从何时开始暂时落后于西方。

中西文化各自的历史背景

中国历史的进程，与西方的历史进程，是完全不同的。在19世纪中叶相遇以前，中国与欧洲各行其道。所谓"历史进程"主要指相遇以前的历史。

古代中国的历史，是朝代更替的历史；文明的发展史，基本上是"自我循环"。可以拿秦始皇统一六国、废封建、立郡县当作一条分界线。在这以前的历史，用孔子的几句话来概括，就是："殷因于夏礼，所损益可知也；周因于殷礼，所损益可知也。其或继周者，虽百世可知也。"这是孔子对子张的问题"十世可知也"的回答。孔子是说，秦以前的社会秩序、政治体制是代代相因，每一代对上一代只不过有所损益。后来孟子看出了要发生大变化，梁惠王问他："天下恶乎定？"孟子回答说："定于一。"又问："孰能一之？"回答是："不嗜杀人者能一之。""孰能与之？""天下莫不与也……"

到秦始皇确实是"定于一"了，但并不是按孟子的施仁政的办法实现的；秦始皇显然不是"不嗜杀人者"。对于秦始皇以后的历史，明末清初的王夫之有几句话加以概括。他说："郡县之制，垂二千年而弗能改矣，合古今上下皆安之，势之所趋，岂非理而能然哉！"诚然秦以后的中国并不是一贯统一的，历朝历代都有不同的分裂局面；但是从政治体制、社会形态、基本的生产关系上看，确实是"二千年而弗能改矣"。

欧洲的历史却不同，它是阶段分明、"螺旋形"向前发展的。古希腊罗马、中世纪、近代史期（文艺复兴、宗教改革、工业革命、实验科学、技术发明等）一路下来，从一个阶段过渡到下个阶段，每个阶段都把社会向前推进一步。这里面有一个对中世纪的看法问题。真正的所谓"黑暗时期"大体上就是从公元500年到1000年这一段。到10世纪左右，西欧社会就开始悄悄地向新世纪迈步了。近代欧洲很重要的"细胞"——市民社会、民族国家，是在中世纪后期孕育了胚胎的。所以在这本书里的中世纪是作为近代资本主义诞生的历史前程来看待的。（详见本书第一至第三章）

所以，中国历史和欧洲历史，在中西相遇以前分属两种不同的"自然进程"，都是按照自己的"路向"轨迹运行的，各自都符合自己的"长期历史合理性"[①]。

中西文化不同的"思想底格"

中国文化和西方文化，是两种品格的文化。前面讲中西历史分别有自己的"路向"。这个"路向"问题也是"历史精神"问题。

---

① "长期历史合理性"，是从美国史学家黄仁宇先生的著作中借过来的一个概念，不过是按照我们的理解来使用的。

好比是人的性格，中国的历史和西方的历史也有各自的"性格"。"五四"时期，有西方主"动"、中国主"静"之说。黑格尔的意思是说中国几千年的历史是"静止"的。相反欧洲的历史总是在那里"动"。斯宾格勒把西方文化比作"浮士德式"的文化，有一种不停向前冲击和向远处伸张的态势，是外向的；而东方文化一般没有这种态势，它的倾向是向内的。态势不同决定了它们的形态不同。从斯宾格勒到汤因比，都讲比较文化形态学。其实我们讲东西文化，如梁漱溟先生讲"东西文化及其哲学"，也是一种"比较文化形态学"。

中西两种文化在各自的"路向"的行进中对自然界和对人类都有自己的一套想法，形成各自的思维模式，并且成为各自的文化属性。人们一望便知，某一概念是属于东方的或西方的。例如，中国有先秦诸子、汉儒宋儒、儒道释三合一，等等。无论多么内容庞杂，多么学派林立，但使用的概念（或范畴）一望便知是中国的，是从中国的文化基础传衍下来的。西方从希腊迄于今，内容无论多么繁复，学派林立，各有主义，但使用的概念（或范畴）也一望而知是西方的，是从西方的文化基础传衍下来的。张东荪先生有一段话讲得很中肯：

中国与西洋，思想上学说上的不同必有些是出于思想的底格有不同。思想的底格所以如此则又必是出于民族的心性。中国人所用的范畴便是代表中国人作思想时的布局。就是中国人思想的根底下所伏存的格局。这种格局不是一二个思想家所自由创造的，乃是代表全民族，即是由全民族在其悠久的历史上把其经验积累而成的。

思想家对于概念可以创造新的，而其所使用的范畴则必是那一个文化中所久有的，所公同的。[1]

那么，中国和西方的"思想底格"定在哪里呢？简而言之，西方的"思想底格"是"理性主义"，从希腊起就讲"理性"，基督教神学统治时期，上帝是"理性"的化身，人文主义使"理性"重新属于人。近代科学技术的哲学文化基础毫无疑问是以理性为指导的自然哲学。

中国的"思想底格"，我想可以通俗地用"天地良心"四个字来概括。这四个字是从李慎之先生在北京的一次演讲题目借用过来的。"天地"是"天道"，"良心"是"人情"。"天地"里面有自然哲学的成分，但很少，语焉不详，如墨、荀、张载、王夫之等。"良心"指的是处理人与人关系的道德标准，这在传统文化里是大量的，也是中国传统文化的重点。"天人合一"里的自然观很含糊，而且很快就与道德结合起来了；敬天、畏天，开始或是对自然界因不解而生敬畏的感情，然而等到提出"仁与天地一物也""有道有理，天人一也"等的时候，那"天"便成为"体仁"的道德化身，而不是物质的和自然意义的"天"了。

如果按照康德的"理性"构架，凡哲学都是含自然哲学和道德哲学两类的。前者解决"是什么"的问题，后者解决"应当是什么"的问题。在中国，早有所谓"尊德性"和"道问学"：陆九渊侧重"尊德性"，朱熹偏重"道问学"，两人有过争辩，是为"鹅

---

[1] 张东荪：《知识与文化》。转引自民国丛书编辑委员会编：《民国丛书》（第二编），上海书店，1990年。

湖之辩"。后来朱熹说他的"道问学"是为了更好地"尊德性"，二人并无矛盾，所以在中国，道德哲学终是重于自然哲学的。而西方则较为侧重自然哲学。康德和费希特都把道德看得很重，但那是知性和理性发展、升华的必然结果，不是只靠人的行为规范可致的。因此，西方是"理"重于"情"，注意力侧重在对自然的探索上，重"理"必重"知"。中国是"情"重于"理"，注意力放在人际关系的"平衡"上，重"情"必重"德"，重视道德的约束和情操修养。

"思想底格"的不同，延续下来，就形成了不同的传统。在双方相互隔绝的漫长历史时期，彼此不发生谁影响谁的问题，只各走各的路，形成了各自的一重自然、一重道德的文化形态。

"全球化"进程中的中西文化态势

在19世纪中叶，发生了中国和西洋的大规模接触，西洋近代文明以各种方式、各种渠道大举进入封闭的中国，这段历史，人人皆知，无须细说。这里特意要指出的是，中国文明史的"自然进程"至此被打乱了；从此，中国必须加入世界历史的总进程，不可能再独自地在原来的轨道上运行。事实上，历史地看，中国从那时起已经开始提出了与外界"接轨"的问题了。不论当时提出怎样的改良主张，吸收西方的经验乃是势之所趋。然而既是"吸收"便是从自身体外"吸收"体内本来所没有的，一如树木的"嫁接"一样。这就是说：

第一，从文明史的意义上讲，这种"嫁接"是必然之事，不是谁愿意或不愿意的事。我们现在讲与国际"接轨"，也是一种"嫁接"。

第二，既是"嫁接"，那就不是从原来的"自然进程"中自生出来。所以自从与西方文明大量接触以来，中国就进入了一种"非自然进程"当中，各种各样未曾见闻的艰难险阻、各色大小难题由此而生。仅从文明自身的非自然演进来看，其中也势必包含难以预计、难以穷尽的问题。

然而，中西大规模接触没有使欧洲文明的历史进程被打乱。15世纪的"地理大发现"以来，欧洲文明开始向外扩张，从欧洲到美洲，从欧洲到亚洲，从欧洲到非洲；在这期间，加速了生产力和科学技术的一浪推一浪的发展，加速了现代市场的形成，加速了资本主义首先在欧洲西部的出现，至19世纪造成了马克思和恩格斯在《共产党宣言》里说的"各民族在各方面的互相往来和相互依赖"的局面。这种局面，必定是使农村从属于城市，使未开化和半开化的国家从属于文明的国家，使农民的民族从属于资产阶级的民族，使东方从属于西方。[1]文明发展的规律，先进的势必影响、带动落后的；马、恩所谓"从属"，说明了物质文明改造世界的决定性作用所带来的必然现象。无论走什么路，任何一个正常发展的民族总是要从农业社会发展转变为工商业社会、科技信息社会的。

我们建设社会主义现代化要引进国外的先进技术、管理经验、

---

[1]　《马克思恩格斯选集》（第一卷），中共中央马克思恩格斯列宁斯大林著作编译局编译，北京：人民出版社，1972年。

资金设备，等等，要实行"拿来主义"，是完全符合文明发展的规律的。

现在世界已经进入"全球化"进程，这应是不争的事实。属于后来者的中国文明势必要经历一段必不可少的"非自然进程"的道路，然后在条件成熟时跃入新的、高一级的"自然进程"中去。

这里有个怎样看待"西学东渐"和"东学西渐"的影响的问题。一般来说，两者产生的影响不是平衡的，不是等量的。东方从西方接受的影响比西方从东方接受的影响要大得多；东方接受西方影响的主动性比较大，西方施影响于东方的主动性比较大。这正是马克思、恩格斯说的"使东方服从西方"的意思。然而正因此，东方对西方的了解总平均远超过西方对东方的了解。无论从深度还是从广度看，均如是。

这里有历史因素，还有历史形成的心理因素。主要是各自的出发点不一样。

中国的出发点或目的性非常明确，从19世纪中叶起就是为了富国强兵、自强自立而要求了解外界。从洋务运动直到今天的改革开放，虽然社会政治制度发生了根本性的变化，但是要改变长期积弱落后的状况、兴建富强的现代化国家，始终是几代中国人的民族心愿。了解外界与对民族荣辱兴衰的系念，从来是紧紧连在一起的。

当然，西方文明一旦被"拿来"，对中国的旧学，就产生了破坏性的冲击了，加速了中国传统文明的"礼崩乐坏"的进程。西方文明的冲击力量，自然不是孔学伦理所能抵挡的。李大钊1920年在《新青年》上著文说："时代变了！西洋动的文明打进来了！西洋的工业经济来压迫东洋的农业经济了！孔门伦理的基础就根本动摇了！"[①]于是建设取代旧文化的新文化的任务便在旧学根基的倒坍中提出来了，这个艰巨而复杂的工作，至今还没有完成。

西方了解东方却有着不同的出发点，它不需要从西方以外的世界去寻求自强自立之道，而是在施影响于外界的时候，多半是猎奇般地把外界的东西带回来。例如，基督教文明把自己当作"万国宗教"，所以自认为有以上帝的名义改化"异教"的"使命"。与基督教相联系的，便有了欧洲中心主义的根深蒂固的心态，把中国等欧洲外的地区划在他们的"世界"以外，像黑格尔说的，中国和印度都是处在"世界历史"以外的民族。总之是"化外之地"。如今在西方当谈到某事有"世界意义"时，这"世界"两个字仍只限于西方文明所覆盖的地域。即使是对中国文化持同情态度或抱有某种好感的人，也不免是欧洲文化中心主义者。例如，现在有一种说法，说中国的儒家学说曾对欧洲启蒙运动有启发作用，并举莱布尼茨和伏尔泰为例，且有引以为弘扬儒学之助力的。这是把中国文化在一些知识界人士当中刻上的印象夸大为社会影响了。这是须另加详辨的问题，此处不赘。

总之，"西学东渐"的影响是具有社会意义的；"东学西渐"则不具备社会性的影响。"西学东渐"，对于中国社会的变化起了很大的作用；从此，几代知识界、文化、教育、工商界、宗教、政

---

① 陈崧编：《五四前后东西文化问题论战文选》，北京：中国社会科学出版社，1985年。

界都受到深浅不同的影响。"东学西渐"在西方绝无此种影响。这是文明的性质决定的，不存在是非问题，也不存在感情立场的亲疏向背问题。

比较和超越比较

既要比较，更要超越比较。

中西文明异质，其史亦殊途，至此已明。那么，向前看，将怎样呢？

一种主张说，世界自15世纪起已进入"全球化"进程；在今天至少经济上的"全球化"趋势已无疑义，那么某种"全球文化"也正在到处流走，便不是空谈了。持异议者则谓，现在还是民族观念为主的时代，民族间的矛盾、冲突举目可见，有些地区还有加剧之势；在一般的国家关系中，国家主权或民族主权仍是根本因素。

在这里，"全球化"和民族观念互为矛盾，有如一对命题和反命题。前者以后者罔视"世界时代大潮流"，陷入了"狭隘的民族主义"。后者以前者罔视"民族根本利益"，陷入了"民族虚无主义"。

若辩证地看这问题，加以思辨，就会发现并不是非此即彼的。

廓清如下两个问题是必要的：

第一是要廓清世界政治史和世界文明史的区别。从政治上看世界历史，则人类历史是充满冲突的。而从文明发展史看，则是既有冲突也有融合的；从长时期远距离看，文明的品格是前进的、开放的和融合的。"全球化"问题更多地应属于人类文明发展必然性的问题。目前中国和世界有不少评论者，在看到"全球化"的进程时，便说民族界限以及它们之间的矛盾等都不存在，或不应该存在了。而当看到民族冲突比比皆是、社会矛盾尖锐时，便说"全球化"并不存在，或者马上对"全球化"这一人类社会发展的大趋势进行批判了。

第二是要廓清文明与文化的内涵。文明与文化常常混用，在这里就是混用的。德国人分得比较清楚。概要言之，文明是外在的，文化是内在的。康德说，文明是看得见的，或者是做出来给人看的；文化是精神深处的。近代德国社会学家艾利亚斯考证，"文明"二字源于中世纪宫廷中的"礼仪"，是表现出来的外在行为，渐渐地宫外的人学着做，以为这样才显得"文明"。这也算一解。我国钱穆先生说文明是物质的，容易传导的；文化是精神的，不容易传导的。他举电影为例，说明有些东西是跨着文明和文化的：电影的器材，谁都可以用，但制作影片的构思、艺术加工等属于"内在"的东西就不容易传播了。

我们现在把文明分为物质文明和精神文明。"物质文明"略等于康德概念中的"文明"，"精神文明"略等于康德概念中的"文化"。

结合"全球化"问题，我们可以看出"文明"的总趋势是"融合"，"文化"的总趋势是"百花齐放"。这也是相对地说，而非绝对地说。

这样，可以列入"文明"范畴的，大约是：经济流通，科技的发明和广泛应用，先进制度的借鉴，国际交往的通则，等等。这样的"文明"不单纯是物质的，也包括受物质制约和为物质所需要的某些上层建筑。这方面的总趋势是"融合"。说"总"趋势是指历史时期而言，是一种文明史观。再重复一句，它当然不排除在现实生活中难以尽述的矛盾、冲突和斗争。

可列于"文化"范畴者，则哲学、宗教、文学、艺术、生活方式、风俗习惯等皆属之。文化的总趋势则不是"融合"的，但也不因而即简单地说是"冲突"的，毋宁说是精神生活的多元发展和升华，民族的特殊性将更多地，或主要地在文化（精神生活）中表现出来。

总之，世界是越来越连成一片了。任何一个国家的历史都不能不摆在人类历史的框架里。所以就应以人类历史的观念去对待文明问题，超越东西方文明对立的情结。文明是与人类命运相结合的，文明无论其为东为西为南为北，凡有利于人类幸福与进步的，人人得而用之。这里想借用一下王国维关于学术的意见，他主张"学术无新旧之分，无中外之分，无有用无用之分"，对文明和文化也应取超然的态度。

从比较东西方到超越东西方，体现了一种不断进步的文明史观，是一种博大宽宏的眼界。不比较，就看不到我们的落后；而不超越，也难以迈开双脚走向未来。文明的问题不能与具体的、现实的利益纠葛混淆在一起，国家关系如何，归根结底系于政治和经济权益，但它并不妨碍文明的沟通。

中国从何时开始暂时落后于西方

布罗代尔曾说，欧洲是从13世纪起开始终结中世纪前半期的停顿状态而向前慢慢移动的；而中国社会则恰是在13世纪停止发展了。布罗代尔说不知道为什么。布罗代尔提出了问题，却没有答案。布罗代尔说的大体不差。13世纪正是中国的宋末元初。此时，汉唐的中央集权君主制连同它的相对说来最为璀璨的文明，已经失去了盛时的光彩，又没有种下新的种子。南宋同外族的战争不少于北宋，且终灭于元。南宋纵使农业、手工业和商业有相当的发展，也难以扭转社会的总体颓势。在元朝的更为野蛮的统治下，中国社会根本陷于停顿，甚至开倒车了。到晚明利玛窦等东来时，已显见彼时的中国在一些科学领域里比之西方远为落后和匮乏的状况了。利玛窦等西方的传教士带来的天文、测绘、水利、几何数学等知识使晚明的有识之士如徐光启等深为折服，因而以师事之。即使利玛窦带来的自鸣钟一类的小器物也叫一些朝廷中人惊羡不已。康乾历称"盛世"，但社会生产力并无根本性的进步，乾隆晚期，国运已现衰象。而这几百年的欧洲文明则每个世纪都有新的创造；中西发展趋势上的差异，于今观之，已是十分昭然了。

为了把观点摆得清楚些，不妨对截至19世纪以前的几个时期中西社会的不同发展趋势加以对比。

13世纪：中国皇权统治时期的鼎盛文明开始陷于停顿，即宋末元初之时。西欧则经过9世纪和12世纪的小"复兴"，开始向前迈进。

15世纪："地理大发现"，接下来是文艺复兴、宗教革命，使西欧进入近代。中国正值兵虚财匮的晚明。

18世纪：西欧在产业革命以后进入启蒙时期和工业化时期。中国是康熙最后二十年和雍、乾、嘉庆初年。

19世纪：西欧达到资本主义高峰期，中西相遇，巨大差距浮现出来，中国旧社会形态不敌外力的竞争开始瓦解；中国亦从此开始了救亡、启蒙、革命的曲折而伟大的历程。

这里所着重的是发展趋势（或"走向"）的比较。早先有一种看法，认为中国在生产总值方面直到很晚的时候还是超过欧洲的，到19世纪突然发现不行的。后来比较一致的看法是中国比西方落后了四五百年，从发展趋势看问题，这是比较符合历史事实的。

然而，为什么会有这样不同的发展趋势呢？这个问题就复杂了。时贤早有明确意见，那就是要到文明史中去找原因，归根结底是因为中国文化缺少（甚至没有）科学和科学思维，也没有民主的传统。牟宗三先生说，希腊哲学的"通孔"是自然哲学，中国哲学的"通孔"是生命哲学，前者重知，后者重德。中西文化就这样顺着不同路向延续下来了。他说："西方希腊哲学传统开头是自然哲学，开哲学传统同时也开科学传统。中国没有西方式的哲学传统，后来也没有发展出科学，尽管中国也有一些科技性的知识。李约瑟就拼命地讲中国科学的发展史，讲归讲，讲了那么一大堆，它究竟没有成为现代的科学。"[1]

---

[1] 牟宗三：《中国哲学十九讲》，台湾：台湾学生书局，1983年。

冯友兰先生早年负笈域外，在1922年著文（《为什么中国没有科学》）说："我们若把中国的历史和若干世纪前欧洲的历史加以比较，比方说，和文艺复兴以前比较，就看出，它们虽然不同类，然而是在一个水平上。但是现在，中国仍然是旧的，而西方各国已经是新的。"他说："中国落后，在于她没有科学。这个事实对于中国现实生活状况的影响，不仅在物质方面，而且在精神方面，是很明显的。"①

顾准先生则进而深入到欧洲文化的"精神方面"，他把希腊思想看作"有教养的贵族静观世界为之出神的体系"，是"从希腊工商业城邦的手艺匠师对客观事物的'变革'过程中精炼出来的"。"它以笨人的穷根究底的精神，企图从日常生活中找出一条理解宇宙秘密的道路出来"。②这部分精神后来被理性主义所继承，形成了科学的传统和民主的传统，不以政治权威为准的求知传统。中国的文化传统则不同，顾准名之为"史官文化"："所谓史官文化者，以政治权威为无上权威，使文化从属于政治权威，绝对不得涉及超过政治权威的宇宙与其他问题的这种文化之谓也。"③这种文化从一开始就不是对宇宙做独立的研究，所以它的路向不是科学的。

从上面自13世纪至19世纪中、西文明发展趋势的比较来看，中国传统文化中显然缺少了两样东西，即以理性为基础的科学精神和民主精神。民主精神还可以分为民主、自由和尊重人的权利的精

① 冯友兰：《三松堂学术文集》，北京：北京大学出版社，1984年。
② 顾准：《顾准文集》，北京：中国市场出版社，2007年。
③ 顾准：《顾准文集》，北京：中国市场出版社，2007年。

神。五四运动的先进人士提倡"赛先生"和"德先生"的精神，实为我国最根本的问题。"理性"说到底就是：是其所是，非其所非。所以科学与民主都离不开"理性"的推动作用。

对历史是既不能假设，也不能责怪的。当然更不能抱残守缺。唯一的、正确的态度是承认历史和现实；了解欧洲文明和它的发展历程，说到底正是为了更好地了解我们自己，尤其是了解我们历史上所缺少的东西，以便在迈向现代化的大道上，尽快全面赶上去。

结束语 |

一

我在少年时期，即有一种印象，就是欧洲是个很小又很远的地方。法国诗人瓦莱里曾叹惜说："欧洲只不过是欧亚大陆的一块小海角呵！"然而这"海角"十分美丽而富饶，与比它大得多的亚洲相比，是一片生长着鲜花绿草的花园。

后来渐渐晓得了这块"海角"的祖先同我们的祖先有差不多的年龄。它的历史同样有如一幅画卷；展开它像做一次美不胜收的长途旅行。例如从《荷马史诗》时代起一路观赏，就会自然而然地发觉，"文明"在历史的不停川流中，是那样五彩斑斓，那样具有多样性。历史本来就是有多种面孔交叠在一起并且不停地在变幻的。打开欧洲历史，最容易看到的往往是尖锐的社会冲突，宗教的、民族的、阶级的压迫、斗争和战争；但是任何动乱都没有妨碍物质文明、技术发明、经济生活一个世纪接着一个世纪地积累起来，以至把这块"海角"装扮成世界上最富裕而有活力的一隅，并且从这里把触角伸向这一隅以外的无限广袤的空间。而尤其在精神领域里，这"海角"从来都是人文荟萃之所，世世代代聚集着那么多有世界影响和有历史影响的哲学家、科学家、诗人、音乐家、画家……每个世纪都向人类贡献出许多"精神精英"。

因此，在欧洲历史的漫游途中，我不时地要停住脚步为之神往。希腊的睿智、罗马的帝王气象、拜占庭的辉煌，诚然使人想见到那古典文明的典雅、优美和大气磅礴；而文艺复兴、宗教革命以降的几个世纪，尤其使我感到兴趣盎然，觉得历史脚步突然间加快了。这些时期就像昨天那样切近，在阴霾森寂的天空中泄出了一道亮色，使欧洲大地在晨光熹微中苏醒起来。接下来的18世纪，启蒙运动和工业革命作为时代的标志，把理性的大幕完全打开了，历史的"包袱"似乎在这个时候解开了。崇尚理智，反对迷信，成为这个时代的精神。伏尔泰说："请先说服我的理智。"还说："我们尊敬的是凭真理的力量统治人心的人，而不是依靠暴力来奴役人的人，是认识宇宙的人，而不是歪曲宇宙的人。"康德说："要有勇气运用你自己的理智！这就是启蒙运动的口号。"

欧洲社会的发展方向至此骤然明朗起来了。如果历史允许假设的话，那么不妨说：如果欧洲没有从文艺复兴到启蒙运动这几百年关键性的历史，欧洲可能百分之百地仍然滞留在中古时代；尽管社会生产，乃至人的生活质量可能会有某种程度的改善，但是社会总体依然可能禁锢在沉闷而凝固的空气里而难以大踏步地前进，中世纪为近代社会提供的前提条件（如工商业的发展、市民社会的某些因素）也难以充分发挥作用而成为近代社会的动力。

然而历史的辩证法预告，当现代资本主义在欧洲羽翼丰满时，19世纪后半叶便宣告欧洲社会将要迎接新的历史阶段了：欧洲独自发展的时代正在悄悄地过去，世界其他地区或者已经成为，或者将要成为欧洲的竞争者。最突出的例子便是吸收并且改造了欧洲经验的美国已然显现出后来居上、青出于蓝的趋势。

19世纪末和20世纪初，世界酝酿着大变化，欧洲同样酝酿着大变化。值此进入新世纪的时刻，回过头来看20世纪的欧洲，定会发现，欧洲从世纪初起便明显地把"第一把交椅"让给了美国。任何一个民族都可以努力凭借自己的想象力和创造力去塑造自己的形象，但是任何民族都不能不受时代潮流的驱动。20世纪的欧洲不可能继续以19世纪的姿态出现在世界上，而是在以下两个方面与19世纪完全不同；而下半个世纪与前半个世纪又有很大区别。

第一，进入20世纪以来，欧洲从舞台的中心位置逐渐而又迅速地移于舞台的"侧翼"。这种变化或者可以称为欧洲在世界地位的"边缘化"。1914—1918年的第一次世界大战实际上是欧洲战争；战争使所有欧洲国家都伤了元气，美国则一跃成为第一强权。紧接着，一些欧洲国家忙着联合武装干涉苏俄；没有很久，欧洲还没有得到足够的喘息的时间便又被希特勒法西斯主义拖进再一次更为惨重的灾难之中。第二次世界大战使美苏成为对立的两个超级大国，欧洲因而一分为二，各自只能充当美苏的伙伴。苏联、东欧解体后欧洲以意识形态划界的局面宣告结束了，但是欧洲仍不可能因而取得在世界问题上的支配地位；在许多重大的国际问题上，欧洲的声音不仅不能与美国相比，甚至赶不上已经从"超级大国"的位子上降下来的俄罗斯。欧洲在诸如中东、波黑、北约东扩以及海湾危机等问题上，虽试图发挥作用，但显然都只是"配角"（当然是很重要的"配角"）。至于在亚洲太平洋地区，更主要是美、日、俄、中的活动范围，欧洲竭力涉足，其影响力至今仍是有限的。

这里所谓"边缘化",只是欧洲在世界大格局中的地位的一种表象,考其所以然之深刻理由,则必须对欧洲的制度史做深入研究。简言之,根本原因当在托克维尔所揭示的"旧体制"之所以"旧"及其渗透在各方面的深潜而久远的影响。再有,欧洲殖民帝国的瓦解,也起了"釜底抽薪"的作用。这两方面的问题,美国都没有,所以能够"轻装上阵"。这只是大而化之的看法,有待深究,我如有可能和精力,期以另外的著作试图详及。

第二,欧洲更加关注欧洲内部的发展问题了,更加重视推动"一体化"的进程。其动力有二:一则是欧洲各民族在各方面的相互依赖的程度使它们谁也离不开谁;事实上无论有没有"欧洲联盟"之类的组织,欧洲总要有自己的内部市场以及与之相联系的整合趋势。再则,几乎是同样重要的,欧洲所面临的国际竞争(不复是如19世纪那种欧洲列强间的竞争)需要欧洲各国进行不同形式、不同程度的联合或合作,以共同应对欧洲以外的压力和挑战。

因此,联盟的道路是势之所趋的,而存在于欧洲的古老的欧洲观念,恰可提供历史的和人文的支持。

这两种趋势——世界地位的"边缘化"和欧洲范围内的"一体化"——及其内在联系,构成了欧洲在20世纪的特征,并延续到本世纪。

今天的欧洲已经空前地融入整个大世界之中了。欧洲已不能独自称雄,至少在实力上比美国差得多;但是它所贡献给人类的精神财富并没有因而减少其价值。这主要表现在:

第一,它走过的道路,其中的经验和教训,其中所包蕴的各种思想，特别是启蒙运动时期的思想，仍具有久远的影响；世界各地区在设计自己的发展道路的时候，总不免要参照、借鉴欧洲近几百年的经历。

第二，高科技的中心固然转移到美国，但是欧洲在理论科学和重大科技发明方面，仍是高度发展的重镇。在"全球化"和信息革命时代，欧洲居于先进行列的地位，是不必多说的。

第三，欧洲是政治学和经济学的大实验室，那么多的理论、主义、政策、制度，都在这个时期经历反复试验，因而不断提供新的经验。尤其是在"一体化"进程中，这样多的主权民族国家的国家联盟进行的政治、经济、社会、文化诸方面的"整合"实验，更加引人注目。这样的"一体化"只能产生在欧洲；一种多国联合的政治经济学，将为其他地区的"一体化"提供有益的经验和启发。

二

这本书费了九牛二虎之力，总算写出来了。虽然很不成样子，却也几易其稿；没有功劳，也有苦劳。但是，再看时很容易地便发现仍有许多言未尽意之憾；主要是对"文明"的分析不够全面周密。现在在这篇"结束语"里略作如下两点说明：

第一，由于这本书是联系社会的进步来讲文明问题的，所以着重于"文明"在本质上是推动历史前进的积极因素。既然叫作"文明"，则其本意自该是促进的，而非促退的。因此"文明"的反面便当属于"不文明"。"文明"又是随时代演进而从低级向高级发展的；

在此一时期为"文明"者，待进到另一新时期时若仍裹足不前，或竟开了倒车，便转成"不文明"了。所以"文明"需看其动态。

我们讲"文明社会"，不是说那是一个完美无缺、一切都合乎标准的社会了——这样的社会永远不会存在。在任何"文明社会"中，总有丑恶、肮脏的东西，不道德的东西。现在这本书的前提，是讲欧洲社会是怎样发展的，是讲哪些内在因素使它发展的，是讲如果没有这些内在因素，它会不会仍像我们所见到的那样发展，等等。总之，是从欧洲文明的本质上着眼。

我们在研究欧洲文明的发展史时，每每有一种很深刻的印象，就是它是那样阶段分明而又具有历史的连续性，时代变化的轨迹、频率十分清晰；这一点恰是与我们的文明史所最不同的。把欧洲文明发展中的不可忽视的诸因素凸显出来，可以有助于更深入地认识我们自己的历史和现实；有我可鉴者则鉴之，弃取尽在于我——我以为这当是我们治欧史的用心所在。

第二，正如任何事物都会在一定的条件下发生"异化"一样，"文明"也会在一定的条件下"异化"为自己的对立面。真理向前多走一步会转成谬误。这里，"一定条件"是不可忽视的。例如，科学技术本质上是进步的，但是科学技术的滥用可以产生极有害的结果。核能可以用来发电，为人类提供能源，也可以制成杀人的武器，给人类带来灾难；电脑既能为人的智力开发打开无限广阔的可能性，也可以使人懒于动脑；工业化使物质文明极大丰富，但也带来生态污染等弊病和公害，诸如此类的事例举不胜举。同时，从另一方面看，坏事情也可以在一定条件下变成好事情。最突出的例子是战争。战争造成人员的大量伤亡，破坏性极大，但战争也可以变成推动社会前进的动力。17世纪的"三十年战争"，使许多西欧、中欧国家生灵涂炭，但却推动了欧洲社会民族国家观念的普及化，从而促进了欧洲走出中世纪的步伐。

所以，文明在一定条件下可以转化。这里至少有一个人的能动作用的责任问题，即人类创造了文明和如何利用文明的问题。一见之于道德方面，如损人利己可以造成对文明的滥用，因而使"文明"产生"不文明"的效应。再则涉及复杂得多的人的认识问题，即人的认识水平所限造成了偏差或错误，产生了负面的结果。

以上这些解释似乎十分书生气，无非是要说明，这本书不想也不可能写得面面俱到，而只突现某些推动欧洲社会的基本因素，以致线条甚为粗放，挂一漏万之病更是随处可见。

三

如果把欧洲文明中的精粹内核提炼出来，我们认为还是"五四"时期提出的"赛先生"和"德先生"两位先生。这是欧洲的最重要的传统，是从古以来随着时代的演进而发展变化的。为什么会有近代欧洲？没有科学和民主，"近代欧洲"便无从谈起。当然，无论是科学还是民主，都是历史进程中的事物，总是无止境地发展着、变化着的，从来不可能有"完成式"。

大千世界，每时每刻都需人类不断求索、不断发现、不断创造；总有未知的世界期待人类去探知。这是"科学"的任务。"民主"的进程更有其复杂性，人类管理自己肯定比管理自然更具有特殊的困难，既不可能有一劳永逸、包治百病的药方，每种药方又必会产生负面的效应。但是，民主的精神是人类社会发展的方向。

近来，时不时地有人说，"科学与民主"并不是欧洲文明独有的传统，认为在中国也是古已有之的，并且引经据典地把自"五四"以来关于中国旧文化中缺少或没有"科学与民主"的广泛共识给推翻了。对于这样的问题，恐怕还是实事求是为好。弘扬民族传统文化，完全应该，但不能把没有的说成有。如引用李约瑟的见解来证明中国古代已有"科学"（其实那多指的是"技术"，而不是"科学"），引用"民贵君轻"之类说明中国古代已有"民主"思想，都不能令人信服。这些早已清楚的问题，现在重新翻腾出来，仍难有新意。

科学与民主都是需要以相应的历史的和时代的条件为依托的。这样的土壤在中国处于封闭状态的漫长历史时期中不曾产生，也不可能产生。这本书不是特意讨论中国文明史问题的，但是，在我们尽自己的水平写出我们对欧洲文明的理解时，脑子里是装着自己的问题和前途命运的。他山之石，可以攻玉。事实上，改革开放后我们已经走上了现代化之路；这条路说到底离不开科学与民主的精神。

我们向来认为，欧洲不仅是一个地理概念，或政治、经济概念，更重要的，它尤其是历史文化概念。其含蕴之深，问题之广，远非我们的学力所能尽致。然而也正如此，我们才感到有极大的吸引力而勉力为之。

附录 │ 欧洲文化史论课程讲演摘录

很抱歉，今天来晚了。不过不是我的缘故，是司机不认识路。司机不认识北京大学，他带着我们转了好大一圈，弄得我们所有坐车的人都不知道到哪去，我讲的课可能也会给大家这个印象，讲了半天不知道到哪去。刚才许振洲教授讲这堂课叫作"欧洲文明史论"，这门课报给学校的名字是"当代资本主义"，这两个名称似乎对不上号。不过我想还是对得上的，因为我们要了解"当代的资本主义"，就必须讨论欧洲是怎样从古到今发展，以至成为今天这个样子的。当代资本主义也好，19世纪的资本主义也好，都不是天上掉下来的，而是有历史渊源的。

我们经常形容我们的文化是博大精深，欧洲也是博大精深的。我感到你不了解欧洲，很难说了解了世界；而假如你不了解美国，还是能够了解世界的。美国的源头在欧洲。不了解欧洲，至少这个世界的一半，你就了解不了。所以我认为，欧洲不只是一个地理概念，它更是一个文化的概念。它不仅仅是 Geographical Europe，还是 Cultural Europe。仅仅把欧罗巴理解为一个地理的概念，说明还了解得不够深，不够远。这是第一点，对于研究世界，对于研究国际关系是非常重要的。

我研究欧洲，实际上心里想的是中国。我晚年，也就是20世纪90年代中期以后，不断思考着一个问题——现在也还在思考这个问题，就是"欧洲何以为欧洲，中国何以为中国"。我给自己提出了这个终身研究的问题——当然反正我也没有多长时间了。上个世纪的二三十年代，贺麟教授提出应该全面系统地学习和研究中国的历史和学问，应该全面系统地研究西方的学问——就是两个"全面系统"。我现在把这两句话点出来的目的是什么？我把它看成一个使命。中国发展到现在，终于从低谷爬起来了，但是为什么中国会那么长时期被动？黑格尔把中国和印度划在了世界历史之外，就是把中国和印度看作了世界历史发展规律之外的国家，是"另类"。当然，这是十分的"欧洲中心主义"，黑格尔也是十分的"日耳曼中心主义"。但是，客观地说，中国进入世界历史的发展进程，才一百多年，为什么这么滞后？把账全部算在孔老夫子身上，我看也不公道，这是一个很复杂的问题，不是向谁追问责任的问题。甚至不是一个褒贬是非的问题，而是把客观事实弄清楚的问题。美籍华人历史学家黄仁宇有个观点我比较赞成——"历史的长期合理性"，就是说历史是不能责怪的。中国历史的轨迹就是这么下来的，不可能在中间再插上一个文艺复兴、工业革命。而西方的历史也有它的合理性。

从历史的合理性出发加以研究，心境就比较平和，能把是非之心、功利之心稍微淡化一点。研究研究事实，研究一点客观的东西。这个事实和客观，就包括历史，包括现在。我本人在研究欧洲问题的时候，不是就欧洲而欧洲，也不是把欧洲的一个特定时期和中国的某一特定时期做一个简单的机械的比较。我在研究欧洲的时候，心里面老放着一个中国。有个青年朋友在看我的《欧洲文明扩张史》以后，写了一篇短文章，说陈老师有"欧洲情结"。我说这话说对了一半，我不光有"欧洲情结"，还有更深的一个"情结"，就是我的"中国情结"。以上这些就是我这个课的开场白。

我粗粗地给大家开了张书单，这门课要读的大体上就是这张单子上的东西。当然也不是要求非读不可，但尽量争取都翻一翻。

1.Donald Kagan，Steven Ozment，Frank.M.Turner：*The Western Heritage*

这套书是很厚的两本，西方的历史学系里拿它作为教材。不一定从头看到尾，有什么具体的问题，要知道它的来龙去脉，可以查一查。

2.*The Philosophy of History*

黑格尔写的历史哲学，非常难读，我不要求把这书整本从头到尾读，但是绪论要读，很长一篇的 introduction，相当于一本专著那样厚，主要讲黑格尔对历史的看法。这本书1956年有人翻成中文，译者是王造时教授。但是依我看，与其看王造时先生的中译本，不如直接去看英文的，那中文实在是难读。

3.陈衡哲：《西洋史》，辽宁教育出版社

这本书我建议你们好好看。我说句大话，到现在为止，中国人写的《西洋史》当中，我还没有见到比这本书写得更好的。陈衡哲是谁呢？是"五四"前后的新文化女战士，文学、历史、哲学兼通。总之这本书写得非常好，文笔非常流利、细腻。

4.德尼兹·加亚尔等：《欧洲史》，海南出版社

这是几个法国人写的大学教科书，翻译者是蔡鸿滨和桂裕芳，

北大法语系的老教授。这本《欧洲史》的特点是你要查年代，特别方便，每一章都有一个年代表，可以帮助你们了解历史。刚才不是讲我们这个课不讲那么多细节吗，不会讲这个年，那个年，我脑子也没有那么灵活，常常会忘，所以你们自己查书。

5.雷海宗：《西洋文化史纲要》，上海古籍出版社

我认为，这本书是研究西方文化必备的工具书。雷海宗先生何许人，你们可能都没有人知道了。他是过去的清华大学教授，早年留学美国，回来以后在武汉大学教书，再后来又到清华大学历史系教书。我在清华大学的时候，人们说他讲课"其声如雷，其学如海，史学之宗"，他就是这么一位大学问家。

1952年院系调整的时候，雷先生本来应该是要调到北大历史系。不知道是何缘故，所有的清华大学文科的名牌教授都调到北大来了，少数的调到社科院去了，独独雷海宗先生调到南开大学。南开大学得人啊，因此，南开大学历史系最有它的特色。得一位老师，兴一个学科。当然后来雷海宗先生也免不了和其他的教授一样戴上"右派"帽子，后来就死了。这本书是他1937年在武汉大学讲课的纲要。现在，他的学生在南开整理出来发表了。我看了之后，实在是佩服。纲要中都是一些大题目、小题目，但是你看那些大题目、小题目的安排，你可以感觉到他思想的开放和钻研的深度。

6.David S.Landes：*The Wealth and Poverty of Nations*：*Why Some are so Rich and Some so Poor*

这本书是新书，不知道北大有没有？（一同学接话：已经有中文译本。）你们能看英文就看英文。你们读英文原书，既学英文，

又学知识，何乐而不为呢？当然黑格尔的除外，翻成什么文都难看。以上这几本书，大家看看有好处。还有其他一些史学巨著，我就不一一介绍了。比如布罗代尔的书，应该看看。汤因比的《历史研究》，大家有时间翻翻可以，不必认真去看，他那书是东一榔头、西一棒子，你看不出个眉目来。再如斯宾格勒的《西方的没落》，名气很大，里头的东西实际上没法看，说的是西方的"没落"，实际上是"西方中心主义"。当然，汤因比也是，说的是西方中心。这些书，大家常常翻翻也好。

接下来进入正题，我先讲一讲欧洲文明的起源。欧洲文明的源头——大家公认的，我的书里面也是这样写的——是"两希文明"，就是希伯来和希腊。然后呢，就是罗马，再加上基督教文明，这就是欧洲文明的源头。一般都是这样讲。今天我还想补充一下，这个源头其实还不是原初的源头，这个源头的源头，还要远一点。

希伯来是非常重要的，了解希伯来文明是了解希腊文明的一个钥匙。希腊当然是可以理解的，就是现在希腊本土这一块加上周围的一些小岛。但是古代的希腊也不止限于此，现在讲希腊文化也不是单指它的本土。这就是为什么刚才我讲 Geographical Europe 和 Cultural Europe 的区别。欧洲的文化不止限于它的地理位置。欧洲地理的四围和它文化的四围是不完全重合的。问题就在于希伯来，也在于希腊周围的地理环境。这就不能不推到远古的时候了，甚至会有些神话的色彩。希腊的《荷马史诗》反映的是远古时代的各种部落各种邦国之间的战争，而在描写这些战争的过程当中也就介绍了这些地方的风俗习惯、人情、宗教、哲学、神学等各方面的情况。这是很远古的事情。

"源头的源头"究竟在什么地方呢？这个源头恰恰就在现在闹得不可开交的伊拉克及其附近的地方。大家在读古代史的时候都知道两河流域——这块地方像一个半月一样，土地非常肥沃，在上古的时候文化比较发达，在两千到三千年前，原始的商业活动已经出现。这个地方是一个最古老的文化发源地，就像我们的长江、黄河、珠江三角洲一样。当时两河流域到尼罗河流域的地方，几何学、天文学、医学就比别的地区发达，当然还有诗歌、音乐这些东西。现在我们虽然回不到古代去了，但是到了那个地方——我在埃及住过两年——确实是感觉有非常神秘的色彩。你一看就能感觉它的远古必然会有很丰厚的文化积淀，只是后来没落了而已。历史就是这个样子，特别是在远古，在很长时期的过程当中，有些文化就泯灭了，其实要是把它恢复再现的话，那是相当辉煌的。你们看希罗多德的《历史》，这本书我没有写到参考书目里面，但是你们要看一看。为什么呢？他就把两河流域这一块地方，特别是波斯、埃及等地方的文化状况，远古时期的（公元前6世纪以前）1000年甚至是1500年时期的状况做了描述。那些描述是很迷人的，我想它也不是虚假的。在希罗多德的书里面我们就可以看到，两河流域的文化怎么样影响希腊。他讲了一个故事，讲波斯的国王居鲁士（Cyrus）有一次做了一个梦，梦到了一个小伙子，这个小伙子就是后来击败他并夺了他的位子的大流士（Darius），很有名的一个波斯的英雄，这个时候大流士才二十岁。居鲁士梦见他长了两个大翅膀，一只覆盖着亚细亚，另一只覆盖着欧罗巴——

我所见过的"欧罗巴"这个字，除了在希腊神话中有，在正史的文字中我只见到过两次，一次就是希罗多德的《历史》。这虽然是一个梦，但是可以看到那个时代的波斯——就是现在的伊朗——眼界宽到什么程度。当然这个欧罗巴还没有一个很明确的概念，大概就是波斯西边的一大块地方，但是居鲁士和大流士想要征服世界的话，这是在他的征服范围之内的。那个时候波斯国力昌盛，内部经济繁荣，人民生活富裕，对外则是帝国主义政策，文化是相当发达，波斯的文化通过两河流域，通过埃及流入希腊。这是希腊文化的一个来源。当然反方向的也有，当时希腊的神学，还有庙宇建筑、音乐这些东西也流向两河流域的国家。

　　还有一个来源，就是希腊文化的近代来源——爱琴文明。爱琴文明发现得比较晚，也就是一百多年以前才有考古学家在爱琴海附近发现了克里特岛（Crete），对这个岛进行考古挖掘以后，结果发现了非常奇妙的宫殿建筑遗址，甚至有各种各样的"卫生设备"，但是那些"卫生设备"究竟是什么样的我就不知道了，不过可以相信，当时的文明相当发达相当繁荣。这个克里特岛实际上成了两河流域和希腊本土之间的一个跳板，希伯来的文明，希伯来的宗教思想、神学也是通过它传入希腊，跟希腊的哲学相结合。所以这样看起来，希腊文化有它本土的东西，更多的成分是从两河流域取得的，是巴比伦文化、腓尼基文化（腓尼基就相当于现在的黎巴嫩）。腓尼基文化对希腊的影响主要是文字方面。腓尼基的文字是只有子音没有母音的，到了希腊以后，希腊加上了几个母音，变成了可以发音的东西，这是希腊语的始祖，恐怕也应该是欧洲语言的始祖。

因此可以说，欧洲文明的源头是希腊，希腊文明的源头是同两河流域的交流。不是说从两河流域的文化发展出了一个希腊文化，而是说希腊文化受到了两河流域文化的影响。因为当时的两河流域的文明程度高于希腊，这样在以后才有了希腊的古代历史。

黑格尔经常就说只要一提到希腊，就有一种"家园之感"。那么大的欧洲把那么小的希腊当作自己的家园，这话不是偶然的。但是我们要了解的这个"欧洲的家园"，它还有它的根，它还有它的源，就像我们中国追求我们自己的古代历史一样。

讲这样一段话没有别的意思，只是说欧洲文明不是从天上掉下来的，是有一个历史的发展的。现在的欧洲文明和古代的欧洲文明已经很不一样了，我们常说现在欧洲文明的核心——我自己就经常这样说——是科学和民主，科学和民主在希腊时代就有吗？当然。希腊时代有过一段时间的民主，有过一些科学的思路。我们要是不了解这些东西，就不容易了解欧洲是怎么就这样慢慢地一个世纪一个世纪地发展下来的。我这个课的目的说来说去不过就是要把这条线理出来。从古代的希腊（包括它的源头）理下来，欧洲文明是有这么一条线的。

新编版后记 |

庚子年，疫情年。

这一年发生了很多事，也使很多该做的事情做不成。

2018年先父陈乐民先生去世十周年时，东方出版社决定出版"陈乐民作品新编"。编纂过程中新冠病毒突发，许多行业按下了暂停键，出版行业也不例外。这期间我甚至觉得过问编辑工作是否还在继续，文集是否还能顺利出版都是不合时宜的。所以，当陈卓先生6月底忽然与我联系，告知编辑工作已接近尾声时，我竟有些惊喜。

父亲离世后，我打开他自己整理的文件档案，走进他的笔墨世界，整理出版他没来得及发表的文稿。父亲的文档在助手的帮助下整理得很清晰，所以他去世后短短一年半的时间里就出版了《启蒙札记》《对话欧洲》《一脉文心》（三联书店）和《给没有收信人的信》（广西师范大学出版社）；2010年北京画院举办了"一脉文心——陈乐民的书画世界"书画展；2014年三联书店出版了"陈乐民作品"；2018年浙江大学出版社出版了书画集《士风悠长》，同年浙江美术馆又举办了"士风悠长——陈乐民文心画事"书画展。

这一切令人欣慰，但我总有些难言的怅惘、失落，甚至虚无。因为无论是作家还是学者，最高兴的事情是看到自己的作品问世，看到自己的著作有人阅读、自己的字画有人欣赏，能与读者特别是青年读者分享、交流自己的思想。然而我父亲没能看到一年内自己四本书的问世，以及之后文集的出版，也没能看到自己的两次书画展。所以，听大家回忆他的人生、分析他的思想或欣赏他的书画时，我只是一个旁观者和局外人，深感若作者缺席，则一切皆无意义。

时间还是多少拉开了我和父亲之间的距离，使我得以理性地看待他——不仅是作为我父亲，而是特定环境中的一位学者，一个人。2018年，因为要整理出版他的作品新编、再版书画集、整理要捐赠的手稿，我从不同角度深入他的文章、笔记、书信、日记、手稿、字画里，透过这些文字，我得以重新发现他，冷静地审视、描述这位学者。

说他学贯中西绝不为过，他的学术领域涉及国际关系、中国历史、欧洲历史、中西哲学、中西交通史、中西文明比较，他写学术著作，也写杂文。我才疏学浅，论及哪个领域都有班门弄斧之嫌。我只想谈谈从他的文字里我看到了一个怎样的人，以及他作为一个有社会关怀的学者留下的遗憾。

父亲的座右铭是"以出世的精神做入世的事情"。他关注社会，愤世嫉俗，心系启蒙，希望写出的东西多少有益于推动中国社会的进步。他的读书、思考、写作与功名利禄无关，与谏言、智库无涉，因此耐得住寂寞，常常只问耕耘，不问收获，享受的是阅读、思考、书写、绘画的过程，而非结果，真正进入了"我思故我在"的境界。

父亲思考很多问题，写下来，却不急于发表，甚至没想去发表。他留下了几百幅笔墨却没想过示人，这是他自己的一片小田地，是修身养性的"静心斋"，那些长幅和整本娟秀的小楷文钞，透着静和净。这时的他就像打坐的高僧，与世隔绝，物我两忘，脱离了世事纷扰。

退休以后，父亲没有行政事务羁绊，没有课题压力，彻底解放了自己，可他却为尿毒症所苦，透析长达十年之久，每周只有一半的时间可以工作。我想，正是这种出世的精神使他得以把平和豁达的心态与激越的头脑风暴结合在一起，有效地利用了极有限的时间和精力。他的大部分作品竟然是这十年写就的。

父亲越来越注重提出问题，而不是给出答案；更在意先让自己明白，而不是刻意说服别人。看他的笔记和日记，困惑、质疑、反思、自我审视远远多于给出结论。有人说他的文章读起来温润内敛，不那么锋芒毕露、咄咄逼人。我想，这不仅是一种文风，更是一种希望与读者平起平坐探讨问题的态度。很多问题他没有机会讨论，也没有时间找到答案。他说他很寂寞，这种寂寞不完全是无人对话，更是精神上的。所幸他又很享受这种寂寞。

我在父亲的笔记本里发现他记下了好几页的思考片段，不知道准备做什么用。比如：

——生活中越熟悉的东西越难捕捉，鼻子尖下的东西往往是最后看到的。人，是每日每时都见到的，但最难了解。古今哲学家都是越研究越糊涂。

——自由总是与责任联系在一起的，对别人不负责任的自由，不是真正的自由。

——我们处于两个世界之间，一个已经死了，另一个则无力生出。为此海德格尔坚持认为，哲学家必须考虑到自己所处的时代，必须意识到这个时代所有的黑暗。

——自然科学越研究越明白，社会科学特别是哲学则越研究越糊涂。哲学是永远不会有结论的"打破砂锅问到底"之学。

——治"西学"不谙"国学"，则漂浮无根；治"国学"而不懂"西学"，则眼界不开。文化割弃了传统，就是贫瘠的文化。

…………

他的一首小诗也是这种心境的写照：

> 初冬一场雪，大地洗纤尘。
>
> 多病似非病，无神胜有神。
>
> 新书焉可信，旧史亦失真。
>
> 老至频发问，解疑何处寻？

其实，无论在什么领域，提出问题往往比回答问题更重要。正是因为不断质疑，父亲不满足于停留在国际问题领域，而转向历史，进而转向繁复的哲学思考。生命的最后阶段，他对康德着迷，自称是斗室中的"世界主义者"，到了羽化登仙的地步。而这时的他已经坐了轮椅，几乎站不起来了。

高楼需要坚实的地基。父亲的国学和西学底子深厚，夯实了相当坚固的地基，可惜没有时间把楼盖到他期待的高度。他年近半百才有机会进入学术研究领域。不要说如果他二三十岁就能开始学术研究，哪怕他晚走五到十年，也会到达一座新的学术高峰。虽然相对于他可以利用的有效时间来说他已算是多产，但由于他与很多同时代知识分子一样，不得不将大把的年华洒在曲折的道路上，他没能成为他所崇拜的民国学术前辈那样著作等身的学者。尽管他潇洒地说"休怨时光不予我，来年可是纵漫天"，但对于他这样一个有如此深厚中西文化根基的人本可以达到的高度而言，不能不说留下了太多遗憾。且不说还有多少"欲说还休"。

父亲是乐观的悲观主义者，或者说是悲观的乐观主义者。他在日记里沮丧地说，他写的这些东西似乎没有多少价值，就像棉花掉在地上一样静默无声。但是他又像很多中国知识分子一样，以为社会总是在螺旋式进步，因此还是知其不可而为之。

幸运的是，父亲生前身后不断遇到文化底蕴深厚、敬业、专业而有理想的编辑，是他们的努力，使得他的著作、他的思想火花，甚至思考碎片得以保留下来。

陈丰

2020年8月18日于巴黎